"十三五"普通高等教育本科规划教材

（第二版）

人力资源管理与实务

主　编　王　莹　由玉坤
副主编　姜　琳　张　俊
参　编　孙经纬　郑秀芝　韩　菁
主　审　石兴国

中国电力出版社
CHINA ELECTRIC POWER PRESS

内 容 提 要

本书为"十三五"普通高等教育本科规划教材。全书共分十四章，主要内容包括人力资源管理概论、人力资源规划、人力资源相关法律法规、岗位分析与评价、招聘与甄选、绩效管理、薪酬管理、职业生涯管理、人力资源培训、跨文化人力资源管理、激励管理、沟通管理、团队管理和员工关系管理。

本书作者具有丰富的企业人力资源管理经验和多年高校人力资源管理教学经验。全书结构合理，紧贴企业管理实践；知识体系完整清晰，具有创新特色。每章开头有学习重点和要点及导入案例，正文在系统介绍理论知识的同时，注重提高实践技能，章后附有复习思考题、计算题、案例分析题和模拟练习题等，便于培养学生分析问题和解决问题的能力。

本书可作为普通高等院校经济管理类专业教材，也可作为高职高专院校相关专业教材，还可作为从事科研和企业实践的人力资源管理人员的参考读物和工作指导书。

图书在版编目（CIP）数据

人力资源管理与实务/王莹，由玉坤主编. —2 版. —北京：中国电力出版社，2016.7
（2020.7重印）

"十三五"普通高等教育本科规划教材

ISBN 978 - 7 - 5123 - 9373 - 8

Ⅰ．①人… Ⅱ．①王… ②由… Ⅲ．①人力资源管理-高等学校-教材 Ⅳ．①F241

中国版本图书馆 CIP 数据核字（2016）第 119447 号

出版发行：中国电力出版社

地 址：北京市东城区北京站西街 19 号（邮政编码 100005）

网 址：http://www.cepp.sgcc.com.cn

责任编辑：孙 静（010－63412542）

责任校对：黄 蓓

装帧设计：张俊霞

责任印制：钱兴根

印 刷：三河市百盛印装有限公司

版 次：2011 年 7 月第一版 2016 年 7 月第二版

印 次：2020 年 7 月北京第七次印刷

开 本：787 毫米×1092 毫米 16 开本

印 张：15

字 数：365 千字

定 价：45.00 元

前　言

　　本书自 2011 年 7 月出版以来，因具有实务指导性而受读者的欢迎，在各大院校中得到了较好的使用。现在，距第一次出版已 5 年了。这 5 年间，无论是在理论上还是在实践中，人力资源管理都发生了较大的变化。为了及时与现实人力资源实务相匹配，以便更好地指导人力资源专业人员的工作，同时给学生前沿的知识和案例，我们对本书进行了修订。

　　这次修订本着"对原内容修订、同时增加新内容"的原则，从而保证即不失去原貌，又增添新的知识和内容。从教材体系上来看，本书在原来十章的人力资源模块不变的情况下，针对新的法律法规和知识点进行修订，增加了四个模块，即激励管理、沟通管理、团队管理和员工关系管理，从而增加了人力资源管理模块中的柔性管理内容。

　　内容调整上，因我国劳动法律法规有了很多变更，本书对第三章人力资源相关法律法规进行较大修改，对第二章人力资源规划、第六章绩效管理、第七章薪酬管理和第八章职业生涯管理也进行了部分修改。鉴于人力资源环境日益复杂化、人力资源管理难度不断增加，增加了第十一章激励管理、第十二章沟通管理、第十三章团队管理和第十四章员工关系管理的相关内容，使人力资源专业人员和院校学生注重提高自己的柔性管理能力，适应时代的变迁与人力资源素质的不断发展。

　　本书由烟台大学文经学院王莹、烟台大学文经学院由玉坤担任主编，烟台大学文经学院姜琳、张俊担任副主编，烟台大学文经学院孙经纬、烟台大学郑秀芝、韩菁参加编写。常州工学院石兴国审阅了全书，提出许多宝贵意见，在此表示感谢！

　　限于编者水平，书中难免存在不妥或疏漏之处，敬请读者批评指正。

　　扫码可获取本书配套 PPT 资源。

编者

2016 年 2 月

第一版前言

本书为 21 世纪高等学校规划教材，从中国人力资源管理实战角度出发，兼顾中资企业、外资企业和政府、事业单位的管理特点与管理职能；将企业、政府、员工的人力资源管理实务进行纵向和横向的贯穿与梳理；将理论与实践相互渗透，结合劳动法律、法规进行编写。

全书内容简单明了、实用性强，力求使学生毕业就可从事人力资源工作，轻松度过试用期，快速进入角色；使企业人力资源从业人员能更系统、全面地了解人力资源管理策略，提高自身的管理能力与水平；使从事人力资源的管理者对相关法律、法规有更深入的理解，并能正确应用；使人力资源管理更合法化，更具说服力；使不同文化背景的高级管理人员对中国的人力资源管理有更透彻的了解和理解，便于不同文化企业管理的融合与协作；使理论研究学者能从实务的角度切入理论性研究，为企业提供实战性服务与前沿性理论；使国内外人力资源及企业管理专家能通过此书了解 21 世纪中国人力资源管理的概貌，对中国人力资源管理现状有更客观公正的理解。

全书共分十章，主要内容有人力资源管理概论、人力资源规划、人力资源相关法律法规、岗位分析与评价、招聘与甄选、绩效管理、薪酬管理、职业生涯管理、人力资源培训、跨文化人力资源管理。

本书将人力资源管理理论与实践工作实务穿插编写，使每一个理论都配有相应的实务工具或案例，使读者能较好地进行情景模拟与实战演练。本书引入了现代人力资源前沿的管理理论，让读者对先进的人力资源管理理论有所了解并能指导现行工作。在人力资源相关法律、法规方面，本书主要以现行的《中华人民共和国劳动合同法》及相关法律为依据，编写出简单扼要的人力资源法律工作规范，指导从业者的日常工作。

本书可作为普通高等院校经济管理类专业教材，也可作为高职高专院校相应专业教材，还可作为从事科研和企业实践的高、中级人力资源管理人员的参考读物和工作指导书。

本书由烟台大学文经学院王莹主编，烟台大学郑秀芝、韩菁副主编，烟台大学文经学院姜琳、孙经纬、侯玉婧参编。常州工学院石兴国审阅了全书，提出许多宝贵意见，在此表示感谢！

本书内容疏漏与不足之处在所难免，恳请读者批评指正。

编　者
2011 年 4 月

目　录

第一章　人力资源管理概论

---── 学习重点和要点 ───---

（1）掌握人力资源和人力资源管理的概念。

（2）了解人力资源管理的内容和职能。

（3）了解人力资源管理的发展历程，知道人事管理与人力资源管理的区别。

（4）了解 21 世纪人力资源管理的发展趋势。

（5）理解人力资源管理对塑造企业核心竞争力的影响。

📰 **导入案例**

中国知名企业的人力资源管理理念

企业名称	主要理念
联想集团	办公司就是办人
海尔集团	我们现在唯一一怕的只是我们自己，领导者的任务不是去发现人才而是建立一个可以出人才的机制
长虹集团	尊重每一个人，管理是管理者思维的管理，是管理者境界的管理，是管理者目标的管理
小天鹅集团	企业人的一个显著特征，就是始终充满着忧患意识，情系员工，依靠员工
荣事达集团	营造"和商"人文环境，规范员工行为
TCL 集团	企业的竞争就是管理理念的竞争、人才的竞争，要建立一个好的企业，首先要练就一支好的队伍
横店集团	人才是横店致富的秘诀，我们要像珍惜我们生命一样去珍惜我们的人才
格兰仕集团	人气，企业最大的财富
杉杉集团	人才是企业之本，人才是利润之源

资料来源：中国雇主品牌蓝皮书。

这些企业的员工表现是相同的：职责明确、积极性高、团结协作、不断创新、参与决策、企业主人感强、集体利益为重、士气高昂。

这些企业的人力资源管理理念给予我们的启示是：以人为本，拥有人才、尊重人才、管理人才、开发人才是所有知名企业的成功秘诀。

人的潜力，特别是一群人的潜力是无限的；当你能很好地管理这些人才的时候，他们能帮助你实现企业腾飞的梦想。对人的民主化、理性化管理是十分必要的。

第一节　人力资源管理概述

20 世纪 80 年代，将人视为企业的一种最重要的资源的思想和理念在欧美一些发达的工业化国家中产生。这种思想和理念被企业管理者广泛采纳和运用，就形成了人力资源管理学，在企业管理活动中起着重要的作用。

随着世界各国科学技术的进步和全球经济的一体化，企业的经营方式已由产品经营、资本经营向智力经营转型，企业竞争突出地表现为企业人力资源质量与数量的竞争。

作为管理科学学科体系中的一门新兴学科，人力资源管理学因其实用性强、潜力大而成为发展最迅速的管理学科之一。21世纪知识经济的挑战，以及社会政治经济的巨大变化使人力资源管理学在整个管理科学知识体系中占有越来越重要的地位。

一、人力资源及其相关概念

人力资源（Human Resource，简称HR）是指能够推动社会和经济发展，创造物质和精神财富的体力劳动者和脑力劳动者的总称。

人力资源管理（Human Resource Management，简称HRM）是依据个人发展的需要，对组织中的人力这一特殊资源进行有效开发、合理利用与科学管理的机制、制度、流程、技术和方法的总和。

人的资源按不同层次分为人口资源、劳动力资源、人力资源、人才资源和天才资源。

人力资源与人口资源、劳动力资源、人才资源、天才资源不同，它排除了不能推动社会发展和不能为社会创造财富的那部分人群。各种人的资源的健康包容关系与比例如图1-1、图1-2所示。

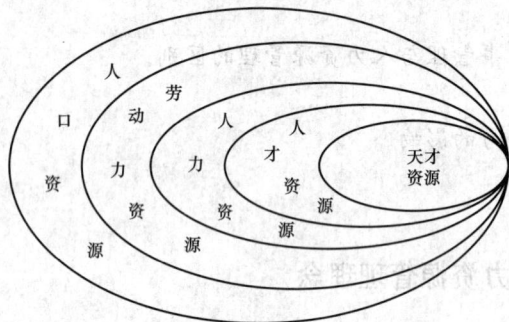

图1-1　人的资源的健康包容关系

图1-2　人的资源的健康比例

二、人力资源管理的内容和职能

1. 人力资源管理的内容

（1）人力资源的外在要素——量的管理。根据人力和物力及其变化，对人力进行恰当的培训、组织和协调，使二者保持最佳比例和有机的结合，使人和物都充分发挥出最佳功效。

（2）人力资源的内在要素——质的管理。采用现代化的科学方法，对人的思想、心理和行为进行有效的管理（包括对个体和群体的思想、心理和行为的协调、控制和管理），充分发挥人的主观能动性，以达到组织目标。

2. 人力资源管理的职能

人力资源管理是指根据企业发展战略的要求，有计划地对人力资源进行合理配置。通过对企业中员工的招聘、培训、使用、考核、激励、调整等一系列过程，调动员工的积极性，发挥员工的潜能，为企业创造价值，确保企业战略目标的实现，是企业的一系列人力资源政策和相应的管理活动。

人力资源管理的职能主要包括人力资源规划、岗位分析与评价、招聘与甄选、绩效管理、薪酬管理、培训、职业生涯管理等。

第二节　人力资源管理发展趋势

一、人力资源管理的发展历程

1. 18 世纪末至 19 世纪初——人事管理阶段

18 世纪下半期，英国产业革命前夕的经济学家亚当·斯密（Adan. Smith），在《国富论》中首次提出劳动分工的经济效益理论。实践证实，劳动分工对技术进步、节约时间、劳动生产率的提高和资本的增值都起到了巨大的作用。这个阶段处于资本主义初期资本原始积累阶段，企业为了获取剩余价值，采用增加劳动强度、延长劳动时间、克扣薪水、严厉惩罚等手段进行管理。几乎所有的企业都以为工人的生产率是相同的，如果工人的生产率达不到相同的标准，就会遭到解雇。这个阶段的人性假说实质上是"工具人"，依靠"棍棒纪律"，仅仅将人作为人力、劳动力、会说话的工具来使用。但随着生产力的发展，对人的因素的重要性认识也在提高，例如，19 世纪初英国著名的空想社会主义者罗伯特·欧文，曾在其经营的一家大纺织厂中作过试验，主要包括改善工作条件、缩短工作日、提高工资、改善生活条件、发放抚恤金等。试验的目的是探索对工人和工厂所有者双方都有利的方法和制度。因为欧文开创了在企业中重视人的地位和作用的先河，因此被称为"人事管理之父"。

这一阶段，人力资源管理处在人事管理状态，比较简单，人处于极为被动的地位，管理者凭借经验和直觉管理劳动者，经验和人治是人力资源管理的主要内容。

2. 19 世纪末至 20 世纪初——科学管理阶段

19 世纪末 20 世纪初形成了"古典管理理论"，该理论认为企业应该采取科学和客观的方法来研究如何最有效地设计工作。这一时期的主要代表人物是"科学管理之父"——美国的泰勒（Frederick. W. Taylor）。泰勒对企业管理做出了很大贡献，他主张一切管理都应当而且尽可能用科学的方法加以研究和解决，实行各方面的标准化，不能凭经验办事。

科学管理理论首次提出了科学的工作分析方法，并提出了以金钱为主要激励要素的激励理论。管理的主要目的是激励、控制和提高员工尤其是新员工的劳动生产率水平，设定工作流程和工作时间以便高效地利用劳动力，劳动效率比传统管理方式的效率更高。然而，这个阶段的人性假说是"经济人"，即 X 理论，依靠"饥饿纪律"，科学管理理论由于没有考虑员工的社会需要和心理感受，仅仅将员工作为与机器设备同样的生产资料来看待，往往使员工对工作产生不满，从而影响了激励效果。

这一阶段，人力资源管理仍然处于人事管理状态，以关心生产为主。但已不是以人的主观臆断和经验行事，而是对事实进行调查和试验，通过计件工资和工作分解等提高生产率、力图保持劳资双方的密切合作，建立科学的管理制度和管理方法。

3. 20 世纪 20 年代以后——人际关系管理阶段

科学管理理论侧重于生产技术和工作方法层面，而越来越多的事实证明社会和心理因素对员工的影响起着重要的作用，进而产生了人际关系学派。原籍澳大利亚的美国行为科学家乔治·埃尔顿·梅奥（George Elton Mayo）进行了近十年的霍桑试验的结果证明，员工的生产率不仅受到生产方式设计和员工报酬的影响，而且受到某些社会和心理因素的影响；只有了解员工的需要，才能提高员工满意度，并对提高生产率起着关键的作用。这个阶段的人性假说是"社会人"，即 Y 理论，将人和普通的工具等物质资源进行了区别对待，意识到人的社会和心理因素的重要性。从此，管理理论从科学管理阶段发展到行为科学阶段，出现了人本主义管理和物本主义管理两大阵营的分野。1954 年，著名的管理科学家——彼得·德鲁克（Peter F. Drucker）在《管理的实践》中正式提出"人力资源"一词。

这一阶段，人力资源管理转向注重人际关系，以关心人为主。通过关心工作环境中的社会关系，采用人际关系策略让员工满意而提高生产率。管理理念开始以物为中心转变为以人为中心；将"独裁"式管理转化为"民主"式管理；将"监督"式管理转化为"激励"式管理；为达到较高生产率提供动力和保障。

4. 20 世纪 70 年代以后——人力资源管理阶段

进入 20 世纪 70 年代，形成了现代管理理论丛林——管理过程、管理科学、人际关系、群体行为、社会协作系统、社会技术系统、系统管理、决策理论、权变理论、经验主义和经理角色 11 个现代管理学派，它们是在系统理论基础上将"科学管理"和"行为科学"不同程度结合起来形成的管理理论群。这个阶段的人性假说是"复杂人"，即 Z 理论。企业的全体员工和全部物质资源被视为一个系统，社会的各级组织是一个协作的系统，组织中经理人的作用就是在协作系统中扮演联系中心的角色，维持组织的正常运转。例如，切斯特·巴纳德（Chester I. Barnard）的权变理论学派认为，在企业管理中要根据企业所处的内、外部条件，采用科学和适用的管理理论和方法，以达到工作、组织、个人三者的最佳配合。

20 世纪 80 年代以后，随着社会经济的迅速发展和人类需求层次的不断提高，信息经济、知识经济和体验经济时代相继到来，知识性劳动比重的增加，组织扁平化，经济全球化，人力资源开发与国际化成为管理的重点。现代管理理论继续向前发展，形成了最新管理理论丛林——比较管理、企业文化、质量管理、企业流程再造、战略管理、企业能力、目标管理、供应链管理、客户关系管理、数字化管理、公司治理、企业重组、社会资本、智力资本、人本管理、变革管理、竞争管理理论、和谐管理、创新管理、团队管理、知识管理、学习型组织、领导力管理、新组织模式、可持续管理、全球化管理 26 种最新管理理论。其主要特点是系统性、权变性、艺术性、实用性、战略性、文化性。其发展前景为多样化、学科化、柔性化、集成化、人本化、东方化。国内管理界曾对这一阶段的人性假说进行反复探讨，将其称为"W 理论"，具体名称有"自觉人""主权人""目的人""目标人"等，崇尚"自觉纪律"。随着经济、科技和社会的发展，人力资源日益资本化，成为人才资本——核心竞争力的支柱。管理回归"以人为本"，"科学发展观""构建和谐社会、和谐世界""实现包容式增长"等新的理念应运而生。

这一阶段，人力资源管理真正形成和发展，既关心人，又关心生产，将员工看成潜在的人力资源和人才资本，认为影响行为因素多而复杂。通过目标整合、协作沟通、参与管理和团队建设等资源开发和资本经营的管理模式，发掘人的潜力；使员工在工作中获得自我发展又能高效工作，实现贡献最大化。管理理念从以事为中心转向以人为中心，以刚性为主转向以柔性为主，以控制为主转向开发为主。人力资源管理的重点转向基于人与人、社会、生态全面协调和可持续发展的战略观念的文化管理和知识管理，构成人力资源管理的发展历程，见表 1-1。

表 1-1　　　　　　　　　　　　　人力资源管理的发展历程

发展/阶段	人事管理	科学管理	人际关系管理	人力资源管理
时间	1910 年前	1911 年—	1932 年—	1971 年—
代表性事件	—	《科学管理》	霍桑实验	信息时代
特点	经验型	理性化	人性化	文化、知识化
管理顺序	事—物—人	物—事—人	人—物—事	人—事—物
管理焦点	行为	动作	情感	思想
管理方法	机器型	保健型	激励型	实现型
组织	直线型	职能型	职能型	学习型
领导	师傅型	指挥型	家族型	团队型
控制	外部控制	外部控制	内部控制	自我控制
经济特征	小生产时代	机器制造业时代	工业大生产时代	知识、体验经济时代
人类需求	温饱	温饱—小康	小康—富裕	富裕

二、人事管理与人力资源管理的区别

现代人力资源管理与传统人事管理之间存在着明显的区别。

1. 管理重心不同

传统的人事管理强调对"事"的管理，将员工视为机器并置于严密的监控之下，认为人是经济人和工具人。而现代人力资源管理将员工视为具有无限潜能的资源，是企业的第一重要资源。它强调企业管理应该"以人为中心"，为员工提供并创造良好的工作环境、氛围和条件；让员工主动、积极地运用其各项功能和资源，创造出优质的产品或服务。

2. 战略重点不同

传统的人事管理是以事务性工作为主，如档案管理、人员调动、招聘与解聘、工资核算和福利发放等。而现代人力资源管理不仅要做好以上事务性工作，还要参与企业战略制订与分解、人员配置与培训开发、适用的绩效政策制订、具激励性薪酬体系的建立和劳动关系合法化的建设等；它比传统人事管理更具战略性和预见性。

3. 现代人力资源管理比传统人事管理的柔性多于刚性

现代人力资源管理吸收了当代各种相关学科的最新研究成果，为我所用，形成了自己完整的概念和理论体系。它"以人为中心"、以开发人的潜能为宗旨，使企业与员工共同发展，从而实现企业经营战略目标。人事管理是以监督、工作纪律和工作指令等刚性手段进行企业管理的；而人力资源管理是以企业文化、全员参与管理、专业化人力资源管理及员工关系疏导等柔性手段提升企业人力资源的整体质量。当今的管理学更推崇的是柔性管理而非刚性管理，而且多年的管理实践也充分证明了这一点。

柔性管理是相对于"刚性管理"提出来的，是依靠人性解放、权力平等、民主管理，从内心深处来激发员工的内在潜力、主动性和创造精神；使其心情舒畅、不遗余力地为企业开拓优良业绩，成为企业的力量源泉。刚性管理是以工作为中心，强调以制度约束、纪律监督、奖惩规则等手段对企业员工进行管理，具体表现为一系列的管理与制度的逐步完善，它要求在实际的管理活动中一切照章办事，注重效率和实绩，以形成制度面前人人平等的局面。

人事管理与人力资源管理二者之间的具体区别见表1-2。

表1-2　　　　　　　　　　人事管理与人力资源管理的区别

序号	比较因素	现代人力资源管理	传统人事管理
1	管理视角	视员工为第一资源、资本	视员工为负担、成本
2	管理目的	组织和员工利益的共同实现	组织短期目标的实现
3	管理活动	重视培训、开发	重使用、轻开发
4	管理地位	战略层	执行层
5	管理模式	以人为中心	以事为中心
6	管理方式	强调民主、参与	命令式、控制式
7	管理性质	战略性、整体性	战术性、分散性
8	管理手段	运用计算机、网络及专业软件	手段单一，以人工为主
9	部门性质	生产效益部门	单纯的成本中心
10	法律环境	法律、法规多而严，易引发纠纷	法律、法规少，监管不严

三、21世纪人力资源管理发展的趋势

以知识为主宰的21世纪，人力资源与知识资本优势成为企业重要的竞争力和核心技能，衡量企业整体竞争力的标志是人力资源的价值。人力资源管理正经历着信息网络化，知识与创新，顾客、投资者、组织的变革等各种力量地碰撞和挑战。

1. 人才主权趋势

真正的人才会具有更多的就业选择权与工作的自主决定权。企业必须尊重人才的选择权和工作的自主权，为人才提供人性化的人力资源产品与服务，以提高人才对企业的满意度与忠诚度。人才不但可以通过劳动获得公平的报酬，还要与资本所有者共享价值创造的成果。越是高素质、稀缺、热门的人才，越容易获得选择工作的机会，其报酬也越高；人才资源竞争优势越大的企业，越具有市场竞争优势。人才主权时代使得能够吸纳、留住、开发、激励一流人才的企业成为市场竞争的真正赢家。

2. 员工为客户的趋势

21世纪人力资源管理的新职能，是以销售的视角来看待企业员工。企业要根据员工不同层次的需求，向员工持续提供客户化的人力资源产品与服务。21世纪人力资源管理扮演着人力资源师、销售员和客户经理的角色。人力资源管理者不但要具有专业的知识与技能，还要具有向管理者及员工推销人力资源产品与服务方案的技能。

3. 培养知识型员工的趋势

21世纪的人才是企业的核心，知识创新者与企业家是人才的核心。人力资源管理的重点是如何开发与管理知识型员工。由于其拥有知识资本，知识型员工在组织中有很强的独立性和自主性。人力资源管理者要能驾驭授权与风险管理、企业价值与员工意愿协调管理、新型工作模式管理、知识型员工忠诚度管理、员工个性化管理和领导界限模糊化管理等模式。

4. 企业与员工关系的新趋势

以劳动契约和心理契约为双重纽带的战略合作伙伴关系是21世纪的新规则。企业要为员工与组织的心理期望达成"默契"，在企业和员工之间建立信任与承诺关系。同时，明确员工与企业双方的权力、义务和利益关系；建立企业与员工的共同愿景，就核心价值观达成

共识，培养员工的职业道德。企业与员工是双赢的战略合作伙伴关系，追求个人与组织的共同成长和发展。

5. 人力资源战略地位上升，管理责任下移趋势

在21世纪，作为企业的战略性资源，人力资源管理要为企业战略目标的实现承担责任，人力资源管理在组织中的战略地位上升。目前的人力资源管理职能可分为三个层级：一是部门专业人力资源管理；二是高中基层领导者的人力资源管理；三是员工的自我人力资源管理。人力资源管理职能是要推动、帮助企业的各层管理者及全体员工去承担人力资源开发和管理的责任。人力资源管理的行政权力向服务支持型转化，人力资源职能部门的权力淡化，直线经理的人力资源管理责任增加，员工自主管理的责任增加。

6. 人力资源管理的全球化、信息化趋势

21世纪的组织是全球化组织，必然要求人力资源管理策略的全球化。企业的经理型人才和技能型员工具有全球的概念，人才流动国际化、无国界。国际化的人才交流市场与人才交流将出现，并成为一种主要形式。人才的价值（价格）要按照国际市场而定，跨文化的人力资源管理成为重要内容，人才网成为重要的人才市场形式。

7. 人才流动加速，人才向高风险、高回报的知识创新型企业流动的趋势

以信息网络为主的虚拟工作形式不断增长，员工追求的是终身就业能力而不再是终身就业的企业事业单位（铁饭碗），通过流动人才得到增值；因而，建立良好的内部人力资源环境迫在眉睫，以达到留住人才、管理人才的目的。集体跳槽与集体应聘现象将会不断出现，人才流动交易成本将会不断增加。

8. 构建智力资本，人力资源管理角色多重化、职业化趋势

众所周知，一个企业的核心优势取决于智力资本独特性及其优势。智力资本是指人力资本、客户资本和组织结构资本。人力资源的有效开发与管理将提升客户关系价值。重视经营客户与经营人才相结合，致力于维持、深化、发展与客户和员工的关系，以赢得客户的终身价值；提升企业的人力资本价值。人力资源管理者要尽快实现从业余选手到职业选手和专家的转变，要具有人力资源的专业知识和技能，懂得职业的游戏规则。企业人力资源管理的政策与决策越来越多地利用"外脑"，否则新的人力资源政策、组织变革方案往往很难提出并被高层管理人员及员工认可。

第三节 人力资源塑造企业核心竞争力

一、核心人力资本模型

1. 企业核心能力的来源

企业内部所拥有的知识、技术、关系和流程是企业的核心能力，人力资源管理者通过对企业现有人力资源与系统的内部整合，形成企业的人力资本、社会资本和组织资本，从而成为企业核心能力的源泉。

美国康奈尔大学的Scott A. Snell教授提出了以人力资源管理支撑并塑造企业核心能力的综合模型，全面地阐述了核心人力资本的来源及对企业战略的支撑和塑造的作用，如图1-3所示。企业的知识、技术、关系和流程四要素存在于企业内部人员和系统之中，人员与系统的相互作用，形成企业的人力资本、社会资本、组织资本，从而成为企业核心能力的源泉。

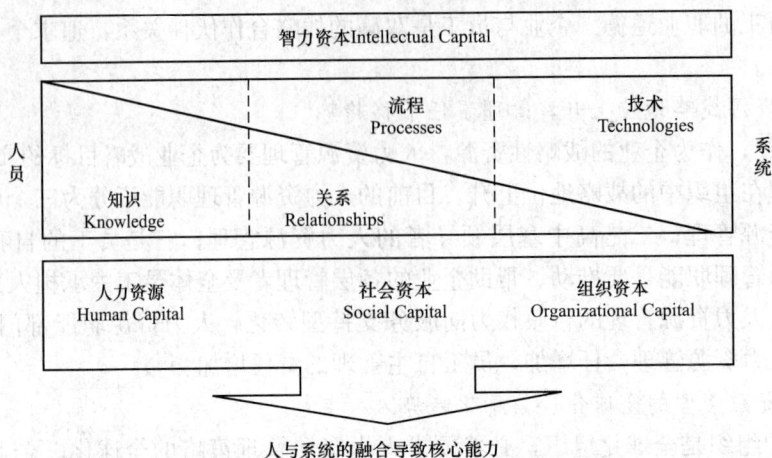

人与系统的融合导致核心能力

图1-3　Snell模型中关于核心能力的形成机制

2. 人力资源的分层分类管理

企业人力资本在价值性和特殊性方面都具有异质性的特点，因此，可以依据两个维度将人力资源分为四类，即核心人才、独特人才、通用型人才和辅助型人才。企业应当根据不同的类别采用不同的人力资源管理办法，其中核心人才是企业的管理重心，见表1-3。

表1-3　　　　　　　　四类人力资本的特点及对应的人力资源管理办法

要素	核心人力资本	通用型人力资本	辅助型人力资本	独特型人力资本
价值	高价值，直接与核心能力相关	高价值，直接与核心能力相关	低战略价值，操作性角色	低战略价值，与核心价值间接联系
独特性	独一无二	普通知识、普通技能	普通知识、普通技能	特殊的知识技能
工作方式	知识工作	传统工作	合同工作	伙伴协作
雇佣模式	组织为核心	以工作为中心	交易式	合作式
HRM系统	以责任为基础	生产率为中心	以服从为基础	合作管理系统
工作设计	授权、提供资源、因人设岗	清晰定义、适度授权	准确定义、圈定范围	团队为基础，资源丰富/自主
招募	内部提升、根据才能	外部招聘、根据业绩	人力资源外包，为特别任务招聘	能够合作、根据结果
开发	在职培训，具有公司特色，注重短期效果	限于规章、限于流程	在职培训	自我开发为主
考核	战略贡献	培训效果、关注绩效	服从性	团队为核心，目标完成
薪酬	外部公平，为知识、经验、学历付薪，持股	外部公平，为绩效付薪	按小时或临时性工作付薪	基于团队的激励，年薪，为知识付薪

二、人力资源管理塑造企业核心竞争力

1. 人力资源的直接影响

如何使企业可持续发展，可从企业核心竞争力来进行分析；同时，人力资源管理对企业具有竞争优势与否，有着直接的和间接的影响。企业的竞争优势可分为三种：成本优势、产品优势和集中化优势。直接影响主要体现在成本优势方面，即涉及成本的招聘、选拔、培训和报酬等方面。这些费用构成人工成本，特点是劳动密集型产业，人工成本是企业总成本中的重要组成部分。因此，企业不断追求降低人工成本、提高生产率，直接产生成本领先优势，从而获得财务上的竞争优势。

2. 人力资源的间接影响

企业通常从以员工为中心和组织为中心两个不同的角度来提高企业的竞争优势。以员工为中心是以员工激励的方式提高员工的能力、保持员工的良好工作动机和态度，因为这些变量会间接影响组织的行为。如果企业以组织为中心时，产出、员工保留、遵守法律和公司形象等方面都进行人力资源管理；那么就会提高企业竞争力，产生财务领先、产品差异化的市场优势。

3. 建立以增强企业竞争力为核心的人力资源管理模型

建立以增强企业竞争力为核心的人力资源管理模型，就是围绕企业战略进行组织行为和结构的重新设计，匹配相应的人力资源。建立以企业战略为目标的 KPI 考核与薪酬体系，通过战略、组织、人力资源的系统整合，实现企业战略目标。

三、人力资源管理的角色定位

人力资源管理提升企业竞争优势，帮助企业可持续发展，一方面要建立以核心能力型人力资源管理模式，另一方面要将人力资源角色重新定位。

1. 人力资源部门的职责

企业竞争的日益加剧要求人力资源管理者要以企业战略为导向，提高企业人力资源竞争力为目的。这种转型要求企业人力资源管理者的重新定位，因而，对人力资源管理者的素质要求也随之提升，成为企业的战略伙伴、专家顾问、员工服务者和变革的推动者四个角色。在人力资源众多的职能中，最重要的是建立一个结构合理、分工明确的组织结构，并将合适的人安排到适合的岗位，即人得其职，职得其人。人力资源部门职责见表1-4。

表1-4 人力资源部门职责

职责	内容
人力资源规划	配合公司战略制订人力资源规划
组织结构	岗位分析与岗位设置、组织结构设计和调整
招聘和雇用	根据岗位说明书和岗位规范招聘到合适的人员，根据《劳动合同法》签订雇用合同
规章制度	建立合法的人事规章制度及员工手册
培训开发	做好育人和用人，进行岗位技能培训，提高生产率
薪酬	职级评定、薪级评定、薪酬体系设计与发放、高管薪酬、绩效薪酬
福利	法定福利、企业福利
人事记录	档案管理、调动、人事信息录入
绩效考核	考核方案制订、考核过程跟踪、考核结果核定和应用、考核面谈
劳资关系	雇员与雇主关系、领导与下属关系、劳动关系的协调
公共关系	内部关系与外部关系协调及维护
健康与安全	员工体验、安全检查、健康维护
劳动合同	合同内容的变更、合同期内解除劳动合同、劳动合同到期终止

2. 人力资源管理者的素质与角色

人力资源素质模型研究最受推崇和认可的是美国密歇根大学商学院的研究结果。该研究成果提出了人力资源素质模型的五个主要领域：战略贡献、个人可信度、实施能力、业务知识和技术。从该素质模型中可以充分认识到，人力资源管理者的素质中，不但要有良好的专业知识和业务能力，还要有很好的沟通能力和对企业战略的贡献能力，以及服务对象的信赖等。

美国国际公共管理协会（IPMA）还将人力资源管理者的素质要求和角色进行了多年的研究，提出了人力资源管理者的四种角色：业务伙伴、变革的推动者、领导者和人力资源管理专家。结合中国的人力资源管理现状，表 1-5 对人力资源管理者的素质与角色的关系进行了表述。

表 1-5　　　　　　　　　　　中国人力资源管理者的素质与角色

人力资源管理者的素质	业务伙伴	变革的推动者	领导者	人力资源管理专家
组织使命与战略制定的能力	*			
人力资源业务能力	*	*	*	
企业文化建设的能力	*	*	*	
团队建设能力	*	*	*	
分析、沟通能力	*			
创新、规避风险的能力	*			
理解整体性业务及系统思维的能力		*		
运用信息技术的能力		*		
战略性和创造性思维能力			*	
设计并贯彻变革的能力		*		
运用咨询和谈判技巧的能力	*			
解决争端的能力			*	
信任关系的建立能力	*		*	
营销及代表能力			*	
创建共识和同盟的能力			*	
人力资源法律、政策	*			*
人事流程运用能力	*			*
人力资源服务效果与组织使命的关联度		*	*	*
使顾客满意的能力				*
员工技能多元化的促进能力		*		*
品质正直、遵守职业道德的行为能力				*

中国是发展中国家，不同于发达国家，中国的人力资源管理者在专业知识和技能方面还有待学习和提高，人力资源相关法律法规、政策和人事流程，主要还是依赖人力资源专家的外包性功能来完成。

习　　题

一、复习思考题

1. 什么是人力资源？
2. 人力资源管理的职能有哪些？
3. 人力资源管理与人事管理的区别有哪些？
4. 简述人力资源管理的演进历程。
5. 简述人力资源管理的发展趋势。

二、案例分析题

案例分析 1

美国西南航空公司：通过人来进行竞争

自从 1978 年的《航空管制解除法》颁布以来，持续的运费价格战和白热化的激烈竞争已经导致该行业的竞争环境变得动荡不安。美国民航业在 1990～1993 年损失了 40 亿美元，而美国西南航空公司在此期间却创造了大量的利润。在过去的十年中，一共雇用了将近 2.6 万名员工的西南航空公司的收益增长了 388%，净收入增长了 1490%。公司连续 31 年盈利，1972～2001 年间股票投资者的最佳总回报超过 300 倍（超过所有其他股票的表现），公司市值比美国其他所有航空公司市值的总和还高。

西南航空公司之所以能够持续地增长并维持住利润水平，是因为它有自己独特的企业远景和公司战略，而总裁兼董事长赫伯·凯勒就是建立和维护这种远景和战略的一个主要力量。西南航空公司是一家建立于 20 世纪 60 年代后期的航空公司，公司一开始就是一家运费低、航班多、航程短、点对点不中转，以及等级座舱单一、不联运、能够提供温馨愉快旅行的航空公司，它的扩张方式是"在每一个新机场做与原来相同的老事情"，西南航空公司的总裁凯勒这样说。

那么，西南航空公司是如何保持其独特的、成本有效性地位的呢？在民航这个劳资双方之间的敌对关系非常普遍的行业中，西南航空公司是如何与其员工（其中，83% 的人都加入了工会）建立起合作关系的呢？在凯勒的领导下，公司建立起了一种像对待顾客一样对待员工的人力资源管理模式——关注他们、对他们的要求做出积极的回应，以及让他们参与决策。正是西南航空公司的文化使得该公司显得与众不同，公司人事副总裁伊丽莎白·皮德雷克·沙丁说，"我们觉得这种温馨愉悦的气氛让大家找到了一种共同体的感觉。它同时还抵消了高强度的工作以及竞争所带来的压力。"正如凯勒所指出的那样，"如果你不善待自己的人，就别指望他们善待他人！"因此，西南航空公司所关注的不仅仅是自己的顾客，同时也包括自己的员工。

凯勒的"工作场所乐趣"哲学可以从公司为了对员工的贡献加以认可而花费的时间数量上看出来。当西南航空公司连续第五年赢得三维皇冠奖的时候，公司将一架飞机献给了所有的员工。他们的名字被刻在飞机头部的外壳上！公司舞会可以因许多事件而发起，其中包括首席执行官的生日，那天员工们都要穿上黑色的礼服。西南航空公司每年一度的红辣椒烹饪大赛、颁奖晚宴及每周五的"开心日"：在这一天，雇员可以穿着随便的衣服甚至化妆用的衣服到公司来上班——都表明公司的这样一种信条，即员工必须有幽默感；并且，心情放松的员工才会是高生产率的员工，员工穿着休闲服装参加，甚至顾客也可以参加。公司和员工常常通过举行聚会来培养情趣及增强大家对西南航空公司这个大家庭的归属感，而这些又对公司文化起到了积极的支持作用。

公司还设计了许多人力资源实践来支持公司的文化。薪酬计划的设计被用来增强西南航空公司与员工之间的联系，这些员工非常喜欢公司的一项利润分享福利计划。西南航空公司的员工拥有公司大约 11% 的业绩非常优秀的股票。为了支持公司的高效运转，公司与工会的合同中还避免出现限制性过强的工作规则。公司的信条之一是，员工可以（而且他们也希望能够）出现在需要他们的任何地方，而无论自己的工作名称或者工作类别是什么。西南航空公司自 1971 年创立以来从未解雇过一名员工，员工的年流动率为 7%，这在行业内是最低的。1998 年，公司的飞行员们通过投票决定，在执行与公司签订的为期 10 年的集体合同的后半段时间里，将继续维持原来确定的由公司提供低幅工资增长，但是却提供大量股票选择权的报酬计划。飞行员将在今后 5 年中连续每年获得 3% 的工资增长，同时再加上每股 8.89 美元的股票选择权。这种为期 10 年的集体协议在航空业中是独一无二的。此外，在 1996 年，凯勒还主动提出一直到 1999 年之前都将自己的年薪冻结在 1992 年的水平上，以响应飞行员们的工资冻结。这种共同做出牺牲的精神帮助公司进一步培养起了员工的士气及他们对组织的承诺感。

西南航空公司的员工们还积极参与大量的社区公共服务计划。这种对服务的献身精神在公司内部同样受到了鼓励并且能够找到证明。一个由员工们发起的灾难基金就是为了给公司里那些面临个人危机的人提供支持用的。不同的部门之间经常通过互相给予奖励及为对方举办晚会等形式来表示对对方的感激之情。

西南航空公司对员工的关心是全方位的、发自内心的，其成功的真谛是优秀管理者运用具有竞争力的人力资源管理模式，得到杰出的人和执行杰出的管理。（资料来源：育龙网）

讨论：为什么说西南航空公司是通过人来竞争，而不是通过战略来竞争？

案例分析 2

沃尔玛雇主品牌：赢在职业价值定位

沃尔玛公司是美国零售业的传奇人物山姆·沃尔顿先生于 1962 年在阿肯色州成立的。经过 40 多年的发展，沃尔玛公司已经成为美国最大的私人雇主和世界上最大的连锁零售商。目前，沃尔玛在全球开设了超过 7000 家商场，员工总数达 190 多万人，分布在全球 14 个国家。每周光临沃尔玛的顾客约 1.76 亿人次。

沃尔玛 1996 年进入中国，在深圳开设了第一家沃尔玛购物广场和山姆会员商店。经过 13 年的发展，沃尔玛目前已经在全国共 60 个城市开设了 113 家商场，其中沃尔玛购物广场 108 家、山姆会员商店 3 家、社区店 2 家。目前沃尔玛在中国共聘请了 50 000 多名员工，平均每周为超过 550 万名顾客提供服务。2007 年 2 月，沃尔玛与好又多形成战略合作伙伴关系。好又多在全国开设了 101 家分店，随着好又多的加入，沃尔玛已经成为中国市场上首屈一指的外资零售企业。

沃尔玛成功塑造雇主品牌，建设职业价值定位核心竞争力的最坚实的基础是企业文化建设战略。尽管沃尔玛雇员成千上万、遍布世界，但员工之间的关系犹如兄弟姐妹。山姆·沃尔顿和其继承人一再强调人对于沃尔玛成功的重要性。沃尔玛的三项基本信仰是：尊重个人、服务顾客、追求卓越。

沃尔玛另一个提升雇主品牌、缔造核心竞争力的成功要素还在于人才可持续发展战略。在三项基本信仰的引领下，沃尔玛的人力资源战略可以归纳为：留住人才、发展人才、吸纳人才。

在美国管理界，沃尔玛多次被评为最适宜工作的公司之一。可以说，沃尔玛企业文化是沃尔玛其他战略得以成功实施的土壤和保障。山姆·沃尔顿总结的三个文化精髓是尊重个人、服务顾客、追求卓越，时至今日这仍是每个沃尔玛人都需要具备的三项基本信仰。

尊重个人：如直呼其名、多元化、机会均等、公仆领导、信息分享、门户开放、基层调查。

服务顾客：如保证满意、天天平价、日落原则、盛情服务、店中店计划、娱乐购物。

追求卓越：如诚实正直、勇敢面对失败、损耗控制、控制开销、点子大王、晋升和调职、评估、培训与发展、现场指导。

沃尔玛关于人的理念是员工即是合伙人，管理者即是公仆。追求高敬业度、快乐工作、诚信、留住人才、发展人才、吸纳人才和最人性化的人才储备。

公司高级管理人员成功的具体案例：

王培 Stephanie Wong，历任总部人力资源经理（1995）、高级人力资源经理（1997）、人力资源总监（2000）、高级人力资源总监（2001）、沃尔玛中国副总裁—人力资源（2002）、沃尔玛中国副总裁—人力资源、整合、资产保护及行政（2007至今）。

国际领导人发展计划成功的具体案例：

谢益军 Luckie Xie，历任购物广场员工（1996）、商场营运主管（1997）、商场部门经理（1998）、商场副总经理（2000）、美国国际领导人发展计划（2002）、商场常务副总经理（2003）、商场总经理（2004）和区域经理（2007）。

通过理性、准确的职业价值定位，沃尔玛建立起以企业文化建设、人才可持续发展和企业社会责任为核心的职业价值体系。在推动零售业发展、引领先进企业文化、培训和发展零售人才、回报和贡献社会等方面发挥着至关重要的作用。随着沃尔玛在华业务的拓展，沃尔玛在中国各大中城市已开设上百家购物广场，为5万多中国人提供了就业机会。沃尔玛以三大信仰和诚信原则为基础的公司文化，在公司内部营造了公开、透明、愉悦的工作氛围。沃尔玛文化，作为沃尔玛人的精神标识，对每位员工产生了巨大的凝聚力，成为每位员工全情投入工作、努力创造非凡的源动力。沃尔玛将自己视为社区的一员，关注环保和持续发展，努力回报顾客、回报社会，提出了"省钱、省心、更好生活"的新一代购物理念。沃尔玛培养了快乐的员工，也带来了快乐的顾客，为企业赢得了良好的声誉，有效地提升了雇主品牌形象。

讨论：沃尔玛为什么是最适合工作的企业？

第二章 人力资源规划

―――― 学习重点和要点 ――――

(1) 了解人力资源规划的内容和作用。

(2) 掌握人力资源规划的基本程序。

(3) 学会进行人力资源供给和需求预测的方法。

📰 **导入案例**

北山医药集团的管理难题

北山医药集团是一民营企业。从 1990 年建厂以来，在短短的十几年间里，企业由原来仅有 20 多名员工的小作坊式工厂发展成为一个拥有 3000 多名员工，年销售额达十多亿的现代化制药集团。

然而，随着企业的发展壮大，特别是近些年制药行业的竞争加剧，企业面临的人力资源管理方面的问题日益突出：企业的业务在迅速地扩展，经营开始走向多元化，现有的人员已经无法满足新增业务对技能方面的要求，特别是有经验的技术人员与管理干部缺乏，严重地影响了业务的发展。然而，正是在这个时候，却又有几个非常重要的核心人物被竞争对手挖去，使企业发展蒙受了巨大的损失。高层领导开始意识到，如果这个问题不认真加以解决，企业在今后更为激烈的市场竞争中将会败下阵来。

为此，企业聘请人力资源管理咨询专家进行了大规模的调查研究。调查结果表明，该企业员工对于自己的工资与福利待遇较为满意；企业的高层次人才多采用校园招聘的形式，但招聘人才的条件与专业却是由人力资源部根据情况确定的，员工的工作安排随意性较大，专业不对口的现象较为普遍。此外，企业内部的调动非常频繁，升迁多由高层管理者仓促任命；而企业的培训多根据现有的环境与条件安排，不得影响生产，因此，员工对自己的职业发展的满意度不高，不少人有了离职"跳槽"的想法。

讨论：北山医药集团在管理方面的主要症结是什么？应该从哪方面来着手解决这个问题呢？

这个案例告诉我们，企业为了提高人力资源的效率，就必须科学地预测人力资源供求状况，有效地配置人力资源，进行人力资源规划。人力资源规划是组织战略规划的重要组成部分，它为组织战略目标的实现提供了人力资源的保证。同时，人力资源规划还指导着整个人力资源管理工作。

第一节 人力资源规划概述

一、人力资源规划的概念

人力资源规划是指根据组织的战略目标，科学预测组织在未来环境变化中人力资源的供给与需求状况；制定必要的人力资源获取、利用、保持和开发策略；确保组织对人力资源在数量上和质量上的需求，使组织和个人获得长远利益。从这个定义我们可以看到：

1. 人力资源规划是以组织的战略目标为依据的

当组织的战略目标发生变化时，人力资源规划也随之发生变化；因此，组织的战略目标是人力资源规划的基础。

2. 人力资源规划制定以人力资源供需预测为基础

组织外部环境的变化使得组织的战略目标处于不断的变化与调整之中，必将引起组织内外人力资源供需的变化。人力资源规划就是要对人力资源供需状况进行分析预测。以确保组织在近期、中期和长期的对人力资源的需求。

3. 人力资源规划实现应当有必要的政策措施作保证

组织应制定必要的人力资源政策措施，以确保组织对人力资源需求的如期实现。如人员调动、补缺、晋升或降职、开发培训以及奖惩等。否则，就无法确保人力资源规划的实现。

4. 人力资源规划要求进行综合平衡

组织目标的实现不能以牺牲员工利益为代价，应当综合平衡。组织应该关心每一个员工的利益和发展要求，要引导他们在实现组织目标的同时实现个人的自我价值。

根据用途及时间幅度，人力资源规划可分为战略性的长期规划（5 年或 5 年以上），策略性的中期规划（2～5 年）和作业性的短期计划（1～2 年）。它们与企业的其他规划相互协调联系，既受制于其他规划，又为其他规划服务。如图 2-1 所示。

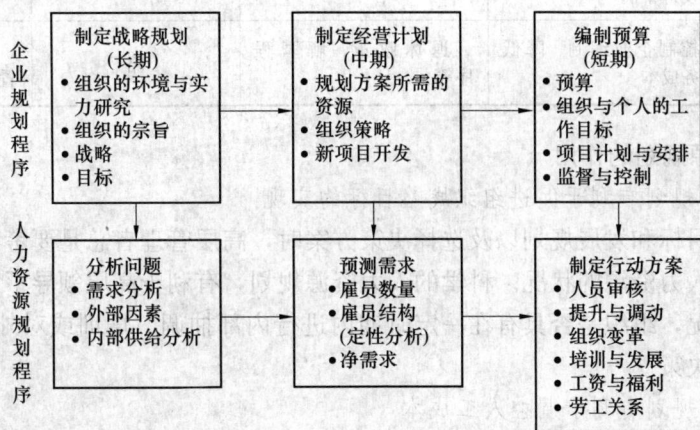

图 2-1　企业规划与人力资源规划的关系

二、人力资源规划的内容

人力资源规划包括两个层次，总体规划和各项业务计划。如表 2-1 所示。人力资源总体规划是有关计划期内人力资源开发利用的总目标、基本政策、实施步骤及总预算的安排。人力资源规划所属业务计划包括人员补充计划、人员使用计划、人员接替与提升计划、教育培训计划、评估与激励计划、劳动关系计划、退休解聘计划等，是总体规划的展开和具体化。

表 2－1　　　　　　　　　　　　人力资源规划及其各项业务计划

计划类别	目标	政策	步骤	预算
总体规划	总目标：绩效、人力资源总量、素质、员工满意度	基本政策：扩张、收缩改革、稳定	实施步骤：年度、项目安排	总预算
人员补充计划	人员类型、数量、对人力资源结构及绩效的影响等	人员标准、人员来源、起点待遇等	拟定标准、广告宣传、考试、录用	招聘、选拔费用
人员使用计划	部门编制、人力资源结构优化、绩效改善、职务轮换	任职条件、职务轮换、范围及时间	略	按使用规模、类别及人员状况，决定工资和福利
人员接替与提升计划	后备人员数量保持、改善人员结构、提高绩效目标	选拔标准、资格、试用期、提升比例、为提升人员安置	略	职务变化引起的工资变化
教育培训计划	素质与绩效改善、培训类型与数量、转变员工的劳动态度	培训时间的保证、培训效果的保证	略	教育培训总投入、脱产损失
评估与激励计划	降低离职率、提高士气、改善绩效	激励重点：薪酬政策、激励的反馈	略	增加工资、奖金额度
劳动关系计划	减少非期望离职率、改善雇用关系、减少员工投诉不满	参与管理、加强沟通	略	法律诉讼费
退休解聘计划	控制企业编制、降低劳务成本	退休政策、解聘程序等	略	安置费、人员重置费

三、人力资源规划的作用

1. 人力资源规划有利于促进组织战略目标的实现

在制定战略目标和发展规划以及选择决策方案时，高层管理者总是要考虑组织自身的各种资源，尤其是人力资源的状况。科学的人力资源规划，有利于高层领导了解组织内目前各种人才的余缺情况，组织是否具有在一定时期内进行内部抽调、培训或对外招聘的可能性，从而有助于进行决策。

2. 人力资源规划有利于调控人工成本

人工成本控制是成本控制中的一个重要环节，人工成本中最大的支出项目是工资，而企业工资总额在很大程度上取决于企业的人员分布状况，即人员在不同岗位和不同级别上的数量状况。人力资源规划就是要对组织内的人员结构、岗位分布等进行合理的调整，从而在一定范围内很好地控制人工成本。

3. 人力资源规划能够及时了解人才供需信息

进行人力资源规划时，需要人力资源部门掌握组织内现有各部门和各岗位的人员数量，明确组织战略对其人力资源需求数量、质量、岗位分布和结构状况的需求；另外，也需要掌握劳动力市场各类岗位人员的供给的稀缺状况，为组织劳动力定价提供依据。

4. 人力资源规划有利于稳定员工的预期

人力资源规划可以为员工职业生涯规划提供较为明确的发展前景与路线，可以有效地激励员工做长期个人规划。只有员工预期稳定，才能对组织保持长期的信心，才能调动其主动性与积极性。

四、人力资源规划的基本程序

1. 调查分析准备阶段

主要是调查研究以取得人力资源规划所需的信息资料。不仅要了解现状，更要认清战略目标方向和内外环境的变化趋势，认清组织的潜力与风险。人力资源开发与管理部门应将调查信息纳入系统化的人力资源信息系统中，以便随时更新修正，提供各项业务计划部门使用。

影响人力资源规划的企业内部环境因素有：组织战略规划、组织结构与组织文化、部门岗位设置、人力资源流动及现状等。人力资源流动分为组织内流动与组织内外流动，组织内人力资源流动主要是指组织内员工的晋升、降职、职位变更，而组织内外流动有两个方面，即流出组织（离职）与流入组织（外部招聘）。流出（离职）则指员工辞职、退休、病故、工伤、辞退等，流入（外部招聘）则是指从外部劳动力市场吸收人力资源。

影响人力资源规划的外部环境因素有：人口和社会发展趋势，宏观经济形势，行业经济形势，技术的发展状况，产品市场的竞争性，劳动力市场供给，竞争对手信息等。

2. 预测阶段

这是人力资源规划关键。在搜集的人力资源信息的基础上，采用经验预测或数学预测方法，依靠计算机的帮助，分析比较不同的企业战略、人力资源政策对企业未来人力资源需求和供给。预测的目的是得出计划期各类人力资源的余缺情况，即得到"净需求"的数据。

3. 制定规划阶段

依据预测数据本阶段制定人力资源开发与管理的总规划及各项具体的业务计划和相应的人事政策。

4. 规划实施、评估与反馈阶段

人力资源规划是一个长久持续的动态工作过程，人力资源规划应当滚动地实施。这是人力资源规划的最后一个阶段。规划成功与否来自对它的评估，如果不对规划进行评估，则不可能知道规划的正确与否，不可能知道其缺陷所在，也就不可能有效地指导组织的人力资源开发与管理，规划也就失去了自身和意义。另外，评估的结果应及时反馈，及时修正规划。

第二节 人力资源供给与需求预测方法

一、人力资源供给预测的方法

人力资源供给预测可以分为外部供给预测和内部供给预测。

（一）外部预测

外部供给预测是指组织以外能够提供给组织所需要的人力资源的质和量的预测，主要的渠道是外部劳动力市场，是实现组织人力资源新陈代谢的重要渠道。因此，合理的外部供给预测是保证组织正常发展，节省人力购置成本的重要手段。但是外部供给有一个特点，即不能为组织所掌控，而只能通过信息的收集分析加以利用。

外部供给因素主要受宏观经济形势和失业预期、当地劳动力市场的供求状况、大中专毕业生的数量与质量及就业意向、行业劳动力市场的供求状况、大众的就业意识、组织的吸引力、竞争对手的动态和政府的政策法规与压力等因素的影响。

（二）内部预测

当组织出现人力资源短缺时，优先考虑的应该是从内部进行补充，因为内部劳动力市场不但可以预测，而且可调控，以有效地满足组织对人力资源的需求。

影响内部供给的因素主要体现在组织的现有人力资源的存量、员工的自然损耗（辞退、退休、伤残、死亡等）、组织内部人员流动（晋升、降职、平职调动等）、内部员工的主动流出（辞职、跳槽等）和组织由于战略调整所导致的人力资源政策的变化。

人力资源内部供给预测的方法主要有以下三种：

1.　人事资料清查法

这种方法通过对组织现有人力资源质量、数量、结构和在各职位上的分布状况进行检查，掌握组织拥有的人力资源状况。员工信息资料可以反映员工的工作经验、受教育程度、特殊技能、竞争能力等与工作有关的信息，以帮助人力资源规划人员估计现有员工调换工作岗位的可能性大小和决定哪些员工可以补充当前空缺岗位。这一方法常作为一种辅助性的方法，能够对管理人员置换、人力接续等提供更为详细的参考。如表2-2所示。

表2-2　　　　　　　　　　　　　　人事资料表

姓名：		部门		科室：		工作地点：		填表日期：
到职日期：			出生年月：		婚姻状况：		工作职称	
教育背景	类别	学位种类		毕业日期		学校		主修科目
	高中							
	大学							
	硕士							
	博士							
训练背景	训练主题			训练机构			训练时间	
技能	技能种类					证书		
志向	你是否愿意担任其他类型的工作？							
	你是否愿意调到其他部门去工作？							
	你是否愿意接受工作轮调以丰富工作经验？							
	如果可能你愿意承担哪种工作？							
你认为自己需要接受何种训练？	改善目前的技能和绩效：							
	提高晋升所需要的经验和能力：							
你认为自己现在就可以接受哪种工作指派：								

2.　人力接续法

依据组织战略目标设置，在岗位分析的基础上，通过明确岗位员工流动情况和该岗位对员工的未来需求，合理安排接续计划。

一是继任卡法，主要用于管理者的内部接续管理，一般的继任卡如表 2-3 所示。

表 2-3　　　　　　　　　　　　　　继任卡

现任者的姓名	现任者的年龄（何时退休）	现任者任现职的年限

现任者的职务（如 CEO、部门经理、客户经理等）

现任者晋升的可能性（用符号或颜色表示，如 A 或红色表示应该立即晋升；B 或黑色表法随时可以晋升；C 或绿色表示 1～3 年内可以晋升；D 或黄色表示 3～5 年内可以晋升）

		姓名	年龄	现任职务	晋升可能性（用符号或颜色表示）
继任者	继任者 1	姓名	年龄	现任职务	晋升可能性（用符号或颜色表示）
	继任者 2	姓名	年龄	现任职务	晋升可能性（同上）
	继任者 3	姓名	年龄	现任职务	晋升可能性（同上）
紧急继任者		姓名	年龄	现任职务	列入晋升计划的时间

二是员工接续计划法，主要用于一般员工的接续管理。通常用员工接续表（表 2-4）和员工接续图（图 2-2）表示。

表 2-4　　　　　　　　　　　　　　员工接续表

人力资源输入		组织或职位上现有员工人数	人力资源输出							
外部招聘	内部晋升		辞退	辞职	退休	病残	死亡	晋升	降职	其他
X	Y	M	A	B	C	D	E	F	G	N

表 2-4 表明，该组织或职位上员工的内部供给量＝M－（A＋B＋C＋D＋E＋F＋G＋H＋N）＋（X＋Y）。

图 2-2 则更为细致的在组织不同的层面上刻画了人员的接续与流动。

3. 马尔可夫人力资源供给预测法

也称为转换矩阵方法，主要用于组织内部人力资源供给预测。马尔可夫人力资源供给预测法是找出过去人力资源供给变化的规律，预测组织未来人力资源变化的趋势的方法。具体做法是：制作人力资源流动可能性矩阵，如表 2-5 所示，通过对不同工作岗位人员数量和结构的变化，显示员工留任、升降职、进出比率的人数。

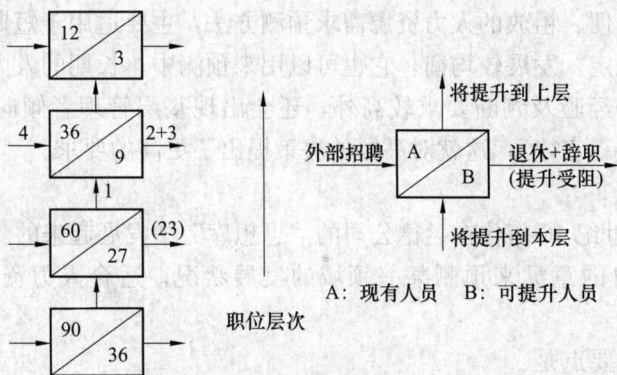

图 2-2　员工接续图

表 2 - 5　　　　　　　　　　　人力资源流动可能性矩阵

工作状态		终止时间 T_2				流出率
		A	B	C	D	
起始时间 T_1	A	0.70	0.10	0.05	0	0.15
	B	0.15	0.60	0.05	0.10	0.10
	C	0	0	0.80	0.05	0.15
	D	0	0	0.05	0.85	0.10

上表中，AA 对应数据为 0.70，指 A 在 T_1 到 T_2 时间内留住 70% 的员工，A 流动到 B 的员工占 10%；A 流动到 C 的员工为 5%，流出企业的员工为 15%；依此类推。从流动趋势来看，D 流出的员工最少，晋升到 C 为 5%；B 流出的员工最多，仅仅留住了 60%，晋升到 A 为 15%，也最多，降级到 C 为 5%，到 D 为 10%；流出企业为 10%。

马尔可夫法虽然在一些国际性的大公司中得到广泛应用，但其所估计的人员流动概率与预测期的实际情况可能有差距，其最大的价值在于提供了一种内部人员流动的分析框架。

二、人力资源需求预测的方法

人力资源需求预测的影响因素一般包括企业的产品或服务的数量、质量、结构的变动、预期流动率、进入新行业的决策、技术水平或管理方式的变化、企业资本、同类组织人力资源市场的竞争状况等。

人力资源需求预测根据预测的精确程度可以分为经验预测和数学预测，前者强调运用预测者的主观经验，后者强调运用数学和统计的方法来计算。

（一）经验预测

1. 管理者决策法

这种方法是组织的各级管理者，根据自己工作中的经验和对组织未来业务量增减情况的直接考虑，分别汇总决策确定未来所需人员的方法。其操作要点为：

（1）先由基层管理者根据自己的经验和对未来业务量的估计，提出本部门各类人员的需求量并报上一级管理者；

（2）由上一级管理者估算平衡，再报上一级的管理者，直到最高层管理者作出决策；

（3）由人力资源管理部门制定出具体的执行方案。

这是一种非常简便、粗放的人力资源需求预测方法，主要适用于短期的预测。如果组织规模小，生产经营稳定，发展较均衡，它也可以用来预测中、长期的人力需求。但这种方法除了对各级管理者的经验及判断要求较高外，还会出现基层管理者倾向于扩大需求量的现象，即所谓的"帕金森定律"，这就对高层的决策提出了更高的要求。

2. 德尔菲法

德尔菲法是 19 世纪 40 年代在兰德公司的"思想库"中发展起来的。这种方法的目标是通过综合专家们各自的意见来预测某一领域的发展状况，适合人力资源需求的长期趋势预测。

德尔菲法的操作要点是：

（1）在组织中广泛地选择各个方面的专家。这些专家都拥有关于人力预测的知识或专长，每位专家可以是管理人员，也可以是普通员工。

（2）发放调查问卷，列举必须回答的一系列有关人力预测的具体问题，然后匿名表达自己观点。匿名的方法可以避免专家们面对面集体讨论的缺点，因为在专家组的成员之间存在着身份或地位的差别，较低层次的人容易受到较高层次的专家的影响而丧失见解的独立性，同时也存在一些专家不愿意与他人冲突而放弃或隐藏自己正确观点的情况。

（3）第一轮意见汇总与反馈。人力资源部门需要在第一轮预测后，将专家们各自提出的意见进行归纳，并将这一综合结果反馈给他们。

（4）重复汇总反馈3～5轮。重复第四步，让专家们有机会修改自己的预测并说明原因，直到专家们的意见趋于一致。

运用德尔菲法时人力资源部门应该为专家们提供充分的信息，目的是使专家们能够做出比较准确的预测。预测所提出的问题应该尽可能简单，以保证所有专家能够从相同的角度理解员工分类和其他相关的概念而不产生歧义。

3. 专家预测法

组织了解市场、行业和与人力资源管理需求有关的人员作为专家，根据历史数据资料、经验，考察组织未来发展战略计划，共同讨论未来组织对人力资源的需求的一种方法。预测步骤如下：①调查来自市场的对于组织产品和服务的未来需求。②统计组织在市场所占份额。③探讨可能对组织产品或服务的数量和种类产生影响的新技术的可用性及性质。④根据综合分析结果，预测组织将面临的人力资源需求。

4. 销售人员估计法

这种方法非常适用于由于引进新产品而导致员工需求的增加。当一个新产品投入市场，销售人员必须以他们所掌握的顾客需求和兴趣为基础去估计对这一新产品的需求（也就是预期的销售量）；然后企业用这些信息去估计为满足这个销售量需要多少雇员。这个方法的一个缺点是某些销售人员有可能故意低估产品需求，这样当他们的销售额超过预期值时，他们将被认为是工作出色的员工；而另一些销售人员则可能高估需求，这是因为他们对自己未来的销售数量和能力过分乐观。

在进行具体岗位的人力资源需求经验预测时，需要把人力资源供给和需求预测结合进每一个职位类别中。如某公司目前雇用了25名秘书，经验预测结果表明，在规划极端结束时将有5个秘书职位空缺（因为退休、提升等原因）；在即将到来的下个阶段将需要3个新的秘书职位（因为公司产生的需求有所增长）。把这两项预测结合起来，现在公司需要雇用8名新秘书（5名替换那些预期会空出的职位，3名填补新增的职位）。

（二）数学预测

1. 转换比率法

这种方法是根据过去的经验，把组织未来的业务活动水平转化为人力需求数量预测的方法。其原理是借助劳动生产率和组织业务总量之间的关系来描述所需的人力资源数量。即：

$$业务总量＝人力资源数量×劳动生产率 \qquad (2-1)$$

对应于不同的业务，式（2-1）可以变为不同的类型，例如：

$$产量＝人力资源数量×人均生产率或销售收入＝人力资源数量×人均销售额$$

那么，把式（2-1）移项，就可得到计算人力资源需求量公式：

$$人力资源需求量＝业务总量/劳动生产率 \qquad (2-2)$$

式（2-2）假定劳动生产率是不变，如考虑劳动生产率的变化，则应进一步修正公式：

人力资源需求量＝（现业务总量＋计划期业务增长量）/

[现劳动生产率（1＋劳动生产率增长率）]　　　　　　（2-3）

【例2-1】 某中学在1999年有学生1500人，2000年计划招生增加150人，目前平均每个教师承担15名学生的工作量，求劳动生产率保持不变或提高10%情况下，2000年该学校教师需要量。

解 如劳动生产率保持不变，教师需要量＝（1500＋150)/15＝110（人）

如劳动生产率提高10%，教师需要量＝（1500＋150)/[15（1＋10%）]＝100（人）

但需要指出的是，这种预测方法存在着两个缺陷：一是需要对计划期的业务增长量、目前人均业务量和生产率的增长率进行精确的估计；二是这种预测方法只考虑了员工需求的总量，没有说明其中不同类别人员需求的差异。

若要考虑到不同类别人员需求，具体做法是先根据过去的业务活动水平，计算出每一业务活动增量所需的人员相应增量；再把对实现未来目标的业务活动增量按计算出的比例关系，折算成总的人员需求增量；然后把总的人员需求量按比例折成各类人员的需求量。

2. 回归分析法

在计量分析模型中经常会用到回归分析法，这是一种统计分析的方法，其关键在于找出与人力资源需求密切相关的影响因素，依据历史资料建立回归方程；然后再根据这些因素的变化预测未来的人力资源需求。回归方程在统计上必须要通过相关的假设检验。

最简单的回归分析法是趋势分析法，回归时只考虑一个变量因素，也就是一元回归分析。而多元回归由于涉及的变量较多，建立方程也就更复杂；但多元回归所考虑因素比较全面，所以预测的准确度往往要高于一元回归。下面举一个一元线性回归的例子。

【例2-2】 一个超市对收银员的数量影响最大的因素是顾客的数量，经过若干年份的积累得到以下统计数据，如表2-6所示，如预测未来顾客数量增长为1000人，求收银员的需求量。

表2-6　　　　　　　　　　**某超市收银员数量与顾客数量统计数据**

顾客数量	200	240	300	360	390	450	520	550	590	620	680	740	800
收银员数量	17	19	27	30	36	42	50	51	56	62	69	73	80

设顾客数量是 X，收银员数量是 Y，假设两者之间线性相关，回归方程为：$Y＝a＋bX$ 则系数 a 和 b 的计算公式分别为

$$\because Y=a+bX$$

$$\therefore XY=Xa+bX^2 \tag{2-4}$$

$$\therefore \sum Y=na+b\sum X \tag{2-5}$$

$$\sum XY=a\sum X+b\sum X^2 \tag{2-6}$$

解上述两个方程得：$a=-6.32$，$b=0.11$，则回归方程为：$Y=-6.32+0.11X$

如预测未来顾客数量增长为1000人，收银员的需求量为：

$$Y=-6.32+0.11\times1000=104（人）$$

三、人力资源预测结果的平衡

比较人力资源需求数量和人力资源供给数量的结果，会出现四种情况：一是总量与结构都平衡；二是供大于求；三是供小于求；四是虽然总量平衡，但结构不平衡。这四种情况除

了第一种外，都需要在人力资源规划中采取一些措施来解决。

1. 供大于求

增加需求：①企业要扩大经营规模，或者开拓新的增长点，以增加对人力资源的需求。例如，企业可以实施多种经营吸纳过剩的人力资源供给。②对富余员工实施培训，即增加培训人员的需求，减少对现有岗位的人员供给。这相当于进行人员的储备，为未来的发展做好准备。

减少供给：①裁员或者辞退员工，在我国还有提前退休、内退、待岗等做法，这种方法虽然比较直接，但是由于会给社会带来不安定因素，因此往往会受到政府的限制。②冻结招聘，就是停止从外部招聘人员，通过自然减员来减少供给。③缩短员工的工作时间、实行工作分享或者降低员工的工资，通过这种方式也可以减少供给。

2. 供小于求

减少需求：①提高现有员工的工作效率，例如，改进生产技术、增加工资、进行技能培训、调整工作方式等等。②提高员工的积极性，鼓励员工加班加点。③可以将企业某些业务外包。

增加供给：①从外部雇用人员，包括返聘退休人员；如果是短期需求增加，就可以雇用兼职或临时的员工。②降低员工的离职率，减少员工的流失；同时进行内部调配，提高某些职位的供给。

3. 总量平衡，结构不平衡

即有的岗位供大于求，有的岗位供小于求。对于这种情况可以采取以下措施：①进行人员内部的重新配置，包括晋升、调动、降职等，来弥补那些空缺的岗位，满足这部分的人力资源需求。②对人员进行有针对性的专门培训，使他们能够从事空缺岗位的工作。③进行人员的置换，释放那些组织不需要的人员，补充组织需要的人员，以调整人员的结构。

习　题

一、复习思考题

1. 人力资源规划是什么？有何作用？
2. 人力资源供给预测的渠道与方法有哪些？
3. 人力资源需求预测的类别与方法有哪些？

二、计算题

某面粉厂根据过去的经验，增加1000吨的面粉产量需增加15人。预计1年后面粉产量将增加10 000吨，折算人员需求量为多少人？如果管理人员、生产人员、搬运人员的比例是1∶4∶2，则新增加的人中，管理人员约为多少人？生产人员为多少人？搬运人员为多少人？

三、案例分析题

📖 **案例分析 1**

柯维特连锁折扣商店

1965年7月新的一期美国《时代周刊》又送到了读者的手中。这期封面赫然登着一位男士的照片。照片上的男士梳着时髦的发式，显得年轻而富有朝气。他双目炯炯有神，嘴角微微露出一丝笑容，沉着、自信。此人不是别人，正是美国柯维特平价百货连锁店董事长尤金·费考夫。打开封面，首篇文章题目为"奇迹"。文中讲述了柯维特公司的创建和成长过程。柯维特平价百货店在纽约曼哈顿岛的一条小巷中开张了。他将批发来的商品仅加价10元出售，比市场上的同类商品便宜许多。于是，客户慢慢多了起来。一传十，十传百，许多人都知道有一家叫"柯维特"的平价百货店。当年销售额就达到了100万美元。1951年底年销售额已达5500万美元。挣了钱的费考夫从中尝到了甜头，他继续扩大投资，先将店面迁到临大街的房子。同时又开了一家分店，开始连锁经营。自此后，他一发不可收拾。柯维特连锁店在纽约全面开花，在全美到处扎根。1960年初期，几乎每隔七个星期就成立一家大的分店。从1950~1960年10年间，公司的销售额由5500万美元急剧增加到7.5亿美元，其增长速度之快，创下了零售业的世界纪录。到1966年，柯维特公司在纽约设立了10家分店，费城有5家，华盛顿4家，底特律3家，圣路易2家。但是很快柯维特公司遇到了麻烦，陷入了困境。1966年9月25日，柯维特公司被比自己小得多的斯巴坦斯产业兼并。柯维特公司一下从巅峰跌入深谷！柯维特怎么一下子沦落到这番田地？

从1962~1966年的四年间，公司的店面空间和销售量增长了3倍以上！其中突出的问题之一就是随着分店数目的急剧增加，所需分店经理也越来越多，但管理部门却没有给予足够的认识，也没有采取措施去选择最适当的人选。过去，商店由于规模不太大，总是能够找到需要的员工，这些招进来的员工只需经过简单的培训就能上任，有的甚至可以直接上任，公司根本不用考虑员工短缺问题。但现在公司规模急剧扩长，营销的品种也花样翻新，这些变化既要求销售人员在短期内熟悉不同品种的不同销售方式，知晓软性货物与硬性货物在销售方式上的区别，明确柯维特店的营销特点，又需要比较专业的管理人才进行科学的管理。而该商店招收的员工很难符合公司的需要。尤其是当公司开始在西部发展后，更是缺乏足够的管理人才。几个城市离纽约都很近，公司总部便于联系和控制，费考夫实在很难亲自给予指导与控制，使得纽约以外的其他各区的柯维特连锁店利润一直下降。

为了满足不断扩大的生产需求，该商店采取应急办法，就匆忙从基层提拔员工充当管理人员，但新提拔的员工很少能胜任新的工作岗位。公司只能在有限的时间里招收几个管理人员，又发现这些管理人员难以在短期内了解公司的情况，不适应公司的环境。柯维特的失败确实令人扼腕叹息。

讨论：1. 柯维特为什么从巅峰跌入谷底？
　　　　2. 如果你是人力资源部经理，你从这个案例中有何借鉴？

案例分析2

某律师事务所的人力资源规划

某律师事务所自1996年成立，多年以来公司逐渐趋于稳定经营，在2009年具有一定规模。由于业务日趋繁忙，人力资源规划不力，常造成总是等到人才流失后才开始招聘人才，招聘后培训期间仍然造成岗位空缺。现提供内部资料如下：有四层，分别为合伙人、经理、高级律师和一般律师。各职位人员见表2-7。

表 2-7 各职位人员情况

职位	代号	人数
合伙人	P	40
经理	M	80
高级律师	S	120
一般律师	A	160

在过去五年中，员工调动的概率见表 2-8，其中包括各职位人员升迁和离职的百分比率。在升迁部分，各职位除合伙人之外，只要表现好，皆有升迁的机会，对于特别优异的高级律师还有机会直接升为合伙人，只是机会不大；在离职方面，由于人才竞争激烈，每年在各职位上的人员皆有离职的情况。

表 2-8 各职位人员离职情况

职位	合伙人		经理		高级律师		一般律师	
年度	离职	升为合伙人	离职	升为合伙人	升为经理	离职	升为高级律师	离职
2005	0.20	0.08	0.13	0.08	0.07	0.11	0.19	0.11
2006	0.23	0.07	0.27	0.02	0.05	0.12	0.15	0.29
2007	0.17	0.13	0.20	0.04	0.08	0.10	0.11	0.20
2008	0.21	0.12	0.21	0.05	0.03	0.09	0.17	0.19
2009	0.19	0.10	0.19	0.06	0.02	0.08	0.13	0.21

任务：该事务所委托您制定一个规划来解决公司目前和将来可能面临的人力资源问题。

第三章　人力资源相关法律法规

——— 学习重点和要点 ———

(1) 了解劳动合同的条款、签订方式、解除类型和不得解除情形。

(2) 掌握劳动合同经济补偿金的计算方式。

(3) 了解劳动者工伤认定和视同工伤条件。

(4) 了解领取失业保险的条件、计算和程序。

(5) 掌握社会保障的种类和缴纳程序。

导入案例

毕业协议与劳动合同

王某是沈阳市某大学 2003 届的本科毕业生。同年 6 月，王某、郑州市某科技有限公司和学校三方签订了"全国普通高等学校毕业生就业协议书"。在此之前，该科技公司为王某办妥了人事等相关手续，代王某缴交了人事代理服务费和流动服务费合计 2520 元。2003 年 7 月 1 日，王某到该公司上班，负责软件开发。双方约定王某试用期月薪 2000元，试用期 3 个月；但王某刚工作了一个月，就于 7 月 31 日提出辞职，该公司没有发给王某工资。

王某为此事申请了劳动仲裁。仲裁裁决后，该公司不服，于是向天河区法院起诉。该公司认为，公司虽未和王某签订正式的劳动合同，但《就业协议书》已就工作条件和劳动保护、劳动报酬、福利待遇及三方的违约责任做了详细的约定，应当认为双方签订了书面的劳动合同，并共同受该协议书有关条款的约束。王某在试用期内解除劳动合同，给其造成的损失理应给予赔偿及支付约定的违约金。王某说，在试用期间，他曾与公司负责人提出签订劳动合同，但公司却以试用期内不跟员工签订劳动合同为由拒绝了，使他觉得在该公司工作的合法权益得不到保障。在该公司工作一个月后，他发觉自己与该公司不相适合，这才提出辞职。

这个案例告诉我们，人力资源有关法律法规问题，离我们大学生并不遥远。作为一位人力资源管理专业人员，更要熟知人力资源管理的相关法律法规。以法律法规为基石的人力资源管理，是企业建立良好的劳动关系、建立和健全专业化人力资源管理体系的前提。只有遵从《中华人民共和国劳动法》及《中华人民共和国劳动合同法》等国家及地方的法律法规，并将其合理运用于日常人力资源管理活动中，才能使企业的劳动关系合法化；使人力资源诸功能的配套与执行更有效、更顺畅、更易于推广；使雇主与雇员同心合力，使企业在融洽的劳动关系中不断发展、壮大。

第一节　劳动合同管理

随着我国及世界经济的飞速发展，我国企业形式已由最早的、单一的国有制企业发展为以国有制、股份制、私有制、合资及独资等多种企业经营形式；随之而来的雇主与雇员关系也越来越复杂而多变。中华人民共和国第十届全国人民代表大会常务委员会第二十八次会议通过并于2008年1月1日起施行《中华人民共和国劳动合同法》（以下简称《劳动合同法》）。该法令自此指导所有在中华人民共和国国土上的企业，使人力资源管理进入一个劳动关系更加合法化、更加合理化的新阶段。

一、劳动合同的编制

《劳动法》对劳动合同内容没有做详细的规定，《劳动合同法》为了使雇主与雇员双方责、权、利更加明确，以防止合同履行过程中出现不必要的纠纷，在双方确立正式劳动关系时，在合同中做出更详尽的规定与描述。

（一）劳动条款的设计

依据《劳动合同法》第17条第1款规定，劳动合同应当具备以下条款：

1. 用人单位的名称、住所和法定代表人或者主要负责人；
2. 劳动者的姓名、住址和居民身份证或者其他有效身份证件号码；
3. 劳动合同期限；
4. 工作内容和工作地点；
5. 工作时间和休息休假；
6. 劳动报酬；
7. 社会保险；
8. 劳动保护、劳动条件和职业危害防护；
9. 法律、法规规定应当纳入劳动合同的其他事项。

（二）劳动合同的分类

劳动合同分为固定期限、无固定期限和以完成一定工作任务为期限的劳动合同。固定期限的劳动合同是指劳动合同当事人双方所签订的劳动合同，规定了具体明确的起始和终止时间。劳动合同期满，劳动关系即告终止，经双方协商同意可以续订劳动合同。无固定期限的劳动合同是指用人单位与劳动者约定无确定终止时间的劳动合同。无固定期限劳动合同虽没有终止日期，但应明确劳动合同的开始日期，也可以明确终止条件。以完成一定的工作为期限的劳动合同是指当事人双方把完成某一项工作或工程，确定为劳动合同起始和终止的期限。某一项工作或工程开始之日，即为合同开始之时，此项工作或工程完毕，合同即告终止。所以劳动双方可根据各自的意愿来选择不同期限的劳动合同。

二、劳动合同的签订

《劳动合同法》第19条第1款规定："劳动合同期限三个月以上不满一年的，试用期不得超过一个月；劳动合同期限一年以上不满三年的，试用期不得超过二个月；三年以上固定期限和无固定期限的劳动合同，试用期不得超过六个月。"在签订劳动合同前，人力资源部的招聘专员应要求被录用员工准备以下资料和证明：与原公司解除劳动合同证明书、员工身份证和学历证、员工的体检证明、员工个人情况详细表、员工相片等。签订二次劳动合同后，如果劳动者提出续订无固定期限劳动合同，用人单位就应该订立无固定期限劳动合同。

三、劳动合同的解除与终止

（一）非过失性劳动合同解除

《劳动合同法》第 36 条的规定，用人单位与劳动者协商一致，可以解除劳动合同。从该条立法来看，并未规定协议解除劳动合同应具备何种条件，只要双方当事人依法达成协议便可以解除双方的劳动关系，主要可分为以下三种情形和方式。如表 3－1 所示。

表 3－1　　　　　　　　　　　　非过失性解除劳动合同

解除原因	解除条件	注意事项
医疗期满	1. 医疗期满	1. 提前 30 日通知
	2. 不能从事原工作也不能从事单位另安排的工作	2. 支付经济补偿金
不能胜任工作	不能胜任工作，经培训或调整岗位仍不能胜任工作	
客观情况发生重大变化	1. 客观情况发生重大变化致使原劳动合同无法履行	
	2. 无法对变更劳动合同达成协议	

（二）过失性解除劳动合同

过失性解除劳动合同，是指员工自身存在过失而导致用人单位解除劳动合同。对于过失性解除劳动合同，用人单位可以随时解除。

关于过失性解除劳动合同的情形，《劳动法》第 25 条规定了四种情形，即试用期、严重违反劳动纪律或者用人单位规章制度、严重失职营私舞弊、被依法追究刑事责任的情形。而《劳动合同法》在此基础上又增加两种情形：一是劳动者同时与其他用人单位建立劳动关系，对完成工作任务造成严重影响，或经用人单位提出，拒不改正的；二是以欺诈、胁迫的手段或者乘人之危，使对方在违背其真实意思的情况下订立劳动合同的，如表 3－2 所示。

表 3－2　　　　　　　　　　　　过失性解除劳动合同

解除原因	解除条件	解除证据	注意事项
试用期间	1. 试用期间 2. 不符合录用条件	明确的证明材料	如果证据确凿，用人单位可以随时解除劳动合同而无需任何给予补偿
严重违纪	严重违反公司规章制度	严重违纪界定的证明材料	
重大损害	1. 严重失职，营私舞弊 2. 造成重大损害	明确的证明材料	
兼职	对完成本单位的工作任务造成严重影响或用人单位提出，拒不改正	严重影响或者提出异议的证明材料	
无效劳动合同	欺诈、胁迫、乘人之危，使用人单位在违背真实意思的情况下订立或者变更劳动合同的	证明材料	
刑事责任	被追究刑事责任	刑事责任范围	

（三）用人单位不得解除劳动合同情形

当用工单位面临一些特殊情形时，不得解除劳动合同。如表3-3所示。

表3-3　　　　　　　　　　　　用人单位不得解除劳动合同情形

不得解除劳动合同情形	具体条件
从事接触职业病危害作业	未进行离岗前职业病检查
患职业病或工伤	1. 1~4级，劳动能力完全丧失，保留关系到退休 2. 5~6级，劳动能力大部分丧失，员工提出才可解除 3. 7~10级，劳动能力部分丧失，员工提出才可解除
患病或负伤（非职业病和工伤）	1. 在法定医疗期内，不可解除 2. 医疗期届满的，按照规定可以解除
女职工在"三期"内	在孕期、产期、哺乳期
本单位连续工作满15年距退休不足5年	退休年龄是男60周岁，女工人50周岁，女干部55周岁。特殊职业的可提前退休；因病或非因工致残，完全丧失劳动能力，男50周岁，女45周岁
法律法规规定的其他情形	1. 服兵役期间 2. 担任专职工会主度、副主度、委员，或兼职主席、副主席 3. 担任平等协商代表

四、经济补偿金的支付与计算

（一）经济补偿金的支付条件

1. 用人单位未按照劳动合同约定提供劳动保护和劳动条件，导致劳动者解除劳动合同的；

2. 用人单位未及时足额支付劳动报酬，导致劳动者解除劳动合同的；

3. 用人单位未依法为劳动者缴纳社会保险费，导致劳动者解除劳动合同的；

4. 用人单位的规章制度违反法律、法规的规定，损害劳动者权益导致劳动者解除劳动合同的；

5. 用人单位以欺诈、胁迫的手段或者乘人之危，使劳动者在违背其真实意思的情况下订立或者变更劳动合同，导致劳动者解除劳动合同的；

6. 用人单位以暴力、威胁或者非法限制人身自由的手段强迫劳动者劳动，或者用人单位违章指挥、强令冒险作业危及劳动者人身安全，导致劳动者解除劳动合同的；

7. 劳动者患病或者非因工负伤，在规定医疗期满后不能从事原工作也不能从事由用人单位另行安排的工作，用人单位与劳动者解除劳动合同的。

劳动者患病或者非因工负伤医疗期。如表3-4所示。

表3-4　　　　　　　　　劳动者患病或者非因工负伤医疗期

总工作年限	本单位工作年限	应享受的医疗期	年度累计医疗期
10年以下	5年以下	3个月	6个月
	5年以上	6个月	12个月

续表

总工作年限	本单位工作年限	应享受的医疗期	年度累计医疗期
10 年以上	5 年以下	6 个月	12 个月
	5 年以上 10 年以下	9 个月	15 个月
	10 年以上 15 年以下	12 个月	18 个月
	15 年以上 20 年以下	18 个月	24 个月
	20 年以上	24 个月	30 个月

8. 劳动者不能胜任工作，经过培训或者调整工作岗位，仍不能胜任工作，用人单位与劳动者解除劳动合同的；

9. 劳动合同订立时所依据的客观情况发生重大变化，致使劳动合同无法履行，经用人单位与劳动者协商，未能变更劳动合同内容达成协议，用人单位与劳动者解除劳动合同的；

10. 法定情形进行经济性裁员的；

11. 用人单位向劳动者提出协商解除劳动合同，并与劳动者协商一致解除劳动合同的；

12. 除用人单位维持或者提高劳动合同约定条件续订劳动合同，劳动者不同意续订的情形外，劳动合同期满的终止固定期限劳动合同的；

13. 用人单位被依法宣告破产，导致劳动合同终止的；

14. 用人单位被吊销营业执照、责令关闭、撤销或者用人单位决定提前解散，导致劳动合同终止的；

15. 法律、行政法规规定的其他情形。

（二）经济补偿金的计算公式

经济补偿金的计算一般是按劳动者本企业前 12 个月平均工资来定。可分为以下四类来计算。

1. 一般劳动者经济补偿金

$$经济补偿金 = 本单位工作年限（\leqslant 12）\times 前 12 个月平均工资 \qquad (3-1)$$

其中，本单位工作年限满 6 个月不满 1 年的，按 1 年计算；本单位工作年限不满 6 个月的，按半年计算。劳动合同法规定，经济补偿金最多不超过 12 个月，因此，工作年限最多只能累计 12 年。

2. 高收入劳动者经济补偿金

$$经济补偿金 = 本单位工作年限（\leqslant 12）\times 当地上年度职业月平均工资 \times 3 \qquad (3-2)$$

其中，本单位工作年限满 6 个月不满 1 年的，按 1 年计算；本单位工作年限不满 6 个月的，按半年计算。

3. 协商和不能胜任工作解除劳动合同的经济补偿金

$$经济补偿金 = 本单位工作年限 \times 员工前 12 个月平均工资 \qquad (3-3)$$

其中：本单位工作年限超过 12 年的，按 12 年计算。

4. 患病或非因工负伤解除劳动合同的经济补偿金

一般：$$经济补偿金 = （本单位工作年限 \times 员工前 12 个月平均工资）+ 6 个月工资$$

$$(3-4)$$

重病：$$经济补偿金 = （本单位工作年限 \times 员工前 12 个月平均工资）+ 6 个月工资（1 + 50\%）$$

$$(3-5)$$

绝症：经济补偿金＝（本单位工作年限×员工前12

个月平均工资）＋6个月工资（1＋100％） （3－6）

五、非全日制用工

随着我国经济的发展及人民生活水平的提高，非全日制用工越来越普遍，如小时工、家政服务用工、顾问咨询服务等。它是指以小时计酬为主，劳动者在同一用人单位一般平均每日工作时间不超过四小时，每周工作时间累计不超过24小时工形式。双方当事人可订立口头协议，但不得约定试用期，用工小时计酬标准不得低于用人单位所在地人民政府规定的最低小时工资标准，不缴纳保险和公积金。劳动报酬结算支付周期最长不得超过15日。非全日制用工的劳动者可以与一个或一个以上用人单位订立劳动合同；但后订立的劳动合同不得影响先订立的劳动合同的履行。非全日制用工双方当事人任何一方都可以随时通知对方终止用工，用人单位不向劳动者支付经济补偿。

第二节 工伤与失业保险

根据中华人民共和国国务院第586号令，2011年1月1日起实施《国务院关于修改〈工伤保险条例〉》的决定。

一、劳动者工伤的界定

（一）工伤的认定

根据我国《工伤保险条例》第十四条规定 职工有下列情形之一的，应当认定为工伤：

1. 在工作时间和工作场所内，因工作原因受到事故伤害的；

2. 工作时间前后在工作场所内，从事与工作有关的预备性或收尾性工作受到事故伤害的；

3. 在工作时间和工作场所内，因履行工作职责受到暴力等意外伤害的；

4. 患职业病的；

5. 因工外出期间，由于工作原因受到伤害或者发生事故下落不明的；

6. 在上下班途中，受到非本人主要责任的交通事故或者城市轨道交通、客运轮渡、火车事故伤害的；

7. 法律、行政法规规定应当认定为工伤的其他情形。

（二）视同工伤条件

根据该条例第十五条规定 职工有下列情形之一的，视同工伤：

1. 在工作时间和工作岗位，突发疾病死亡或者在48小时之内经抢救无效死亡的；

2. 在抢险救灾等维护国家利益、公共利益活动中受到伤害的；

3. 职工原在军队服役，因战、因公负伤致残，已取得革命伤残军人证，到用人单位后旧伤复发的。

职工有前款第1项、第2项情形的，按照本条例的有关规定享受工伤保险待遇；职工有前款第3项情形的，按照本条例的有关规定享受除一次性伤残补助金以外的工伤保险待遇。

（三）非工伤的界定

根据该条例第十六条 职工有下列情形之一的，不得认定为工伤或者视同工伤：

1. 故意犯罪的；
2. 醉酒或者吸毒的；
3. 自残或者自杀的。

二、劳动者工伤及能力鉴定

（一）工伤申报

企业应为工伤职工向统筹地区劳动保障行政部门提出工伤认定申请。提出工伤认定申请应当提交下列材料：

1. 工伤认定申请表；
2. 与用人单位存在劳动关系（包括事实劳动关系）的证明材料；
3. 医疗诊断证明或者职业病诊断证明书（或者职业病诊断鉴定书）。

工伤认定申请表应当包括事故发生的时间、地点、原因以及职工伤害程度等基本情况。

（二）劳动能力鉴定

职工发生事故伤害或者按照职业病防治法规定被诊断、鉴定为职业病，所在单位应当自事故伤害发生之日或者被诊断、鉴定为职业病之日起 30 日内，向统筹地区社会保险行政部门提出工伤认定申请。遇有特殊情况，经报社会保险行政部门同意，申请时限可以适当延长。

用人单位未按前款规定提出工伤认定申请的，工伤职工或者其近亲属、工会组织在事故伤害发生之日或者被诊断、鉴定为职业病之日起 1 年内，可以直接向用人单位所在地统筹地区社会保险行政部门提出工伤认定申请。

劳动功能障碍分为十个伤残等级，最重的为一级，最轻的为十级。生活自理障碍分为三个等级：生活完全不能自理、生活大部分不能自理和生活部分不能自理。

三、劳动者工伤待遇

（一）工伤治疗

职工因工作遭受事故伤害或者患职业病进行治疗，享受工伤医疗待遇。职工治疗工伤应当在签订服务协议的医疗机构就医，情况紧急时可以先到就近的医疗机构急救。治疗工伤所需费用符合工伤保险诊疗项目目录、工伤保险药品目录、工伤保险住院服务标准的，从工伤保险基金支付。工伤保险诊疗项目目录、工伤保险药品目录、工伤保险住院服务标准，由国务院劳动保障行政部门会同国务院卫生行政部门、药品监督管理部门等部门规定。

（二）工伤待遇

职工住院治疗工伤的，由所在单位按照本单位因公出差伙食补助标准的 70% 发给住院伙食补助费；经医疗机构出具证明，报经办机构同意，工伤职工到统筹地区以外就医的，所需交通、食宿费用由所在单位按照本单位职工因公出差标准报销。

1. 工资福利

职工因工作遭受事故伤害或者患职业病需要暂停工作接受工伤医疗的，在停工留薪期内，原工资福利待遇不变，由所在单位按月支付。停工留薪期一般不超过 12 个月。工伤职工评定伤残等级后，停发原先待遇，享受伤残待遇。工伤职工在停工留薪期满后仍需治疗的，继续享受工伤医疗待遇。

2. 工伤护理

生活不能自理的工伤职工在停工留薪期需要护理的，由所在单位负责。工伤职工已经评定伤残等级并经劳动能力鉴定委员会确认需要生活护理的，从工伤保险基金按月支付生活护理费。生活护理费按照生活完全不能自理、生活大部分不能自理或者生活部分不能自理 3 个不同等级支付，其标准分别为统筹地区上年度职工月平均工资的 50%、40% 或者 30%。

3. 工伤待遇

表 3-5　　　　　　　　　　　　　　工伤伤残职工相关待遇

伤残等级	工作状态	工伤保险基金支付一次性伤残补助金	离职时的一次性工伤医疗补助金（医保处给付）和伤残就业补助金（工作单位给付）	工伤保险基金按月支付伤残津贴	备注
一级伤残	保留劳动关系退出工作岗位	27 个月的本人工资	无	本人工资的 90%	伤残津贴实际金额低于当地最低工资标准的，由工伤保险基金补足差额（基本医疗保险费由用人单位和职工个人以伤残津贴为基数缴纳）
二级伤残		25 个月的本人工资	无	本人工资的 85%	
三级伤残		23 个月的本人工资	无	本人工资的 80%	
四级伤残		21 个月的本人工资	无	本人工资的 75%	
伤残等级	工作状态	工伤保险基金支付一次性伤残补助金	离职时的一次性工伤医疗补助金（医保处给付）和伤残就业补助金（工作单位给付）	单位按月支付伤残津贴	备注
五级伤残	保留与用人单位的劳动关系，由用人单位安排适当工作。难以安排工作的，由用人单位按月发给伤残津贴（经工伤职工本人提出，该职工可以与用人单位解除或者终止劳动关系，由用人单位支付一次性工伤医疗补助金和伤残就业补助金）	18 个月的本人工资	20 个月医疗补助金 35 个月伤残就业补助金	本人工资的 70%	伤残津贴实际金额低于当地最低工资标准的，由用人单位补足差额。（由用人单位按照规定为其缴纳应缴纳的各项社会保险费）
六级伤残		16 个月的本人工资	18 个月医疗补助金 30 个月伤残就业补助金	本人工资的 60%	
七级伤残	劳动合同期满终止，或者职工本人提出解除劳动合同的，由用人单位支付一次性工伤医疗补助金和伤残就业补助金	13 个月的本人工资	16 个月医疗补助金 25 个月伤残就业补助金		
八级伤残		11 个月的本人工资	14 个月医疗补助金 20 个月伤残就业补助金		
九级伤残		9 个月的本人工资	12 个月医疗补助金 15 个月伤残就业补助金		
十级伤残		7 个月的本人工资	10 个月医疗补助金 10 个月伤残就业补助金		

4. 职工因工死亡，其直系亲属待遇

表3-6　　　　　　　　　　　因工死亡职工直系亲属待遇

项目	额度	补充条款
丧葬补助金	6个月的统筹地区上年度职工月平均工资	1. 伤残职工在停工留薪期内因工伤导致死亡的，其直系亲属享受本条待遇 2. 一级至四级伤残职工在停工留薪期满后死亡的，其直系亲属可以享受本条待遇
供养亲属抚恤金（供养亲属抚恤金按照职工本人工资的一定比例发给由因工死亡职工生前提供主要生活来源、无劳动能力的亲属）	配偶每月40%，其他亲属每人每月30%，孤寡老人或者孤儿每人每月在上述标准的基础上增加10%	一级至四级伤残职工在停工留薪期满后死亡的，其直系亲属可以享受本条待遇
一次性工亡补助金	一次性工亡补助金标准为上一年度全国城镇居民人均可支配收入的20倍	

四、失业保险

1999年1月22日中华人民共和国国务院令第258号发布《失业保险条例》，从此，职工失业后会得到失业保险金的资助。

（一）领取失业保险的条件

具备下列条件的失业人员，可以领取失业保险金：①按照规定参加失业保险，所在单位和本人已按照规定履行缴费义务满1年的；②非因本人意愿中断就业的；③已办理失业登记，并有求职要求的。

（二）失业保险计算及领取程序

城镇企业事业单位应当及时为失业人员出具终止或者解除劳动关系的证明，并将失业人员的名单自终止或者解除劳动关系之日起7日内报社会保险经办机构备案。社会保险经办机构为失业人员开具领取失业保险金的单证，失业人员凭单证到指定银行领取失业保险金。

表3-7　　　　　　　　　　　失业保险金计算和领取

失业前所在单位和本人按照规定累计缴费时间	领取失业保险金的期限	备注
满1年不足5年	最长为12个月	重新就业后，再次失业的，缴费时间重新计算，领取失业保险金的期限可以与前次失业应领取而尚未领取的失业保险金的期限合并计算，但是最长不得超过24个月
满5年不足10年	最长为18个月	
10年以上	最长为24个月	

第三节　医疗、生育与养老保险

一、劳动者医疗保障

国务院《关于建立城镇职工基本医疗保险制度的决定》于2006年2月出台，所有用人单位及其职工都要参加基本医疗保险，实行属地管理。

（一）医疗保险基金

基本医疗保险基金由统筹基金和个人账户构成。职工个人缴纳的基本医疗保险费，全部记入个人账户。用人单位缴纳的基本医疗保险费分为两部分，一部分用于建立统筹基金，一部分划入个人账户。划入个人账户的比例一般为用人单位缴费的30％左右，具体比例由统筹地区根据个人账户的支付范围和职工年龄等因素确定。

（二）医疗保险金筹集及报销比例

基本医疗保险费由用人单位和职工共同缴纳：用人单位按在职职工工资总额的8％或7％缴纳（县市规定不同），在职职工按本人工资收入的2％缴纳，由用人单位从其工资中代扣代缴。退休人员个人不缴纳基本医疗保险费。职工缴费工资低于上年度当地职工平均工资60％的，按60％为基数缴纳。基本医疗保险基金由统筹基金和个人账户金构成，二者分别核算，不得互相挤占。用人单位缴纳的基本医疗保险费，65％划入统筹基金，35％划入个人账户。

大额医疗救助制度是指参保职工超过最高支付限额以上的医疗费用，由"大额医疗救助金制度"解决。大额救助金由统筹基金结余按每人每年24元的标准划入，参保职工按每人每年12元的标准按月从个人账户中划入。企业职工发生的封顶线以内部分，由基本医疗保险统筹基金给予支付，封顶线以上至15万元部分，由大额救助金给予支付。

参保职工医疗费报销比例各省、市、地区有所不同，请参照当地相关规定。

二、劳动者生育保险

（一）生育保险

根据劳动部《企业职工生育保险试行办法》规定，参加生育保险社会统筹的用人单位，应向当地社会保险经办机构缴纳生育保险费；生育保险费的缴费比例由当地人民政府确定，最高不得超过工资总额的1％，职工个人不缴费。

（二）产假期限

生育期限由各地方政府根据国家相关法令规定。例如，山东省相关规定如下：

女职工生育津贴为本人上年度月平均缴费工资除以30天乘以产假天数。产假天数按照下列标准确定：

1. 女职工正常生育的产假为98天，其中产前休假15天；难产的增加15天；多胞胎生育的每多生育一个婴儿增加15天。山东省于2016年1月在山东省十二届人大常委会第十八次会议上表决通过《山东省人民代表大会常务委员会关于修改〈山东省人口与计划生育条例〉的决定》，凡符合法律和本条例规定生育子女的夫妻，不分孩次，除国家规定的产假外，均增加产假六十日，并给予男方护理假七日。增加的产假、护理假，视为出勤，工资照发，福利待遇不变。

2. 女职工妊娠不满2个月流产的，产假为15天；妊娠2个月以上不满3个月流产的，产假为20天；妊娠3个月以上不满4个月流产的，产假为30天；妊娠4个月以上流产、引产的，产假为42天。

（三）生育费用报销范围

生育医疗费用包括女职工因怀孕、生育发生的检查费、接生费、手术费、住院费、药费和治疗费。女职工因生育引起疾病的医疗费，由生育保险基金支付；其他疾病的医疗费，按照基本医疗保险的有关规定办理。计划生育手术医疗费用包括职工实施放置（取出）宫内节育器、流产术、引产术、绝育及复通手术所发生的医疗费用。参加生育保险男职工的配偶无工作单位，其生育符合计划生育政策规定的，按照当地规定的生育医疗费标准的50%享受生育补助金。

三、养老保险

（一）养老保险概述

1999年1月14日国务院第13次常务会议通过《社会保险费征缴暂行条例》（国务院令第259号），以及国务院于2005年12月15日发布《国务院关于完善企业职工基本养老保险制度的决定》〔2005〕38号文，对企业职工养老保险的具体实施和操作了明确的规定。

中国的基本养老保险制度实行社会统筹与个人账户相结合的模式。基本养老保险覆盖城镇各类企业的职工；城镇所有企业及其职工必须履行缴纳基本养老保险费的义务。目前，企业的缴费比例为工资总额的20%左右，个人缴费比例为本人工资的8%。

养老保险是指劳动者在达到国家规定的解除劳动义务的劳动年龄界限，因年老丧失劳动能力的情况下，能够依法获得经济补偿、物质帮助和生活服务的一项社会保险制度。养老保险就其保险范围、保险水平、保险方式的不同，又可分为基本养老保险、补充养老保险和个人储蓄性养老保险。

基本养老保险金，也称退休金、退休费，是一种最主要的养老保险待遇。在劳动者年老或丧失劳动能力后，根据他们对社会所作的贡献和所具备的享受养老保险资格或退休条件，按月或一次性以货币形式支付的保险待遇，主要用于保障职工退休后的基本生活需要。

补充养老保险，是指企业在满足社会统筹的社会基本养老保险的基础上，为补充基本养老保险的不足，帮助企业员工建立的超出基本养老保险以上部分的一种养老形式，它属于团体寿险的一种。

凡达到国家法定的退休年龄，即男年满60周岁，女工人年满50周岁，女干部年满55周岁；缴费年限（含视同缴费年限）满15年及其以上。经所在地社会保险经办机构审核，劳动保障行政部门批准办理退休手续，按月领取养老金。

（二）养老保险的缴费基数和比例

缴费比例：该部分由个人缴费和单位缴费组成。

1. 个人缴费根据职工本人上一年度月平均工资（最低数为上年全市职工工资的60%；最高数为上年全市职工工资的300%）的8%缴纳。

职工个人缴费额=核定缴费基数×8%（目前为8%）=职工工资总额×60%~300%×8%。

2. 单位缴费根据职工本人上一年度月平均工资的20%缴纳，划转为社会统筹。

企业缴费额=核定的企业职工工资总额×20%。

3. 个体劳动者（包括个体工商户和自由职业者）缴费额=核定缴费基数×18%。

例如，2003年4月河北省公布的2002年度省社会平均工资为每月747元，缴费基数可在747~2241元之间自主选择，即省社会平均工资为每月747元时，应在100%~300%之间选择缴费。全年缴费金额最少为：747×18%×12=1613.5元，最多为：2241×18%×12=4840.6元。

四、社会保险缴纳程序

社会保险包括养老保险、医疗保险、生育保险、失业保险和工伤保险共五险。缴纳以上保险时，需到当地社会保险经办机构办理相关手续，其程序为：

　　1. 在社会保险经办机构（简称社保机构）进行参保登记

　　办理社会保险登记时，必须出示以下证件和资料填报并核发《社会保险登记证》、《职工养老保险手册》等有关表册：①营业执照、批准成立证件或其他核准执业证件；②国家质量技术监督部门颁发的组织机构统一代码证书；③个体劳动者必须出示身份证件；④社会保险经办机构规定的其他有关证件、资料。

　　2. 社保机构核定养老保险缴费人数、缴费基数、缴费比例，按月核定应缴数额

　　烟台市各项社会保险缴费比例，如表3-8所示。

表 3-8　　　　　　　　　　　　烟台市 2015 年度各项社会保险缴费比例

项目	个人缴费比例	企业缴费比例	项目	个人缴费比例	企业缴费比例
养老保险	8.0%	18.0%	工伤保险	0.0%	0.55%
医疗保险	2.0%	7.0%	生育保险	0.0%	1.0%
失业保险	0.5%	1.0%			

　　烟台市政府还会根据地方经济发展状况，对上述比例进行调整。

　　3. 到地方税务部门办理缴费

　　4. 社保机构根据保险费到账情况记录个人账户

　　5. 社保机构每年打印个人账户清单发给企业和职工

习　　题

一、复习思考题

1.《劳动合同法》是如何规定合同期的？

2.《工伤管理条例》是如何规定医疗期待遇的？

3. 劳动者患病或非因工负伤，医疗期是如何规定的？

4.《失业保险条例》是如何计算失业金领取额度的？

5. 某公司招用了一批合同制工人。劳动合同法中约定，工人入厂时需交身份证抵押，并向公司、交抵押金 1000 元，合同期限三年其中试用期为一年，在履行合同过程中，若发现不能胜任工作者企业可随时解除 劳动合同。在合同期内，劳动者患病或负伤在三个月内不能治愈者的，女职工因怀孕、生育不能正常工作者的，企业可随时终止劳动合同。

　　试问：（1）企业招工活动中的违法行为有哪些？

　　　　　（2）劳动合同中的内容有哪些违反了《劳动合同法》的规定？

二、计算题

　　甲、乙、丙三人于 2008 年 3 月 1 日同时进入某公司，至 2009 年 5 月三人虽然各在三个部门，但月薪均为 4000 元。公司因卷入司法诉讼、面临巨额赔偿，运营陷入困境。甲所在部门已欠薪两个月，甲于 5 月最后一个工作日结束离开公司，去了另一家单位。乙因怀孕待产，6 月份未去上班。6 月 12 日，公司找丙谈话，因资金被诉讼冻结而且败诉已成定局，公司已无力运转；公司决定在 8 月份遣散业务性质的员工，希望与丙协商自 7 月 12 日起解除劳动合同；8 月 13 日支付补偿金。丙在解约书上签了字，但 8 月 13 日未拿到补偿金。8 月

15 日，三人经过仔细商量后决定，甲要讨回被欠的薪水且说离职是被迫的，工龄补偿自己也应当有份；乙在产假期间，公司从未通知过她，准备向公司提出女工保障的相关要求；丙届时没拿到补偿金，决定起诉。

计算公司应各向甲乙丙三人支付多少费用。

三、案例分析题

案例分析 1

劳动合同法赔偿事宜处理

2008 年 5 月中旬，陈浦进入某酒店企业的销售部工作，双方签订劳动合同期限至 2011 年 5 月中旬止。2009 年 1 月至 6 月期间，陈浦在日常工作时经常迟到早退，并未按照公司规定的工作时间出勤。鉴于公司设有考勤制度，陈浦便让同事在自己迟到早退时按照正常的上下班时间代打考勤卡，以蒙混过关。据一位同事坦言，他曾经代陈浦打考勤卡二十多次。此外，在 2009 年 5 月 6 日和 6 月 19 日两个工作日，陈浦实际并未到酒店企业上班，但电子考勤记录和部门手工签到簿上竟然均记载陈浦正常出勤上班。同年 7 月 3 日，该酒店企业认为陈浦在未出勤上班的情况下却通过某种方式制造出勤记录，存在不诚实及欺骗行为，严重违反了酒店企业的规章制度，因此向陈浦出具书面通知，解除酒店企业与陈浦之间的劳动合同，并报送上级公司工会得到准许。据此，该酒店企业为陈浦办理了退工手续。陈浦遭到企业辞退后将该酒店告上法庭。2009 年 7 月底，因被酒店辞退而心存不满，陈浦向劳动仲裁部门申请仲裁，要求酒店恢复与他的劳动关系并支付相应的工资。

讨论：（1）单位解除劳动合同是否正当？

（2）是否应支付其相应的工资？

案例分析 2

保 密 与 竞 业

李某于 2011 年 10 月 9 日与某电脑公司签订劳动合同，聘用职务为技术员，聘期两年。双方当事人在劳动合同中约定了竞业禁止：合同解除或终止后，李某三年内不得在本地区从事与该公司相同性质的工作，如违约，李某须一次性赔偿电脑公司经济损失 10 万元。因电脑公司拖欠王某 2012 年 9 月、10 月两个月的工资，2012 年 11 月 15 日，王某向区劳动争议仲裁委员会申请仲裁，要求解除劳动合同；补发两个月工资，给付经济补偿金；确认劳动合同中的竞业禁止约定条款无效。

讨论：（1）李某能否要求公司支付经济补偿？

（2）公司能否要求李某履行竞业限制义务？

第四章 岗位分析与评价

学习重点和要点

（1）了解岗位分析和岗位评价的概念。
（2）掌握进行岗位分析和岗位评价的步骤和方法。
（3）全面了解人力资源岗位分析的重要性。
（4）学会撰写岗位说明书和进行岗位相对价值评价。

导入案例

某钢铁公司获取竞争优势

当位于匹兹堡的某钢铁公司雇佣新的钢铁工人时，它一开始会把他们安置到一个临时分配的普通劳动力储备库中，直到固定岗位有了空缺。临时分配岗位与永久性分配不同。因为新雇用的钢铁工人可能被安置到普通劳动力储备库的任何一个地方。所以，每个求职者在雇用时必须具有能胜任所有工作的资格，以对应将来分配永久岗位。

这种情形给该钢铁公司带来了一个大问题，因为它不知道某项岗位所需要的具体任职资格要求；因而无法测定求职者是否完全符合其最初分配的临时工作的任职要求。如果一名不合格的工人被安排到一个岗位上，那么该公司将不得不面临可能的诉讼、医疗支付、补偿要求及替代受伤工人的人员支出，所有这些都将导致成本上升。

面临问题：不知道新员工是否具备其首次所分配到的岗位的任职资格和能力。

解决办法：进行所有岗位的岗位分析，拟订岗位任职资格，考核各个岗位普通劳动力雇佣测试标准。

为了解决这个问题，该公司首先确定各个岗位每项工作必需的任职资格，然后对所有求职者进行测试，以测定求职者是否满足这些任职资格要求。只有那些通过每项测试的求职者才会被看作是完全的合格者，符合雇佣条件。

当新雇佣的工人进入临时普通劳动力储备库后，经过一段时间的工作实践，该公司又发现有的工人工作一般，而有的人则非常有发展潜力。如何甄选有发展潜力的工人，促使组织不断长足进步呢？这是公司面临的一个新问题。

面临问题：怎样发现胜任工作的劳动力，并且分配其永久岗位？

解决办法：使用以岗位分析为基础的关键能力测试，并增强竞争优势。

为了识别与各种工作有关的活动或任务，并确定完成它们所需要的技能（例如，力量、平衡感、灵活性），该公司的人力资源专员分析了永久劳动力储备库中优秀员工的每项工作信息；通过观察正在工作的优秀工人的行为并与他们的主管面谈，人力资源专员获得了确定岗位胜任者应具备的潜质和工作业绩。公司首先将它们用在目前的雇员身上，然后将测试得分高者的工作绩效与测试得分低者的工作绩效进行比较发现，与那些在测试上表现不好的人相比，那些在测试上表现优秀的人工作起来要好得多，高分者的工作量是低分者的两倍。然后公司人力资源部再根据这些测试挑选能够通过测试的工人，并将其升职。

这一发现使该钢铁公司能够估计通过测试所带来的生产力收益：每人每年为 4900 美元。也就是说，人们可以期待用这些测试甄选出来的人比没用这些测试而甄选出来的人每年要多创造 4900 美元。因为该公司每年要雇用大约 2000 名入门水平的钢铁工人，所以由使用这些测试所带来的每年生产力的收益差不多是 1000 万美元。

该钢铁公司测试方案的成功主要归功于这些测试所确定的是重要的工作技能，通过鉴别这些技能，该测试方案为岗位分析奠定了基础。这个案例告诉我们，人力资源的岗位分析和岗位评价对提高企业核心竞争力、获取竞争优势的重要作用。

第一节　岗　位　分　析

岗位分析是收集、分析及整理特定工作信息的系统性程序。这种分析明确了每个员工做什么，工作环境如何，以及员工的任职资格。岗位分析的信息被用来规划和协调几乎所有的人力资源实践，是人力资源管理的基石。

一、岗位分析概述

（一）岗位分析的含义与内容

岗位分析也称为职务分析或工作分析，是一种系统地收集和分析与岗位有关的各种信息的方法，也是组织开展人力资源管理活动的基础。广义的岗位分析包括组织分析、机构分析和岗位分析三个层次，而狭义的岗位分析就是指岗位分析，本章重点讨论的就是狭义定义的岗位分析。

岗位分析的内容一般可以概括为两大方面：一是岗位描述，确定岗位的具体特征，即岗位内容（What）、岗位（Where）、岗位时间（When）、怎样操作（How）、为何要做（Why）、服务对象（For Whom），它明确岗位的内容、职责和环境；二是岗位规范，是有关完成该项岗位的人员资格，说明完成该项岗位的人员应该具备的知识、技能、能力和其他任职资格，即责任者（Who）的任职资格条件，见表 4-1。分析最终结果并形成岗位说明书，也称职位说明书。

表 4-1　　　　　　　　　　　　　　岗位分析基本问题

6W 1H	解　释
岗位内容（What）	岗位的内容是什么，是管理岗位还是一般岗位，是技术岗位还是操作岗位；岗位的职责和义务是什么；岗位任务的复杂程度
责任者（Who）	任职者具体需要哪些知识和技能，包括经验、教育程度、所受培训、身体条件、心理素质、性格、社会技能等，完成岗位需要哪些特殊技能
岗位（Where）	岗位的场所在哪里，是否需要经常出差，该岗位和其他岗位的关系；岗位的工作环境如何
岗位时间（When）	岗位的时间如何安排，是否需要经常加班；该岗位和哪些岗位的工作内容有时间上的前后关系
怎样操作（How）	此岗位有哪些具体的岗位任务；岗位的基本职能有哪些；相关岗位是什么
为何要做（Why）	这项岗位对于其他岗位或整个组织运转的重要意义
服务对象（For Whom）	该岗位为谁服务

（二）岗位分析的主要作用

岗位分析是人力资源管理的重要基石，可以从岗位分析对于人力资源管理各项职能发挥所起的具体作用上看得很清楚，它的影响涵盖几乎所有人力资源管理的内容，如对人力资源规划、招聘、开发、绩效评价、薪酬和福利、安全与健康、员工和劳动关系等具体职能的指导作用，在整个人力资源管理体系中处于核心地位，是其他各项人力资源管理工作的基础，如图4-1所示。

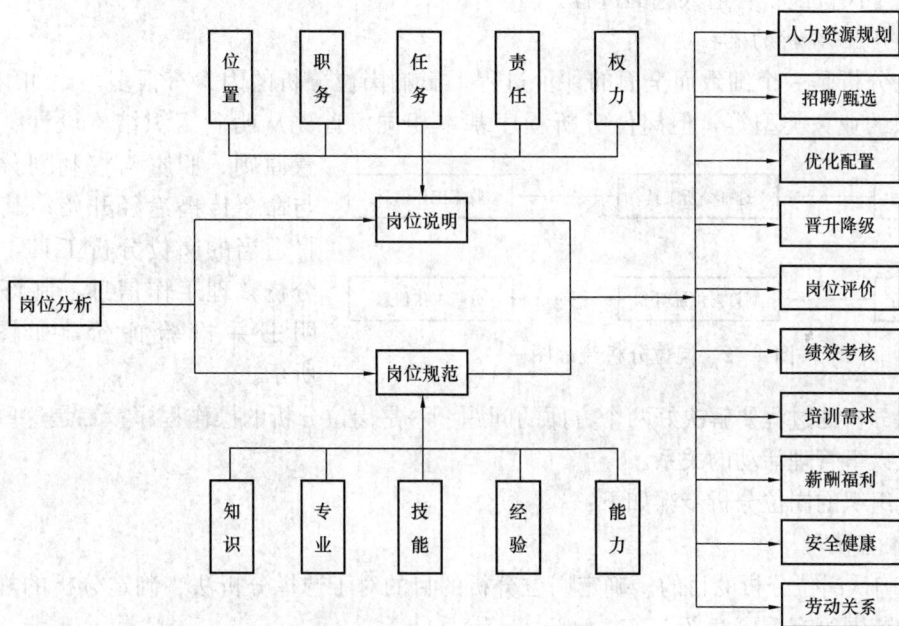

图4-1 岗位分析对人力资源管理的重要作用

岗位分析在人力资源管理中的具体支持作用，见表4-2。

表4-2 岗位分析的在人力资源管理中的具体支持作用

人力资源管理工作	具体支持作用表现
规划	人力需求与供给的预测，决定预测方法
招聘/甄选	形成挑选标准，确定招聘方法
雇员守则	描绘工作职责与权限，预防和解决抱怨
人员使用	加深对工作流程的理解，明确工作中完成某项任务所应具备的技能，明确本部门工作与相关部门工作流程的衔接
培训	对新员工和当前员工的培训需求进行测定，培训评估
绩效管理	判断绩效的标准，确定评估形式，绩效结果的反馈，与员工交流绩效期望值
薪酬管理	评价工作的价值，进行薪酬调整，实行差别薪酬
安全与健康	身体与医疗条件，工作潜在危险的来源
职业生涯管理	职业指导，职业性向测试，职位调整，升职

（三）岗位分析对组织分析的作用

（1）详细地说明了各个岗位的特点及要求，界定了工作的权责关系，明确了工作群之间的内在联系，从而奠定了组织结构设计的基础。

（2）可以全面揭示组织结构、层级关系对岗位工作的支持和影响，为组织结构的优化和再设计提供决策依据。

（3）与劳动定编和定员工作有着非常紧密的联系。定编是指按照一定的人力资源管理程序，采用科学规范的方法，从组织经营战略目标出发，合理确定组织机构的结构、形式、规模及人员数量的一种管理方法。定员是在定编的基础上，严格按照组织编制和岗位的要求，为组织每个岗位配备合适人选的过程。

（四）岗位分析的流程

岗位分析是一个细致而全面的评价过程，影响岗位分析的因素有很多，比如组织的结构、组织的业务类型等，但岗位分析程序基本相同。首先从明确组织结构设计、部门设置原则、职责与权利划分、信息与命令传播途径开始；其次是选择适当的岗位分析工具，收集并分析整理工作信息，制订岗位说明书并检验评价，如图 4 - 2 所示。

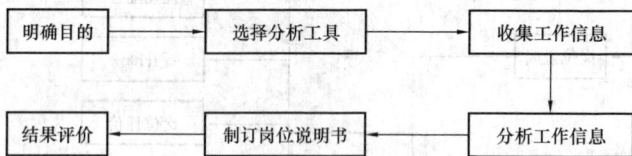

图 4 - 2　岗位分析流程图

岗位分析的过程要解决好两个方面的问题：一是岗位分析的操作程序；二是这些操作程序与组织人事管理活动的关系。

一般组织的岗位分析步骤如下：

1.　准备阶段

（1）确认岗位分析的目的。确定岗位分析的目的对于选择分析法、确定分析的规模、信息收集的范围等有重要意义。

（2）选择被分析的岗位，即选择有代表性、典型性的岗位还是对全部岗位进行分析。

（3）限定所要收集的信息类型和收集方法，以节约时间、精力和费用。

（4）建立岗位分析小组，分配进行分析活动的责任和权限，以保证分析活动的协调。

（5）制订岗位分析规范，规范主要包括的内容有：岗位分析的规范用语，岗位分析活动的进度，岗位分析活动的层次，岗位分析活动的经费。当岗位分析活动规模很大时，注意分批分期有阶段地运行。

（6）做好必要的准备，通过宣讲岗位分析活动的目的，求得岗位信息提供者的合作，以获得真实、可靠的信息。

2.　设计阶段

这一阶段主要是考虑如何进行分析活动，包括下列几项内容：

（1）选择信息来源，信息来源于工作执行者、管理监督者、顾客、岗位分析人员、相关的岗位分析资料、职业分类辞典信息文件等。选择信息来源应注意：不同层次的信息提供者提供的信息存在不同程度的差别；岗位分析人员应站在公正的角度听取不同信息，不要事先存有偏见；使用各种职业信息文件，要结合实际，不可照抄照搬。

（2）选择岗位分析人员。岗位分析人员应具有一定的经验和学历，同时应保持分析人员进行活动的独立性。

（3）选择收集信息的方法。即根据所分析企业的实际情况及各种分析方法的优劣选择适合的分析方法。

3. 收集分析阶段

岗位信息的收集、分析、综合阶段是岗位分析的核心阶段。包括以下三个相关的活动：

（1）按选定的方法和程序收集信息。

（2）对各种工作信息进行分析。主要包括信息描述、信息分类和信息评价。

（3）综合活动，即将所获得的分类信息进行解释、转换和组织，使之成为可供使用的数据。

4. 结果表达阶段

分析结果的表达形式可以分为两类：一类是岗位说明书，它综合了岗位描述和任职者说明两部分内容；另一类是心理图示法，内容侧重于分析任职者的具体特性，这种方式适用范围窄，不经常使用。

5. 运用阶段

本阶段核心问题在于如何使用岗位分析的结果。它包括两个方面的具体活动：制作各种应用文件，如岗位招聘的条件、工作手册、考核标准等；培训岗位分析人员，增强管理活动的科学性和规范性。

6. 反馈调整阶段

此项活动贯穿于全部岗位分析过程。组织的生产经营是不断变化的，这些变化会直接或间接地引起组织分工协作体制发生相应的调整。在调整过程中，一些原有的岗位会消失，一些新的岗位会产生，而且原有岗位的性质、内涵、外延也会发生变化。因此，及时对岗位分析文件进行调整和修订就成为必然。岗位分析文件的适用性只有通过反馈才能得到确认，并根据反馈来修改其中不适应的部分。

二、岗位分析方法

岗位分析是一个多层次、多种类，适应面广的管理技术。实际中根据岗位分析的目的、岗位分析对象的差异形成了许多不同的岗位分析方法，下面主要介绍常用的几种。

（一）观察法

观察法是指岗位分析人员通过对员工正常岗位的状态进行观察，获取岗位信息，并通过对信息进行比较、分析、汇总等方式，得出岗位分析成果的方法。观察法适用于体力岗位者和事务性岗位者，如流水线工人、搬运员、操作员、文秘等职位。观察法的优、缺点见表 4-3。

表 4-3　　　　　　　　　　　　　　　观察法优、缺点

优点	1. 操作较灵活、简单易行； 2. 直观、真实，能给岗位分析人员直接的感受，因而所获得的信息资料也较准确； 3. 可以了解广泛的信息，如人员的士气、工作条件、设备等
缺点	1. 时间成本很高，效率低下； 2. 适合生产操作岗位，不适合管理型和技术型岗位； 3. 由于专业所限，岗位分析人员不能准确地对所观察的信息做出正确的判断； 4. 关于任职人员的任职资格条件不能由观察得出； 5. 在观察中，被观察者的行为可能表现出与平时不一致的情况，从而影响观察结果的可信度； 6. 给被旁观者带来压力，影响其正常的工作程序和工作方法

由于不同的观察对象的岗位周期和岗位突发性有所不同，所以观察法具体可分为直接观察法、岗位表演法和阶段观察法。

1. 直接观察法

直接观察法指的是岗位分析人员观察所需要分析的岗位的过程，以标准格式记录各个环节的内容、原因和方法。直接观察法可以系统地收集一种岗位的任务、责任和岗位环境方面的信息，使岗位分析人员能够比较全面和深入地了解岗位的要求。这种方法适用于岗位内容主要是由身体活动来完成的岗位，如装配线工人、保安人员等。

直接观察法的缺点是不适用于脑力劳动成分比较高的岗位和处理紧急情况的间歇性岗位。有些岗位内容中包括许多思想和心理活动、创造性和运用分析能力，如律师、教师、急救站的护士等，不适合此法。

直接观察法经常和访谈法结合使用，岗位分析人员可以在员工的岗位期间观察并记录员工的岗位活动，然后和员工进行面谈，请员工进行补充。

2. 岗位表演法

这种方法适合于岗位周期很长和突发性事件较多的岗位。如保安岗位，除了有正常的岗位程序以外，还有很多突发事件需要处理，如盘问可疑人员等。岗位分析人员可以让保安人员表演盘问的过程，来进行该项岗位的观察。

3. 阶段观察法

有些员工的岗位具有较长的周期性，为了能完整地观察到员工的所有岗位，必须分阶段进行观察。

（二）访谈法

访谈法是通过岗位分析人员与员工面对面的谈话来收集岗位信息资料的方法。它是岗位分析中大量运用的一种方法。因为对于许多岗位，分析者不可能实际去操作（如飞行员的岗位）或者去观察（如建筑设计师的岗位）。这种情况下必须去访问实际岗位者，了解他们所从事岗位的具体情况，从而获得岗位分析所必需的资料。

运用这种方法首先应该与主管密切合作，找到最了解岗位情况的员工及最有可能对他们所承担岗位的任务和职责进行客观描述的任职者。要尽快与访谈对象建立融洽的关系，事先确定收集的信息内容并制订详细的提问单；把握所提问题与目的之间的关系，要让访谈对象有充足的时间从容回答，最后还可以请对方作补充。当访谈对象完成岗位任务的方式不是很有规律时，岗位分析者就应当要求他们按照任务的重要性将其列举出来。分析者在引导被调查者时，应始终保持中立的立场，避免发表个人观点。在访谈之后，要对所获得的资料进行检查和核对，通常的做法是与访谈对象一起对资料进行核对。

个别员工访谈法适用于各个员工的岗位有明显差别，岗位分析的时间又比较充分的情况。集体访谈法适用于多名员工从事同样岗位的情况。使用集体访谈法时应请主管出席，或者事后向主管征求对收集到的材料的看法。主管访谈法是指与一个或多个主管面谈，因为主管对于岗位内容有相当的了解，主管访谈法能够减少岗位分析的时间。

访谈的内容一般可以围绕如下几方面：岗位目标、组织设立这一岗位的目的、确定岗位内容的根据、员工在组织中的作用、员工行动对组织产生的后果、岗位的性质与范围等，这些都是访谈的核心。从这些问题中可以了解到该岗位在组织中的作用，其上下属之间的关系，完成该岗位所需的一般技术知识、管理知识、人际关系知识，需要解决的问题的性质及自主权，所负的责任，有时还涉及组织、战略决策、执行等方面的内容。常见问题见表 4-4。

表 4 - 4	岗位分析访谈常见问题

1. 基本信息类

(1) 您所在的岗位名称是什么？
(2) 本岗位属于哪个部门？
(3) 您从事本岗位多长时间？
(4) 在本部门内与本岗位平级的岗位还有哪些？

2. 岗位职责类

(1) 您所负责的日常工作有几大方面？
(2) 这几块工作中最核心的工作是什么？
(3) 这几块工作中的难点是什么？
(4) 您所在的岗位还管辖哪些岗位？

3. 任职条件类

(1) 您认为从事本岗位工作需要什么样的学历水平？
(2) 您认为从事本岗位工作需要什么样的经验水平？
(3) 您认为从事本岗位工作需要什么样的专业技术水平？
(4) 您认为从事本岗位工作还需要什么样的能力特点？
(5) 您本人在学历、经验、专业技术水平及能力方面的现状是什么？

4. 沟通关系类

(1) 您对谁直接负责，对谁间接负责？
(2) 您管理的人员和岗位有哪些？
(3) 在本部门内部，与您合作密切的岗位是什么？
(4) 在本单位内，与您合作密切的跨部门岗位是什么？
(5) 您是否需要与本单位以外的单位发生直接联系，双方关系是什么？

5. 工作条件类

(1) 本岗位工作环境中存在什么样的不良因素？从事本岗位工作是否会患职业病？
(2) 您在工作中能否采用比较舒适的工作姿态？
(3) 您主要使用脑力还是体力劳动？

此外，访谈法还可以发挥其他作用，如可以核实调查问卷的内容、主管对下属岗位强度、岗位能力的评价等。再如，可以详细讨论问卷中建议部分的内容，使之更加具体，还可以调查责任制修改及执行情况。因此，访谈法是一种很重要的调查方法。

（三）问卷调查法

1. 职位分析问卷法（*PAQ* 法）

职位分析问卷法是于 1972 年由麦考密克（E. J. McCormick）提出的一种适用性很强的岗位分析方法。PAQ 包括 194 个项目，其中的 187 项被用来分析完成岗位过程中员工活动的特征，另外 7 项涉及薪酬问题。PAQ 中的所有这些问题代表了能够从各种不同的岗位中概括出来的各种岗位行为、岗位条件及岗位本身的特点。这些问题可以被划分为以下六部分：

（1）信息投入。岗位者从哪里及如何获得完成岗位所必需的信息。

（2）脑力过程。在执行岗位的时候需要完成的推理、决策、计划及信息加工活动。

（3）岗位产出。岗位者在执行岗位的时候发生的身体活动及所使用的工人和设备等。

（4）同他人的关系。在执行岗位的时候要求同其他人之间发生的关系。

（5）岗位环境。执行岗位所处的人文环境及社会环境。

（6）其他特点。除了上面所描述过的同岗位有关的其他活动、条件及特征。

在对某种岗位进行分析的时候，分析人员首先要确定上述的每一个问项是否都适用于被分析的岗位。接下去分析人员就根据 6 个维度来对这些问项加以评价。这些维度分别是应用范围、时间长短、对岗位的重要性发生的可能性、适用性及特种代码（在某一特定问题中所运用的评价尺度）。

尽管职位分析问卷得到了广泛运用，但也存在一些问题。一是问卷表较为复杂，普通员工如果不经过专门培训很难填写问卷表；所以在利用问卷法进行岗位分析时，最好由那些专业岗位分析人员来填写问卷，而不是让任职者或其上级监督人员来填写。二是它的通用化和标准化的格式导致了岗位特征的抽象化。这样一来，它就不能很好地描述出构成实际岗位的那些特定的、具体的任务活动。

2. 管理岗位描述问卷法

管理岗位描述问卷法（MPDQ 法）是专门为管理职位而设计的一种岗位分析方法，它适应了管理人员非程序化岗位的特点。通过与管理者主要职责密切相关的 13 个方面 208 个问题对管理人员进行问卷调查，以收集岗位分析所需的信息并采用 6 分标准对每个项目进行评分。这 13 个方面的问题包括：

（1）产品、市场和财务战略计划。

（2）与组织其他部门和人事管理岗位的协调。

（3）内部业务控制。

（4）产品和服务责任。

（5）公共关系与客户关系。

（6）高层次的咨询指导。

（7）行动的自主性。

（8）财务审批权。

（9）员工服务意识。

（10）监督。

（11）复杂性和压力。

（12）重要财务责任。

（13）广泛的人事责任。

在应用管理岗位描述问卷方法时，岗位分析人员以上述的每一种要素为基础来分析和评价管理岗位。问卷调查法优、缺点见表 4-5。

表 4-5　　　　　　　　　　　　　　　　问卷调查法优、缺点

优点	1. 它能够从许多员工那里迅速得到进行岗位分析所需的资料； 2. 调查表可以在岗位之余填写，不会影响岗位时间； 3. 调查的样本量很大，因此适用于需要对很多岗位者进行调查的情况； 4. 调查的资料可以数量化，由计算机进行数据处理，应用范围相当广泛
缺点	1. 调查表要花费很多时间、人力和物力，费用比较高； 2. 在问卷使用之前，还应该进行测试，以了解员工理解问卷中问题的情况； 3. 为了避免误解，需要岗位分析人员亲自解释和说明； 4. 填写调查表缺少交流； 5. 被调查者可能不积极配合与认真填写，从而影响调查的质量

（四）关键事件法

关键事件法是第二次世界大战时由军队开发出来的，这种技术在当时是识别各种军事环境下导致人力绩效的关键性因素的手段。在岗位分析中，关键事件法要求岗位人员或其他有关人员，描述能反映其绩效好坏的"关键事件"，即对岗位任务造成显著影响（如成功与失败，盈利与亏损，高产与低产等）的事件进行记录；其次，要对这些记录进行分类，总结出岗位的关键特征和行为要求。

关键事件记录应包括以下几方面的内容：导致事件发生的原因和背景，员工特别有效或多余的行为，关键行为的后果和员工自己支配或控制上述后果的能力。

采用关键事件法进行岗位分析时，应注意三个问题：调查期限不宜过短，关键事件的数目不能太少，以及正反两方面的事件都要兼顾，不得偏颇。关键事件法的优、缺点，见表4-6。

表4-6　　　　　　　　　　　　　关键事件法的优、缺点

优点	1. 研究的焦点集中在可观察的、可测量的岗位行为上； 2. 可以确定行为的任何可能的利益和作用
缺点	1. 关键事件的定义是显著地对岗位绩效有效或无效的事件，这就遗漏了平均绩效水平，对中等绩效的员工就难以涉及，因而不能完成全面的岗位分析； 2. 调查表要花费很多时间、人力和物力，费用比较高

（五）行为事件访谈法

行为事件访谈法是由麦克里兰结合关键事件法和主题统觉测验而提出来的。行为事件访谈法采用开放式的行为回顾式探察技术。中心目标是让被访谈人详细讲述4~8个重要事件，并且要求被访谈人提供具体的细节。然后，对访谈内容进行分析，来确定访谈者所表现出来的胜任特征。常用的提问方法是STAR法，包括：

S（Situation）：怎么样的情境？什么因素导致这样的情境？有谁参与？

T（Task）：您面临的主要任务是什么？为了达到什么目标？

A（Action）：在那样的情境下，您当时心中的想法、感觉和想要采取的行为是什么？在此，要特别了解被访谈人对于情境的认知和事例的关注点。被访谈人如何看待其他的人（如肯定或是否定）或情境（如问题分析与解决的思考）？被访谈人的感受是什么（如害怕、信心、兴奋）？被访谈人内心想要做的是什么？什么想法激励他们（如想把事情做得更好，让老板印象深刻）？

R（Result）：最后的结果是什么？过程中又发生了什么？访谈者访谈的重点在于了解过去真实的情境中采取的措施和行动，不是假设性的答复，哲理性、抽象性或信仰性的行为。

行为事件访谈法提供了一个人在实际岗位情况中是怎么做的、说了些什么、怎么想的和感觉如何等这些方面的信息。它提供了时间压缩的观察。它能使研究者获得被访谈人在几个月、几年内发生的事情，从这个角度来讲，它直接观察或对实时模拟中表现的行为的编码效率更高。

STAR访谈通常需要较长的时间，一般需要1~2小时。中国的实证研究表明，行为事件访谈录音整理的字数必须要达到一万字以上的长度，也就是约1~1.5小时以上，所得数据才能够较稳定地反映被访谈人样本的水平，从而保证所得数据的稳定性。行为事件访谈法的优、缺点见表4-7。

表 4 - 7	行为事件访谈法的优、缺点
优点	1. 可以对工作者的工作态度与工作动机等较深层次的内容有比较详细的了解； 2. 应用面广、简单，能收集多方面的工作分析资料； 3. 由任职者亲口讲出工作内容，具体而准确； 4. 使工作分析人员了解到短期内直接观察法不容易发现的情况，有助于管理者发现问题； 5. 有助于与员工的沟通，缓解工作压力
缺点	1. 访谈法要有专门的技巧，需要受过专门训练的工作分析专业人员； 2. 比较费精力、费时间，工作成本较高； 3. 内容容易受到被访谈者主观情绪的干扰而失真

（六）主题专家会议法

就是将主题专家召集起来，就目标职位的相关信息展开讨论，以收集数据，验证、确认职位分析成果。专家通常由熟悉目标职位的组织内部人员包括任职者、直接上司、曾经任职者、内部客户、其他熟悉目标职位的人、咨询专家、外部客户及其他组织标杆职位任职者构成。主题专家会议法有着极其广泛的用途，其优、缺点见表 4 - 8。

表 4 - 8	主题专家会议法的优、缺点
优点	1. 有助于专家们交换意见，通过互相启发，可以弥补个人意见的不足； 2. 通过内外信息的交流与反馈，产生思维共振，在较短时间内得到富有成效的创造性成果； 3. 可以运用于岗位分析的各个环节，有利于职位分析结果最大限度得到组织的认同及后期的推广运用； 4. 为当前最为有效、运用最广泛的岗位分析方法
缺点	1. 易屈服于权威或大多数人的意见； 2. 易受劝说性意见的影响； 3. 不愿意轻易改变自己已经发表过的意见； 4. 成本较高

（七）员工记录法

员工记录法是岗位分析人员通过让员工利用岗位日志的形式，将岗位任务和岗位过程记录下来，为岗位分析提供信息和依据的一种方法。该方法适用于岗位循环周期短、岗位状态稳定的职位。员工记录法的优、缺点见表 4 - 9。

表 4 - 9	员工记录法的优、缺点
优点	1. 信息可靠性高； 2. 所需费用少； 3. 容易掌握有关工作职责、工作内容、工作关系、劳动强度等方面的信息
缺点	1. 使用范围小，只适用于工作循环周期短，工作状态稳定的工作； 2. 整理信息工作量大，常会因为工作忙而耽误记录； 3. 记录不全会产生信息失真； 4. 要花费很多时间、人力和物力，费用比较高

（八）主管人员分析法

主管人员分析法是由主管人员通过日常的管理权力来记录与分析所管辖人员的岗位任务、责任与要求等因素，以收集岗位分析信息的方法。

该方法的理论依据是：主管人员对这些岗位有相当的了解。因此，他们对被分析的岗位有双重的理解，对职位所要求的岗位技能的鉴别与确定非常内行。但主管人员的分析也许会存在一些偏见，尤其是那些只干过其中部分岗位而了解不全面的人。一般来说主管此时往往偏重自己所从事过的那部分岗位，该方法与员工记录法结合使用，则可以有效消除这种可能的偏差。

三、岗位说明书

岗位分析的最终结果是编写岗位说明书，岗位说明书成文汇总后可以作为活页型的人力资源管理手册的一部分。

1. 岗位说明书的编写要求

岗位说明书在组织管理中的地位是十分重要的。它不但要帮助任职者了解自己的岗位，明确其责任范围，还要为管理者的某些重要决策提供参考。因此，编写岗位说明书应遵循特定的要求，才能保证其更好地发挥对任职者和管理者的指导与参考作用。一般地，岗位说明书的编写应当遵循如下要求：

（1）清晰。任职者无需询问他人或查看其他说明材料就能明白应该做什么、如何做等。说明书中忌使用原则性的评价和专业难懂的词汇。

（2）具体。岗位说明书中的措辞应尽量选用一些具体的动词，同时指出岗位的种类、复杂程度、需任职者具备的具体技能、技巧和应承担的具体责任范围等。组织中基层（或一线）员工的岗位更为具体。

（3）简短扼要。这要求岗位说明书中的语言应尽量简单明确，避免使用冗长的词句。

（4）客观。由岗位小组或委员会协同某具体岗位，完成整个编写岗位。

（5）统一。岗位说明书中的重要项目，如岗位名称、岗位概要、岗位职责、任职资格等必须建立统一的格式要求，注重整体协调。

2. 岗位说明书的一般格式

岗位说明书的格式没有统一要求，可以用表格方式，也可采用叙述型；但以表格方式最为常见，要体现统一、协调、美观的原则，见表4-10。

表4-10　　　　　　　　　　岗 位 说 明 书

岗位名称（POSITION）：	所在部门（DEPT.）：
岗位编码（CODE）：	编制日期（DATE）：
岗位概要：	
岗位职责（DUTY AND RESPONSIBILITY）：	
1. 1.1 1.2	
2. 2.1 2.2	
3. 3.1 3.2	
4. 4.1 4.2	
5. 5.1 5.2	

续表

关键绩效指标（KPI）：

任职资格（REQUIREMENT）：

项目（CATEGORY）	必备要求（JUNIOR）	期望要求（SENIOR）
学历及专业要求		
所需资格证书		
工作经验		
知识要求		
技能要求		
能力要求		
个性要求		

主要关系（CONTACT）

关系性质	关系对象
直接上级	
直接下级	
内部沟通	
外部沟通	

岗位环境和条件（WORKING CONDITIONS）：

经常性工作场所、工作设备、工作时间、工作条件：

3. 岗位说明书应用表格

某公司的总经理岗位说明书，见表 4-11。

表 4-11　　　　　　　　　某公司总经理岗位说明书

岗位名称	总经理	岗位编号	0101
所在部门		岗位定员	1
直接上级	董事会	所辖人员	6
直接下级	市场总监、副总经理、财务部经理、总经理办公室		

本职：负责整体经营计划的制订、执行和监督工作，公司的日常经营管理工作、处理公司重大突发事件

职责与任务

职责一	职责表述：组织制订公司年度经营实施计划，经董事长办公会议和董事会批准后，负责组织实施	
	工作任务	负责公司整体经营计划和公司总目标的确定
		负责向董事会进行汇报，请示批准公司整体经营计划和公司总目标
		负责公司年度经营计划和公司总目标在各个部门内的展开工作，并进行审核
职责二	职责表述：主持公司日常各项经营管理工作	
	工作任务	负责全面执行和检查落实董事长办公会议所做出的各项工作决定
		负责召集和主持总裁办公会议，检查、督促和协调各线业务工作进展
		负责代表经营班子向董事长办公会议建议并任命经营机构各有关部门和下属公司正副经理
		负责签署日常行政、业务文件

续表

职责三	工作任务	职责表述：负责公司营销和工程方面的全局工作
		负责公司项目策划和营销方面的各项工作
		负责公司项目工程设计与施工方面的各项工作
		负责审核项目阶段性策划方案和活动推广预算
		负责制订工程材料采购阶段性方案及预算
职责四	工作任务	职责表述：负责处理公司重大突发事件
		根据授权，处理特殊事项或重大突发事件
		向董事会汇报特殊事件解决方案，并请求授权
		事后对解决过程进行总结，向董事会进行汇报
职责五		职责表述：由董事长授权处理的其他重要事项

权　　　力	
总体经营计划制订的建议和实施权	
解决特殊事件和重大突发事件的临时授权	
具体工作开展的决策权	
对部门计划执行结果的考核、奖惩有决策权	
对阶段性策划活动方案和费用预算有决策权	

工作协作关系	
内部协调关系	公司内所有部门
外部协调关系	市建委、市计委、区委、政府及其他相关部门

任职资格	
教育水平	大学本科以上学历
专业	经济管理专业、房地产管理专业及其他相关专业
培训经历	市场策划培训、项目策划培训、财务培训、房地产业务培训及其他
经验	3 年以上相关工作经历
知识	具备相应的管理知识、经济学知识、房地产专业知识、市场策划学知识、财务知识
技能技巧	熟练使用 Microsoft Office 专业办公软件； 具有一定的领导能力、判断与决策能力、协调能力、人际沟通能力、影响力、计划与执行能力

其　　　他	
使用工具设备	计算机、一般办公设备、网络
工作环境	办公场所
工作时间特征	正常工作时间，根据工作情况加班

备注：总经理由董事会聘任，其工作对董事会负责，董事会闭会期间对董事长负责

第二节　岗　位　评　价

岗位评价的主要任务是在岗位分析的基础上确定各个岗位在组织中的相对价值。

一、岗位评价的概念、作用与原则

（一）岗位评价定义

岗位评价，也称为职务评价或者工作评价，是在岗位分析的基础上，采用一定的岗位评价方法对企业所设岗位的难易程度、责任大小、工作强度、所需资格条件及各种岗位的相对价值做出评定。因此，岗位评价是岗位分析的逻辑结果。

某公司现有组织结构图，如图4-3所示。

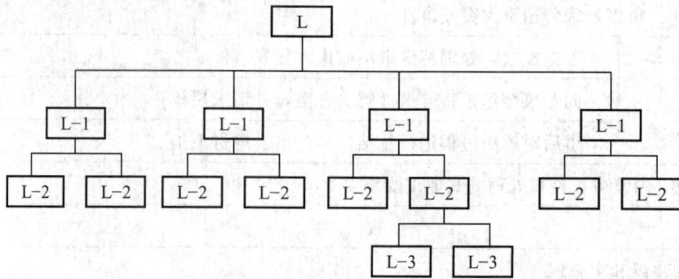

图4-3　某公司现有组织结构图

从图4-3中可知，总经理下属四个职能部门，每个职能部门下设两个职能科室，其中第三职能部门的第二职能科室下设两个职员。从组织的结构图上可知，部门之间的层次、水平关系非常清晰；但无法判断职能部门间的相对价值，在薪酬管理中也无法体现重要职能部门与一般职能部门之间的差别。

经过岗位评价工作，组织中不同部门的相对价值如图4-4所示。

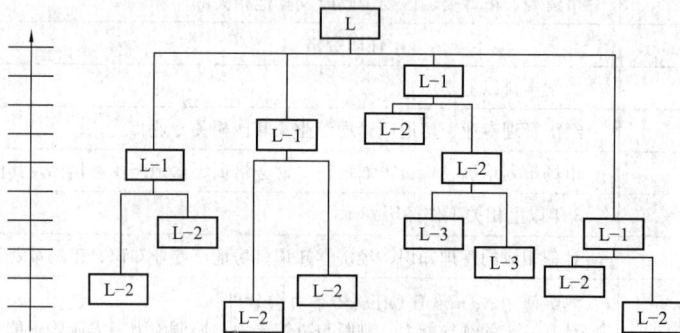

图4-4　某公司岗位评价结构图

从图4-4中可知，各岗位在组织中的重要性差异显示明确。如，第三个职能部门的相对价值最高而第四职能部门则最低；在8个职能科室中，第三职能部门的第一职能科室的重要性高于第一、二、四职能科室。

（二）岗位评价的作用

1. 确定职位级别的手段

岗位评价则是确定职位等级的最佳手段。职位等级常常被企业作为划分工资级别、福利标准、出差待遇、行政权限等的依据，甚至被作为内部股权分配的依据。

2. 薪酬分配的基础

岗位评价划定职位级别后，就便于确定工资结构中的职位工资。当然，这个过程还需要薪酬调查数据做参考。国际化的岗位评价体系（如 HAY 系统、CRG 系统），由于采用的是统一的岗位评价标准，使不同公司之间、不同职位之间在职位等级确定方面具有可比性，在薪酬调查时也使用统一标准的职位等级，为薪酬数据的分析比较提供了方便。

3. 确定职业发展和晋升的参照系

员工在企业内部跨部门流动或晋升时，需要参考各职位等级。透明化的岗位评价标准，便于员工理解企业的价值标准，确定努力方向。

4. 解决薪酬的内部公平性问题

不同岗位的相对价值反映了不同岗位对公司的贡献，便于确定岗位的重要性，维系组织内各部门、各岗位之间的平衡。

（三）岗位评价的特点

1. 岗位评价对"事"不对"人"

岗位评价以岗位为对象，即以岗位所担负的工作任务为对象进行的客观评比和估计。由于岗位的工作是由劳动者承担的，又离不开对劳动者的总体考察和分析。

2. 岗位评价是对企业各类具体劳动的抽象化、定量化过程

在岗位评价过程中，根据事先规定的比较系统的全面反映岗位现象本质的岗位评价指标体系，对岗位的主要影响因素逐一进行测定、评比和估价，由此得出各个岗位的量值。这样，各个岗位之间也就有了对比的基础；最后按评定结果，对岗位划分出不同的等级。

3. 岗位评价衡量的是岗位的相对价值，而不是绝对价值

岗位评价是根据预先规定的衡量标准，对岗位的主要影响指标逐一进行测定、评比、估价，由此得出各个岗位的量值，使岗位之间有对比的基础，从而判断岗位之间的相对重要性，即岗位相对价值。

二、岗位评价系统

岗位评价是一项系统工程，从整个评价系统来看，由评价指标、评价标准、评价结果的加工和分析构成。

1. 岗位评价指标

岗位评价是一种多因素的定量评价系统，一般假设岗位所承担的责任和风险越大，对组织整体目标的贡献和影响也越大，被评价的等级应该越高；岗位所需的知识和技能越高越深，被评价的等级应越高；岗位工作难度越大、越复杂、工作环境越恶劣，被评价的等级应越高。劳动责任、劳动技能、劳动心理、劳动强度、劳动环境，称为岗位评价五要素。

2. 岗位评价标准

岗位评价标准包括评价指标标准和评价技术方法标准。海氏岗位评估系统又称为"指导图表——形状构成法"，是由美国工资设计专家艾德华·海于1951年研究开发出来的。它有效地解决了不同职能部门的不同职务之间相对价值的相互比较和量化的难题，被企业界广泛接受。

3. 岗位评价结果的加工和分析

岗位评价数据资料的整理，使各岗位间的差异性用数量关系表现出来，明确的反映不同工作性质、不同工作责任、不同工作环境和不同工作场所的岗位劳动之间的区别与联系。综合资料加工分析是整个评价分析实施阶段的主要工作，是整个岗位评价工作的重要环节，直接影响着评价结果的合理运用。

三、岗位评价方法

岗位评价是人力资源管理中操作难度比较大、同时又非常重要的一项基础工作。岗位评价的因素较多，涉及面广，需要运用多种技术和方法才能对多个评价因素进行准确的测定或评定，最终做出科学的评价。由于岗位评价代表了一个企业对劳动价值的衡量标准，所以方法选择应非常慎重，需要运用劳动组织、劳动心理、劳动卫生、环境监测、数理统计知识和计算机技术等多种技术。岗位评价方法很多，最常用的方法有排序法、配对比较法和因素评分法。

（一）排序法

排序法是比较传统的方法，在岗位分析的基础上，选择标准工作岗位作为比较参照的基础，标准岗位数通常选取总岗位数的 10%～15%，建立一个用以排列其他岗位的结构框架。列出企业内的所有职位，再对这些职位做重要性比较，最后排列出各职位的相对位置。例如，甲、乙、丙三人组成的评价小组对 A、B、C、D、E、F、G 7 个岗位进行评定，结果见表 4-12。排序法的优、缺点见表 4-13。

表 4-12　　　　　　　　　　　　　　岗 位 排 列 表

岗位	A	B	C	D	E	F	G
甲评定结果	1	3	4	2	5	6	7
乙评定结果	2	1	4	3	—	5	—
丙评定结果	1	—	2	3	6	4	5
评定序数和（Σ）	4	4	10	8	11	15	12
参加评定人数	3	2	3	3	2	3	2
平均序数	1.3	2	3.3	2.67	5.5	5	6
岗位相对价值的次序	1	2	4	3	6	5	7

表 4-13　　　　　　　　　　　　　　排序法优、缺点

优点	1. 操作简单，容易实行； 2. 耗用的时间和资源较少； 3. 应用范围相当广泛
缺点	1. 过于主观，易受到其他因素的干扰，缺少说服力； 2. 它只能得出职位高低顺序，却难以判断两个相邻职位之间实际差距的大小； 3. 只适用生产单一、岗位较少的中小企业

（二）配对比较法

配对比较法也称相互比较法，就是将所有要进行评价的岗位列在一起，两两配对比较，其价值较高者可得 1 分，最后将各岗位所得分数相加。分数最高即等级最高，按分数高低将岗位进行排列，即可划定岗位等级。通过计算平均序数，便可得出岗位相对价值的次序。表 4-14 和表 4-15 显示了配对比较法的基本操作步骤和方法。

表 4-14　　　　　　　　　　　　　　配对比较法操作示意

比较职务 ＼ 被比较职务	A	B	C	D	E	F	G	得分总计
A		1	1	1	1	1	1	6
B	0		0	0	1	0	0	1
C	0	1		0	1	1	1	4

续表

比较职务 ＼ 被比较职务	A	B	C	D	E	F	G	得分总计
D	0	1	1		1	1	1	5
E	0	0	0	0		0	0	0
F	0	1	0	0	1		1	3
G	0	1	0	0	1	0		2

表 4－15　　　　　　　　　　　职 务 评 价 排 序 表

职务	分数	序列顺序	职务	分数	序列顺序
A	6	1	G	2	5
D	5	2	B	1	6
C	4	3	E	0	7
F	3	4			

（三）因素评分法

因素评分法是目前应用最为广泛、最精确、最复杂的岗位评价方法，又称要素计点法、点值法等。在美国，有 60%～70%的公司采用此法。这种方法需要挑选并仔细定义影响职位价值的关键性评价因素，比如该职位对企业的影响、职责大小、工作难度（包括解决问题的复杂性、创造性）、对任职人的要求（包括专业技术要求、能力要求等）、工作条件、工作饱满程度等。确定各要素的权数，对每个要素分成若干不同的等级，然后给各要素的各等级赋予一定分值。这个分值也称为点数，最后按照要素对岗位进行评估，算出每个岗位的加权总点数，便可得到岗位相对价值。

在国内公司特别是国有企业的岗位测评中，常用的四个评价要素，即岗位责任、岗位要求技能、劳动强度、劳动条件。在外企中，采用的多是 Hay（合益集团，是一家全球性的管理咨询公司）和 William Mercer（美世人力资源咨询公司，是世界上分布最广的人力资源管理咨询机构）的模式，主要偏重于决策自由度、最终结果的影响力、责任的重要性、沟通技巧、任职资格、解决问题难度、工作条件等因素。

某公司岗位关键评价要素及其比例、点数分配表见表 4－16。

表 4－16　　　　　　某公司职务评价要素及其比例、点数分配表

要素等级 ＼ 点数 ＼ 评价要素及比例	工作知识		工作能力		工作压力		工作环境
	基础知识	实务知识	思考力	交涉力	约束性	负荷	
	20%	25%	20%	15%	10%	5%	5%
1	20	25	20	15	10	5	5
2	40	50	40	30	30	15	15
3	60	75	60	45	50	25	25
4	80	100	80	60			
5	100	125	100	75			

在评价时，已知最低等级的起评分。岗位评价要素总点数为 500 点。因素评分法的优、缺点见表 4－17。

表 4-17	因素评分法的优、缺点
优点	1. 主观随意性较少，可靠性强； 2. 相对客观的标准使评价结果易于为人们接受； 3. 通俗，易于推广
缺点	1. 费时，需投入大量人力； 2. 评价要素定义和权重的确定有一定技术难度； 3. 不完全客观和科学，要素的选择、等级的定义和要素权重的确定都有一定的主观因素费时，需投入大量人力

习　　　题

一、复习思考题

1. 为什么要进行岗位分析？
2. 岗位分析应该坚持哪些原则？
3. 常用的岗位分析方法有哪些？试比较它们的优缺点。
4. 如何编制岗位说明书？
5. 说明岗位评价的主要方法。

二、案例分析题

📖 案例分析 1

老 王 当 官

老王是一位工程师，他在技术方面有丰富的经验。在技术科，每一位科员都认为他的工作是相当出色的。不久前，原来的科长调到另一个厂去当技术副厂长了。领导任命老王为技术科科长。

老王上任后，下定决心要把技术科搞好。他以前在水平差的领导下工作过，知道这是一种什么滋味。在头一个月内，全科室的人都领教了老王的"新官上任三把火"。在第二天，小张迟到了三分钟，老王当众狠狠地批评了他一顿，并说"技术科不需要没有时间概念的人。"第二个星期，老李由于忙着接待外宾，一项技术改革提案晚交了一天，老王又大发雷霆，公开表示，再这样就要把老李调走。当老王要一份技术资料时，小林连着加班三个晚上替他赶了出来，老王连一句表扬的话也没有。到了月底，老王还在厂部会议上说，小林不能胜任工作，建议把小林调到车间去。

一年过去了，厂领导发现，技术科似乎出问题了，缺勤的人很多，不少人要求调动工作。许多工作技术都应付不过来了，科室里没有一种和谐而团结的气氛。厂领导决定要解决技术科的问题了。

讨论：（1）老王的管理方法有什么问题？

（2）厂领导是否应该把老王调离？为什么？

📖 案例分析 2

到底该拿多少钱？

"我们为什么只拿这么少的薪水？"这是某文化公司许多员工所发出的疑问。该公司是一家从事各种文化活动策划、设计、组织等业务的公司，在同行业里属于经营效益较好的。因此，公司的平均薪酬水平高于市场水平。但大家仍然对自己所得的薪酬感到不满意。

原来，该公司实行的是一套比较简单的薪酬制度。这套制度将职位按照责任大小分成四个等级：员工级、主管级、经理级、高层管理级。每个等级里又分两个档，本着向业务倾斜的原则，业务开发部和项目管理部这两个部门取其中的较高档；其他部门取其中的较低档，于是问题就出现了。

有些部门（如创意设计部）认为，职务高未必贡献大，薪酬应与贡献相联系。公司大大小小的业务主要靠我们的工作才能成功，我们的贡献理应是很大的，与行政事务部这样的部门主管比较起来，我们的技术含量、难度、贡献都比他们大得多。但是，就因为我们不是主管，就比他们的主管人员拿的薪酬低，这样太不合理了。

其实部门主管、经理等管理人员也有意见。他们认为，每个部门的工作量、任务难度是不同的，不应该所有部门都一刀切，应有所差别。还有的部门主管人员认为，如果出了问题，主管所承担的责任要比员工大得多。所以，主管薪酬与员工的差距应拉得再大一些。

讨论：（1）这些冲突产生的根源在哪里？

（2）如何解决冲突？是否需要再设计组织的岗位结构？

（3）怎样对岗位进行重新评价？

三、模拟练习题

通过问卷调查、访谈或其他方法，撰写某中、低层管理岗位或执行岗位的岗位说明书。必须设定具体的行业、业务范围、经营地点，便于岗位说明书内容的撰写。如：北京王府井餐饮一条街某中餐快餐厅，餐厅行政助理或北京高校某品牌手机推广助理等。参与者分组行动，一般以每组7人为宜。

1. 各小组选择成员都比较熟悉的某一职位。如果可能的话，小组应花费一个工作周的时间（一般为5天），利用电话、网络、EMS、E - mail等进行访谈、收集调查问卷和工作记录等资料的工作，获得所需的信息。

2. 各小组就小组成员获得的有关职位方面的信息进行汇总和分析，找出小组共同认可的本岗位主要职责、所享受权力、所承担责任、所要求素质和资格、所需要的培训（包括培训类型、内容、时间等），制作职位说明书。

3. 小组交换岗位说明书，再次以访谈的形式核实、补充其他小组的岗位说明书，提出修改意见和评价。

4. 形成报告，以小组形式提交。

在练习时，选取比较容易理解的中低职位作为研究对象，通过各种可能的途径和方法接触社会、了解目标岗位，并相互对比评判，换位思考。参与者在活动过程中可以锻炼人际交往能力、组织协调能力、归纳总结能力、分析能力、预测事物发展的能力、沟通能力和解决问题的能力，并可以提高自身的口头表达能力、书面表达能力等。模拟活动形成的岗位说明书可以作为以后模拟活动如招聘、培训等的前期工作。

第五章 招聘与甄选

学习重点和要点

(1) 了解招聘的含义和流程。

(2) 掌握招聘前的准备和招聘渠道的种类及特点。

(3) 了解面试准备的事项和面试实施的步骤。

(4) 掌握人员素质测评的主要内容，评价中心的常用测评技术。

导入案例

企业内部员工选拔

NP公司正式成立于1998年，是一家以专业开发电话录音系统、呼叫中心系统、企业客户关系管理系统、进销存系统为主的股份制民营企业；由北京市科委认定为高新技术企业，在全国各地已经有上百家成功客户单位。公司拥有优秀的企业管理软件开发、销售和技术支持团队，员工人数接近100人。NP公司的愿景是成为一家全国范围内有影响力的，能够提供多种面向企业的解决方案及高科技技术服务的公司。因此，公司希望通过建设一个覆盖全国的企业管理软件销售服务网络并将其逐步完善，以方便全国各地的客户并为其创造更多的价值。

由于NP公司身处北方，在北方地区的宣传和服务更加到位，所以大部分的市场覆盖在北方。根据公司的战略发展，为了更好地开拓南方市场，决定在上海建立一个分公司。上海分公司的规模大约有6～10人，除了北方总公司指派的正副经理以外均为销售人员，这与北京总公司还拥有庞大的研发和技术团队的支持是完全不一样的。为了更好地组建上海分公司，公司总经理希望能够从北京公司选拔一部分优秀的销售人前往上海继续从事销售工作。这样的安排主要是考虑到缩短了培养销售人员的周期，对上海分公司成型和业务开展能够起到较大的推动作用，另外从北京调派人员去上海也考虑到可以缩短人员之间的磨合周期，使公司的运营尽快步入正轨。

公司最初考虑选择销售业绩比较突出的销售代表前往，希望能够尽快打开市场，产生一定的订单和销售额。于是要求公司的人力资源部帮助经理分析这次选拔销售代表的情况，并制订了相应的方案。人力资源部经理李刚认为对候选人来说，从表面上看，在北京公司和上海公司从事的工作是一样的，都是推销一样的产品；但是事实上，这两地的销售环境和具体的销售任务有很大区别。简单来说，前往上海公司的工作会面临极大的挑战和挫折，首先是上海市场完全没有打开，宣传产品和帮助客户了解自己的产品需要一段时间，这样就会出现销售周期增加的情况。另外，同类产品的竞争很激烈，如果分公司无法在同类产品中站住脚，那么一样会被市场淘汰。

对于北京总公司来说，目前就职于公司的销售人员都是近1～3年入职的，由于NP公司在北京发展的时间较长，在北方知名度较高，大部分客户是慕名而来，市场也比较成熟。

因此，销售人员不需要耗费较大精力去开拓市场，大部分时间是等着客户的呼入电话，然后准确把握客户的需求即可。然而上海分公司的情况正好相反，南方的客户对公司不太熟悉，他们所接触的供应商基本都是与 NP 公司业务内容差不多的一些南方企业，因此打开市场有一定风险性，需要销售代表具有一定开拓市场的能力和面对挑战的心理准备。于是，李刚帮助公司制订了选拔方案，本次选拔需要的人才需要满足以下几个条件：①自愿去上海分公司工作。②在北京公司从事销售工作 1 年以上，业绩良好。③具有开拓精神，有较强的挫折承受能力。

由于本次公司内部选拔关乎公司未来发展，希望选拔过程严谨而科学，于是李刚推荐在本次选拔中使用动力测验，来满足第三条人才选拔要求。动力水平在很大程度上会决定个体在什么样的工作环境中能取得愉悦感，也会影响个体在工作中的表现。动力测验主要考察了人的四种动机水平：成功愿望、挫折承受、人际交往和影响愿望。在面对一个较为陌生的环境时，有较强的动机水平的人能够主动去适应环境，在较短的时间内适应新的环境发展；能够为自己树立有一定难度的目标，并为达到这个目标而不懈努力；在不确定的新环境中愿意承担风险和责任，面对挫折时能表现出坚持和毅力；善于利用人际资源，对人际关系很关注，并且对他人的看法和观念有影响力。于是李刚对满足选拔条件 1 和 2 的候选人进行动力测试，并挑选出四种动机水平都较高的候选人推荐去上海分公司从事销售工作。事后反馈也表明，NP 公司的上海分公司业务逐渐步入正轨，其中销售人员的杰出表现功不可没。

这个案例告诉我们，许多企事业单位非常看重人才测评的选拔功能，并将其运用于管理人员和后备干部的选拔中。人才测评工具还可以使用在同岗位的人才优选上，实现优中选优的目的。同时，招聘是企业获取人才的重要手段，也是企业人力资源管理不可缺少的重要环节。招聘工作确定企业引入人才的质量，人才的质量直接影响企业的发展。在劳动力市场变化巨大的今天，企业如何实现"招"和"聘"两个重要的环节，为企业选拔最为优秀的人才，变得更为至关重要。

第一节 招 聘 概 述

一、招聘的含义

招聘是企业获得人力资源供给的基本方式，也是企业组织不可缺少的管理环节。招聘就是企业吸引应聘者并从中选拔、录用企业需要人的过程。招聘的直接目的就是获得企业需要的人，还有的企业在招聘过程中希望达到树立企业形象、履行社会责任等目的。

二、招聘流程

招聘是一个细致和全面的过程，它包括一系列的活动，主要分为招聘的准备阶段、制订招聘计划阶段、实施阶段、评估阶段，这四个阶段既相互联系又相互影响，其流程如图 5-1 所示。

三、招聘前的准备

招聘开始之前企业需要做好准备工作，进而保证招聘工作的顺利进行。

（一）招聘计划的制订

人力资源部门在招聘之前必须制订员工招聘计划，招聘计划一般包括以下内容：

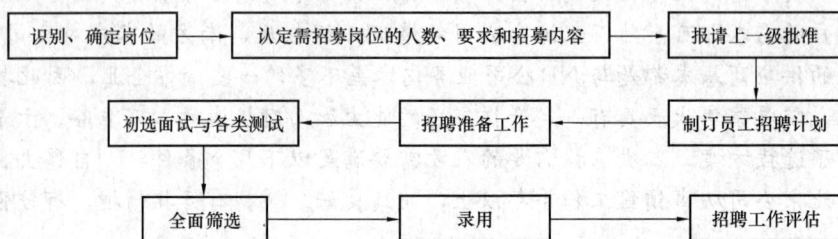

图 5-1　招聘流程

（1）人员需求清单，包括招聘的职务名称、人数、任职资格等内容。

（2）招聘信息发布的时间与渠道。

（3）招聘小组人选，包括小组人员姓名、职务、各自的职责。

（4）应聘者的考核方案，包括考核的场所、考核时间、题目设计等。

（5）招聘的截止时间。

（6）新员工的上岗时间。

（7）招聘费用预算，包括资料费、广告费等。

（8）招聘工作时间表，尽可能详细，以便与他人配合。

（9）招聘广告样稿。内容包括：广告题目，公司简介，审批机关，招聘岗位，人事政策，联系方式等。

（二）招聘预算

用于招聘的资金量少就会减少对招聘来源的选择机会。登广告和聘用猎头公司会花费大量金钱，却不一定能吸引到足够的应聘者。另一方面，有效的招聘来源可以减少招聘成本，企业要善于利用各种招聘渠道。如果企业招聘时资金有限，就可以利用内部招聘、查阅人力资源档案、员工推荐、政府就业服务机构、客户推荐和高校就业办公室等渠道。

四、招聘渠道的选择

招聘计划制订之后首先要考虑的是采用何种招聘方法来为企业选拔合适的员工，一般常用的招聘方法主要包括：

（一）内部招聘

内部招聘是指通过企业内部去获取企业新需要的各种人才。企业本身是一个人才的蓄水池，由于每个人进入企业的渠道、工作岗位、工作时间长度、担任的职务和责任等客观原因和个人的努力程度、过去的专业知识积累、工作悟性、所接触的人和事的启迪、个人的好学精神等主观因素的不同，企业内部员工的综合素质也各不相同，企业中的人才状况是动态的。有些人在企业中快速成长、业绩突出、才华出众；有些人在企业中显得懒散、没有朝气、缺乏向上的精神、工作业绩较一般。因此，当企业需要一些管理人才或专业人才时，自然会先从企业内部去寻找，让更多的人才被发现，提拔到合适的岗位，同时也能给在职员工以激励。

内部获取通常有四种方式，即企业内部的人力资源网络信息系统、主管或相关人士推荐、职业生涯管理系统、内部竞聘上岗。

（二）外部招聘

许多外部资源可以作为招聘资源，外部招聘是企业招聘的重要渠道，下面是几种常见的外部招聘方法。

1. 高校招聘

大学生和大专生是初级专业和技术员工的重要来源，许多高校的就业办公室为用人单位和申请者提供了很好的招聘渠道。影响用人单位选择高校的因素有：当前和预期的工作需求、高校声誉、以前招聘该高校学生的声誉、低成本的考虑、薪酬的考虑及市场竞争等。

2. 广告

在报纸和专业出版物上登广告一直是吸引求职者的最常见的有效方法。企业只要认真策划广告的内容、登出时间和版面，就会得到广泛的响应，并产生良好的效果。以下面的招聘广告为例，常见的招聘广告内容、形式、设计上有很大的不同，但是所有的招聘广告都包含一些基本信息，即企业的信息、工作要求和责任、工作性质、对求职者的要求等。

【例5-1】 迪菲电子科技集团招聘人力资源总监的广告，如图5-2所示。

招聘人力资源总监

迪菲电子科技集团是一家生产电话设备的公司。公司成立于1997年，总部在北京，现有资产10亿元，于2008年成功在上海证券交易所上市。在上海成立分公司，拟在上海地区招聘1名人力资源总监。

岗位：人力资源总监；

学历：要求在相关领域的研究生学历；

经历：有8年人力资源工作经验；

资历：拥有人力资源二级以上证书。

欢迎愿意在电子领域工作的有识之士加盟，有意者请寄简历，谢绝来访。

公司地址：北京市东城区天井大厦1234号 迪菲电子科技集团

联系人：刘元

Email：dfhr@yahoo.com

电话：（010）67845698

图5-2 人力资源总监招聘广告

对此广告的点评：①总体印象：广告中第一句话就对公司做了介绍，尤其是公司的实力能吸引读者的注意力。②工作规范：工作要求清晰明了，注明了工作经验、资历、资格的要求，但未注明职责。③公司的信息：比较详尽具体。④福利和薪酬：没有提及。⑤联系方式：比较全面。

3. 职业介绍机构和猎头公司

职业介绍机构和猎头公司是两种常见的外部招聘来源，猎头公司主要招聘高层管理者，职业介绍机构则招聘各种人员。选择职业介绍机构和猎头公司有两大理由：第一，职业介绍机构和猎头公司招聘的范围大，很容易找到合适的求职者，还包括那些对目前岗位还很满意的求职者；第二，职业介绍机构和猎头公司的工作效率较高，可以节约时间成本。借助职业介绍机构和猎头公司招聘人才，应该注意确保职业介绍机构和猎头公司的专业能力和资质，即该组织具有国家认可的营业执照，具有评估求职者的专业能力与水平，能为企业推荐合适人选。企业应该与该机构签订书面协议，明确收费条款、到岗时间、保证时间及其他责任和权限条款。企业应详细地向该机构介绍本公司背景和招聘需求，详细介绍拟招聘岗位的岗位说明书与规范，使其完全了解该岗位要求和与公司其他岗位的匹配度，这样才能招到合适的人选。

4. 网络招聘

现在越来越多的招聘广告登在互联网上，尽管互联网招聘并不能替代传统的招聘方法，但是互联网招聘的优势日益明显。互联网招聘具有价格低廉和速度快的优点，求职者提供简历后几个小时就可以得到答复；同时，还具有即时性的优点，企业随时可以将招聘信息发布在互联网上，而不用考虑其他媒介的发表时间；减少了书面工作，传统简历会堆积如山，而电子简历不会；求职者不受时间和空间的限制，企业可以得到更为广泛的求职者。

【例 5-2】　为做好 2011 届全国高校毕业生就业信息服务和交流工作，深挖教育系统内部资源，满足教育系统用人单位招聘人才需要，开拓教育系统与高校毕业生双向选择渠道，教育部在 2010 年 11 月 27 日至 12 月 3 日举办"全国教育系统 2011 届高校毕业生网上招聘周"活动。招聘周期间，全国教育系统用人单位招聘信息和高校毕业生求职信息将在全国大学生就业公共服务立体化平台（www. ncss. org. cn）和东北高师就业网盟网（www. dsjyw. net）上以统一页面免费发布，供用人单位和毕业生浏览查询和在线交流。为充分利用网络优势，加强信息交流，提高网上招聘效率和毕业生就业签约率，招聘周期间首次大范围统一免费使用"全国大学生就业公共服务立体化平台视频面试系统"和"东北高师视频就业网"进行初试，以实现远程招聘，充分应用"移动就业"和"视频就业"等新技术手段为用人单位和毕业生服务。"移动就业"通过将网上服务迁移到手机，使毕业生摆脱需时时在线的束缚，做到"轻松得信息"。"视频就业"实现毕业生和用人单位以零成本、跨空间进行面对面沟通，足不出户，一"视"就行，实现"轻松用信息"。据初步统计，全国教育系统有 2300 多家用人单位参加活动，共计提供 13 万个有效岗位需求。

互联网招聘最大的缺点就是信息过分庞杂，需要大量的筛选工作，还有就是虚假信息泛滥，需要严格的审查。

各种外部招聘方法的优缺点和适用范围比较，见表 5-1。

表 5-1　　　　　　　　　　　　外 部 招 聘 方 法 比 较

招聘方法	优点	缺点	适用范围
高校招聘	素质高、潜力大、易培养归属感	经验不足	储备人才
广告	覆盖面广、应聘者多	筛选成本高	广
职业介绍机构	初步筛选	介绍费、离职率高	较少
猎头公司	直接个别接触、减轻甄选压力	成本高、易再次猎走	高级人才
网络招聘	资源丰富	难保真实	广
直接求职	快、成本低	唐突，可能无空缺职位	广
被推荐者	快、成本低、易适应	小圈子、不便拒绝	广

五、内部招聘和外部招聘的优缺点

内、外部招聘渠道比较，见表 5-2。

表 5-2　　　　　　　　　　　　内、外部招聘渠道比较

优、缺点　　招聘渠道	内部招聘	外部招聘
优点	1. 效率高 与来自公司外部的求职者相比，内部员工能够快速进入角色，节约培训和适应成本 2. 费用低 由于减少了投入昂贵的广告费用及使外部雇用者熟悉本公司的需要节省了培训的费用，使得招聘成本大大降低。企业对内部申请人的了解显然要多于对外部申请人的了解。对他的个人背景、性格爱好、工作方式等都有充分的了解；因此，可以省去许多用来评价申请人的活动费用，减少风险 3. 激励作用 一个内部人员的晋升会引起多个内部人员的晋升。制订内部优先选用方案，增强了公司提供长期工作保障的形象。这一形象同时也有助于公司人员的稳定，有利于吸引那些寻求工作保障的员工。内部选用加强了企业文化，并且传达了一个信息：忠诚和出色的工作会得到晋升的奖励	1. 创新性 外部招聘所获得的人员往往会带来新的知识、新的思想、新的处理工作的方法，为整个组织注入活力 2. 费用低廉 节省培训费用。由于外部招聘倾向于有相关经验的申请人（校园招聘不属此列），这些申请人只需要一个简单的上岗培训，就能很快适应工作 3. 压力性、公平性 外部招聘政策给内部人员造成就业压力。当员工意识到来自外部的压力的强烈时，就会努力表现，这也是外部招聘的波及效果。公平性更强。防止企业内部派系林立，只提拔自己的人 4. 广泛性 来源广，余地大，便于招聘到一流的人才
缺点	1. 仅仅将招聘来源局限在内部，就会忽视其他来源中的优秀人才； 2. 繁文缛节的内部晋升程序，往往会使内部的候选人员感到沮丧； 3. 晋升人员之前，可能会出现谋求职位的欺骗手段和派别间的钩心斗角，这会给公司和部门造成混乱； 4. "未获晋升者"会沮丧，出于早已存在的妒忌心，可能会暗中破坏被晋升者的工作（若雇用外部人员也会发生这种现象）	1. 了解少，招聘单位不可能对应聘人员有充分的了解，很多的了解是纸面的，也有的是不真实的，如假文凭； 2. 可能影响内部员工的积极性，招聘外部人员对内部员工有一定的打击，容易产生不被信任感，对公司的忠诚度降低； 3. 适应时间长，外聘员工进入公司时间不长，与公司的企业文化有一定的距离感，需要一个磨合期； 4. 外部招聘的费用偏高； 5. 外聘人员的忠诚度较低

六、甄选流程

企业通过内外部招聘活动，获得了大量的应聘者。接下来的工作就要对这些应聘者进行分析、评价，获得对企业来说效用最高的应聘者，这样一个过程就是甄选，如图 5-3 所示。

图 5-3　甄选流程

甄选是企业获得有效员工的必须手段。甄选方法是否科学，直接决定了企业获得应聘者信息的成本和真实性，更进一步决定了对未来员工进行管理和开发的效果，所以，甄选也是企业对员工进行预先控制的重要手段。

第二节　面　　试

面试是指招聘单位主考人员与应聘者通过面对面的交流，双向沟通的方式，招聘人员依此了解应聘者的素质、能力和求职动机。广义地说，面试是面试官与应聘者直接交谈或者置应聘者于某种特定情景中观察，从而完成对其适应职位要求的某些能力、素质和资格条件进行测评的一种方法。因此，面试包括情景模拟和现场测评等方法。面试的顺利进行需要五大要素：主试人员、被试人员、测评内容、实施程序、面试结果。

一、面试的概念、特点及趋势

面试是全部筛选技术中使用最广泛的一种，是指在特定的场景下，经过精心设计，通过主考官与应试者双方面对面（当然现在也出现了计算机和网络的"面谈"方式）地观察、交谈等双向沟通方式，评估应聘者的素质、特征、能力状况及求职动机等的人员甄选方法。据一项调查显示，70％的企业在招聘和筛选过程中使用了某种形式的面谈技术或方法；而另一项调查显示99％的企业使用面谈作为筛选工具。

（一）面试的特点

面试是企业选拔人才常用的测评手段，因为它能够充分地考察应聘者的表达能力、逻辑思维能力、判断能力、分析能力等其他综合能力，直观地了解应聘者的素质。面试还是面试官和应聘者语言和情感的交流，因此对面试官的要求也较高，面试官要掌握面试的特点和技巧才能有效地控制面试进程，选拔优秀人才。面试的特点主要有：

1. 对象的单一性

测评的内容主要侧重于个别特征，因人而异。

2. 内容的灵活性

问题可多可少，可深可浅，试应聘者情况和面试要求而定。

3. 信息的复合性

既注意收集应聘者的语言形式信息，又注意收集诸如肢体语言等非语言信息。

4. 交流的直接互动性

面试中被测试者的回答行为表现与面试官的评判是直接相关的，没有中介转换。

5. 判断的直觉性

面试结果不仅仅依赖面试官的问题，还受印象性、情感性与第六感觉的影响。

（二）面试的趋势

1. 形式多样化

采用单独面试到集体面试、一次性到多轮面试、非结构化面试到结构化面试、常规面试到情境型面试等。

2. 内容全面化

涉及知识素质、智能素质。

3. 试题顺应化

现代面试问题是参考事先设计的思路和范围，顺应测试目的的要求而自然提出的。

4. 程序规范化

结构化程度加强，减少人为因素。

5. 考官内行化

组织人事部门、具体用人部门和人事测评专家共同组成面试小组，专业性提高。

6. 结果标准化

面试结果逐渐标准化，评判结果更加真实、高效。

（三）面试的种类

1. 初步面试与诊断面试

从面试要达到的效果上划分，分为初步面试和诊断面试。

（1）初步面试相当于面谈，比较简单、随意。双方人员都比较放松，通过这种方式可以增进招聘人员和应聘者的初步了解，能够起到初步筛选的目的，主要由人力资源部门负责。

（2）诊断面试是在初步面试的基础上进行的进一步测评，主要考核应聘者的实际能力与潜在能力，这个环节往往由人力部门和用人部门共同进行。对于高级管理人员的招聘，企业的高层领导也要亲自参加。

2. 个别面试、小组面试、集体面试与流水面试

从参加面试的人员角度划分，分为个别面试、小组面试、集体面试与流水面试。

（1）个别面试就是面对面、一对一的进行，这样有助于双方的深入了解，但是这种方式主观性太强。

（2）小组面试是以多对一，这种方式可以避免主观性太强，但是也会出现意见不统一的情况。

（3）集体面试是多对多，通常由主考官提出一个或几个问题，引导应聘者回答或组织应聘者之间进行讨论，进而考察应聘者的思辨能力、表达能力、组织领导能力和解决问题能力等。集体面试的效率是最高的，但是对主考官的能力要求较高，而且每位主考官在面试之前要对应聘者有一个初步的了解。

（4）流水面试是指每个应聘者要同几个主考官进行交流。各个主考官汇总在一起，综合评定应聘者。这种方式对应聘者比较合理、公正，也能全面的考察应聘者的综合素质，具有较大的优越性。这种方式在外企招聘中经常使用。

3. 结构化面试、非结构化面试与半结构化面试

按照组织形式是否标准划分，分为结构化、非结构化和半结构化面试。

（1）结构化面试是指面试时有一套标准的程序，招聘人员按顺序提出问题，而且问题多是封闭式的，由应聘者回答。这种方法的优点是重点突出，方法固定，简单易行，便于比较选择。缺点是过于死板，不能给应聘者发挥的空间，不能全面展示应聘者的能力。这种方法一般在初选或筛选时运用。

（2）非结构化面试是指面试时不拘泥于固定的问题和顺序，可以根据具体情况相应的改变提问技巧。这种方式的特点是比较灵活，便于招聘人员全面了解应聘者，对应聘者一些特殊的信息能够及时了解。这种方式对应聘者也有较大的发展空间，可以充分的表现自己。但是如果让应聘者左右面试时间，招聘人员将十分被动，影响面试进程和效果。

（3）半结构化面试则介于两者之间，设定某些问题为标准化提问，另一些问题自由掌握。这种方式比较实用，是目前大多数企业在招聘中采取的方式。半结构化面试一般分四个阶段：首先，提问比较宽泛的问题。面试开始时，应聘者一般都比较紧张，这时适合提一些

一般性的问题，让应聘者放松。其次，提问比较具体的问题。应聘者随着招聘人员轻松的话题逐渐进入状态，这时面试者可以提一些问题比较具体的问题，如为什么选择到本公司应聘？再次，探查，招聘人员提一些更详细的问题，如工作经历，工作知识等，进一步考察应聘者。最后，提问非常具体的问题，根据上面的考察，如果公司认为此人比较符合公司的要求，就会提出具体的问题，如对工资的期望，对应聘岗位的设想等。

4. 压力面试与非压力面试

（1）压力面试是指在面试进程中，面试者突然给应聘者提出一个意想不到的问题，或置于一种不舒适的环境下借此考察应聘者对压力的承受能力和应变能力。

（2）非压力面试正好相反，测试者力图制造一种平和、友好的氛围，以利于被测试者客观、全面地反映真实素质。

【例 5-3】 一家公司招聘公关部长，应聘者众多，经过层层筛选，最后剩下 7 名应聘者。他们在门外等待专业技能的考试，面试限定在两分钟内完成。每一个应聘者走进考场，主考官都说："请您把大衣放好，在我面前坐下。"可是考场内除了主考官的一桌一椅再无他物。前五名应聘者手足无措，不知如何处理，有两位应聘者竟然急的掉眼泪。前五名自然被淘汰了，因为他们没有应变能力、反应迟钝。第六名应聘者先是一愣，然后拖下大衣，往右手上一搭，行礼说："既然没有椅子，我就不坐了，谢谢您的关心，我愿听下一个问题。"此人有一定的应变能力，但是机智不够，可培养，先用于内，再用于外。第七名应聘者听到问题后，马上把自己在门外的椅子搬进来，放在离主考官一米远处，脱下大衣，折好放在椅背上，然后坐在椅子上，正好用时两分钟。听到"时间到"的铃声，他立即起身致谢，退出，并把门关上。自然此人顺利被录用为公关部长。

二、面试准备阶段

（一）提供申请表

在面试之前应向应聘者提供一份工作申请表，让其事先填写并申报。其式样见表 5-3。

表 5-3　　　　　　　　　　　　　**工 作 申 请 表**

拟申请职位					
个人基本情况					
姓名		性别		出生年月	
联系地址				邮政编码	
联系电话			E-mail		
受教育情况					
最高学历				最高学历时间	
序号	时间	学校	专业	学历	备注
1					
2					
3					
4					
工作经历					

续表

序号	时间	单位名称	职位名称	主要职责	备注
1					
2					
3					
4					

语言 水平	汉语		个人爱好	
	英语			

个人特长	

待遇要求	期望薪酬	
	其他要求	

补充信息	

个人承诺	本人保证所填写信息的真实性，如有虚假将自动辞职

申请人签字		申请日期	

（二）审查申请表

1. 审查申请表和简历

在面试前要审查工作申请表和简历及有关资格证明。通过审查可以熟悉求职者的基本情况、教育经历、工作经验和从业资格，还可以确定面试时讨论的问题范围。浏览申请表和简历，看其是否简洁易懂。申请表和简历语言要通顺、简单。简历纸张最好是1～2页，格式要职业化。

2. 寻找遗漏

看有没有基本信息被遗漏，记下遗漏的信息，面试时直接询问求职者。如果是求职者有意识遗漏的信息，证明该信息非常重要，面试时要重点提问。

3. 时间重叠与断档

审核求职者的就业历史，确认是否有时间空白。如果求职者经历出现空白期就需要记下，但是不要轻易下结论，面试后再下结论。审核重叠时间，有时求职者在前后工作时间段有重合，就该审核清楚重合的原因。

4. 查看不一致的地方

例如，有的求职者拥有较高的学历证书，却愿意从事较低层次的工作，这点就值得怀疑，要询问其原因。

5. 薪酬要求

评价一个人的薪酬要求要客观。薪酬是人们工作的理由，也是人们频繁更换工作的理由。针对求职者过高或过低的薪酬要求都不要怀疑，对于求职者来说任何一份工作都是一个机会，不要轻易做出放弃的决定。

6. 离职理由

谨慎评价求职者的离职理由。详细审查求职者简历，寻找隐藏在简历后面真正的离职原因。

【例 5-4】　有一位应聘者提交的简历是："2006 年 5 月至今，供职于 AB 设计公司。按照合同，为两个汽车工业的大客户服务，进行预算和联络客户。2001 年 7 月~2005 年 2 月，供职于第一图形设计公司，任生产经理助理。领导一个有六位设计人员的小组，负责制作公司的宣传材料，包括手册和市场促销材料。在时间要求紧迫的情况下，能够按时完成任务。"从中不难发现：①仍然在职。②时间断档（2005 年 3 月~2006 年 4 月）需要注意。③具有与大公司沟通的经验。④生产经理助理的职位有助于评估其经历。⑤应当注重评估其压力承受能力。

（三）面试环境的布置

环境影响人的情绪和表现，面试场地的简洁、干净、明亮，会让应聘者觉得轻松而又不失严肃，所以面试组织者在安排面试环境时要注意：面试要有一个相对安静、隔离的环境；考场内手机屏蔽或者全部关机；场地光线要明亮，布置朴素大方；在安排座位时应注意面试官不要坐在背对光源处，这样会放大面试官形象，对考生产生压力。

面试官应该掌握面试时间，不能只计算面对面的时间，面试之前需要时间核对求职表和简历，面试期间还要介绍公司和岗位并充分交流，面试之后还要整理文档，可能还有需要测试的时间。所以面试官不仅要掌控面试所需时间，还要掌控面试每个求职者的时间。

三、面试实施阶段

面试实施阶段分为以下四个步骤：

（一）面试导入

开始进行面试，有的应聘者进入面试室就表现得非常紧张；面试官在此时不适合直接开始提问，可以找一些轻松的问题作为开场白，缓解应聘者的紧张情绪。例如，你是怎么过来的？哪所大学毕业的，什么专业？

（二）面试引出

围绕应聘者简历情况提出问题，逐步引出面试正题。这个阶段要给应聘者展示自我的机会，同时面试官开始对应聘者进行实质性的评价。一方面要了解面试对象的情况，判断其是否符合公司需要，作为录用与否的凭据；另一方面要让应聘者对公司及应聘职位有所了解。

（三）面试正题

这是面试的实质性部分，是整个面试过程中最为重要的环节。面试官要通过广泛的话题，从不同侧面了解应聘者的心理特点、工作动机、能力、素质等，评价内容基本是"面试评价表"所列的各项要素。在这个阶段，面试官要注意面试提问技巧。

准备的面试问题不要过多过细。如果问题过细就过于规范和程式化了，应聘者就会感到比较紧张。问题如果过多，时间的关系，面试官就会急于完成任务，问题会问的比较生硬。求职者会回答得很急躁，因为他不知道自己的回答面试官是否在认真听。面试官在面试之前要制订详细的面试提纲。一份理想的面试提纲应包括以下几个方面内容：①开头语。②关于企业目前状况及前景的介绍。③对空缺职位和其需要条件的描述。④与应聘者讨论工作资格。⑤与应聘者讨论工作细节和工作各个方面的关系。⑥面试提问，通过提问了解应聘者的品格、态度、技能、经验、兴趣、爱好等，以便筛选出满意的人选。

面试时可提的问题有：①一般性问题：你的强项和弱项是什么？为什么要离开上一份工作？我们为什么要雇佣你？工作中对于你来说什么是最重要的？你有什么问题要问我？②工

作动机问题：你做了哪些事情来显示你的主动性？你达到了哪些工作目标？你如何衡量成功？对于你来说，什么样的奖励最有价值？什么样的项目让你激动？③与他人合作的情况：你想和什么样的人一起工作？告诉我一场你与同事的冲突，它是如何解决的？描述一下你的管理风格。其他人如何看待你？哪三个字可以描述你？④问题处理能力：你有过的与工作有关的最有创意的点子是什么？描述一个你曾面临然后解决了的问题。最适合你的解决问题的方法是什么？描述一个你没有完成的任务并加以解释。⑤正直指数：告诉我你不诚实的一次表现。如果你被要求去做一些不道德的事情，你将如何反应？如果你看到你的合作伙伴做了一些不诚实的事情，你会做什么？你上次违反规则是什么时候？如果我打电话给你前任雇主的话，他将会如何评价你？

（四）结束面试

这是面试的尾声，涉及面试的主要问题已经结束了，面试官可以提一些更尖锐、更敏感的问题，以便更深入的了解应聘者。但是，要注意对应聘者人格和隐私权的尊重。在面试的最后阶段，双方还可以进行职位本身问题的探讨。面试官可以给应聘者一份其应聘职位的职位说明书，并回答应聘者的疑问，包括职位的职能、有关隶属关系、工作时间、工作强度、责任和薪酬等。

如果有可能，在面试结束时就告诉求职者面试的初步结果。如果不能马上做出决策，则应该告诉求职者公司将尽快通知其面试结果，并留下求职者详细的通信方式。对求职者的问题应该在权限范围内认真回答。

应聘者离开后，面试官应该立即撰写面试报告、记录，准备好向上级领导或是具体直线经理汇报面试的情况，并将讨论结果尽快通知应聘者。

四、面试的误区

（一）第一印象

人们常常在无意识中形成了第一印象，第一印象往往会破坏对别人的看法。没有注意到第一印象重要性的面试考官，往往会凭借主观印象决定求职者的未来，这是错误的。不能仅仅凭借几秒钟的印象就判断他是否适合某项工作。第一印象往往在决策过程中起到决定性的作用，但是第一印象不应该影响对其他因素的审核，不要让第一印象影响面试官的判断。

（二）他人的影响

求职者可能是某个人推荐来的，由于面试官对某人的尊敬或者私人关系良好，就可能有先入为主的印象；与此相反，如果对推荐者的不满，可能对求职者形成负面影响。

（三）求职者的只言片语

求职者的某一句话可能会使面试官的判断出现误差，对最后面试结果产生决定性的影响。所以，面试官要综合考虑求职者的各种表面情况，包括语言、表情、服装和表达方式等。需要提醒的是，非常自负和夸夸其谈者，往往是眼高手低的人，即使有才华也要慎重考虑，切不可盲目录用。

（四）肢体语言

面试官可以通过求职者的肢体语言来了解求职者，每个人都有自己的肢体语言。身体语言是指手势、身体的姿势、接触方式及两个人之间的距离。例如，应聘者的目光如果始终不敢正视面试官的眼睛或一接触就避开，或者盯着某一个固定的地方，都是胆怯的表现，属于不自信。

第三节 人员素质测评

一、素质测评的概念和内容

（一）素质测评的概念

狭义的素质测评是指通过量表对被测者的品德、智力、心理、技能、知识、经验进行测评的一种活动。例如智力测验、气质测验、品德测验等都是通过问卷选择题等量表形式，来测评被测者的有关素质。

广义的素质测评，是通过量表、面试、测评中心技术、观察评定、业绩考核等多种手段，综合测评被测者的一种活动。

（二）素质测评的内容

人员素质测评的主要内容是个体的素质特征，包括能力因素、动力因素和个人风格因素三个方面。

1. 能力因素

能力按其来源不同，划分为科学智能和社会智能。前者来自于人与自然交往过程中的直接经验或者通过书本学习而取得的间接经验；后者则是来自于社会实践，它是通过人与人之间的交往、联系、竞争和合作来获得的。长期以来，我们的教育很重视科学智能的培养与开发，相对来说对社会智能的重视不够。事实上这两种智能所对应的能力不同，见表5-4。它们对人的工作、生活都是非常重要的，这两种智能拥有程度的不同将会影响一个人的职业类型及其相应的成就。管理人员的管理技能通常包括概念技能、人际技能和技术技能三类，对不同层次管理人员的管理技能结构要求不同，见表5-5。

表5-4 智能所对应的能力

智能	能力
科学智能	研究能力、分析能力、判断能力、推理能力、学习能力、观察能力、思考能力、规划能力、空间能力、记忆力、联想力等
社会智能	说服能力、交涉能力、社会交往能力、观察能力、适应能力、协调能力、沟通能力、人际关系能力、用人授权能力等
两种智能有机结合	指挥能力、预测能力、竞争能力、开拓能力、应变能力、决策能力、管理能力、领导能力、控制能力

表5-5 不同层级管理人员的管理技能结构

管理人员	概念技能	人际技能	技术技能
高级	高	中	低
中级	中	高	中
低级	低	中	高

2. 动力因素

任何一个人要取得成功，不仅要有一定的能力水平，而且要有一定的内在动力，在现代人才测评技术中，心理测验中就有专门测量动力因素的工具。

在动力因素中，价值观是层次最高、影响最广的因素。所谓价值观就是人们关于目标或信仰的观点，它使人们的行为带有个人的一致方向性。国外有学者开发了测量价值观的测验技术，其中最著名的价值观测验将价值观分为六种类型：理论型、经济型、审美型、社会型、政治型、宗教型。

3. 个人风格因素

每个人在行动的时候总是会表现出自己独特的行为方式，这便是个人风格因素。国外有影响的人格测验从四个方面来考查人的行为风格，见表5-6。

表5-6　　　　　　　　　　　　**个人风格测评因素**

心理倾向 （外向型和内向型）	外向型的人易交流、好交际、坦率随和； 内向型的人比较敏感矜持
信息接收方式 （感觉和直觉）	感觉型的人善于观察，对细节敏感； 直觉型的人关注整体和事物的发展变化，思维活跃
处理信息方式考查 （思考和情感）	思考型的人考虑问题比较理智客观； 情感型的人考虑问题以个人情感为重
行动方式 （判断和知觉）	判断型的人善于组织和决断； 知觉型的人比较开放，灵活多变

二、素质测试技术

（一）笔试

笔试又称为知识考试，是通过书面测验的方式对应聘者的知识技能和知识结构进行了解的一种方法。笔试可以安排团体进行，费用不高，又能很快了解应聘者的知识水平。

笔试中最关键的是命题技术，命题主要包括综合知识和专业知识两个部分。综合知识部分主要是测试应聘者的分析能力、逻辑能力、数字能力、判断能力、组织能力等。

【例5-5】　一位游客在埃及买了一枚古钱币，四处向人炫耀，上面印有"公元前5世纪"，你认为他的钱币是真的吗？

有个人去市场卖菜，他有黄瓜和茄子两样蔬菜。今年黄瓜大丰收，价位较低，赔了40％，而茄子卖的较少，可以获利100％，他分别卖了50斤黄瓜和茄子，你算算他是赚了还是赔了？

专业知识测试用来测试应聘者潜在的工作能力。专业测试中的题目大致有两类：一类是基本理论知识，主要考察应聘者的理论功底；另一类是理论知识的应用，企业可以用实际工作中出现的一些问题，考察应聘者的工作能力和应变能力。

在进行笔试之前要有一个命题计划，即根据工作分析得出有关岗位工作人员所需要的知识结构，设计出具体的测试范围、内容、题型等。还要注意试题类型的多样化，各种题型都能不同程度的考察应聘者的知识水平。在编制命题时，应注意下列问题：

（1）试题的内容必须与考核的目的紧密结合。

（2）试题的内容和范围应在命题计划之内，不要随意更改。

（3）严格审查考卷，不要因为考卷的印刷错误而影响应聘者的成绩。

（4）试题的内容要有意义、有目的性、科学、健康。目前有的公司在对女应聘者笔试中竟然出现这样的题："如果为了工作需要，你会和客户单独去酒店吃饭吗？"这样的考题无论应聘者如何回答，她也会对这家公司完全失望了。

（5）试题内容要大众化，不要出偏题怪题。

（6）试题内容的表述要准确，必须用明确、简洁的语言。

（7）各个试题之间要有关联性，考察应聘者的综合能力。

（8）不要出现有争议的考题。

（二）心理测试

心理测试（Psychological Test）是一种比较先进的测试方法，它是指通过一系列手段，将人的某些心理特征数量化，来衡量个体心理因素水平和个体心理差异的一种科学测量方法。心理测试可以帮助企业了解求职者的潜在智力和适合配置的岗位。比较有名的测试包括：比奈—西蒙智力测验、斯坦福—比奈儿童智力测验、罗夏墨迹测验、默里和摩根的主题统觉测验（TAT）、明尼苏达多相个性测验（MMPI）、艾森克人格测验（EPQ）、卡特尔的16种人格因素测验（16PF）等。

1. 心理测试的优点

（1）迅速。心理测试可以在较短的时间内迅速了解一个人的心理素质、潜在能力和他的各种指标。

（2）比较科学。世界上目前还没有一种完全科学的方法，可以在短期内全面了解一个人的心理素质和潜在能力，而目前心理测试可以比较科学地了解一个人的基本素质。

（3）比较公平。员工招聘中往往会出现不公平竞争的倾向，但心理测试在一定程度上可以避免这种不公平性。因为通过心理测试，心理素质比较高的员工可以脱颖而出，而心理素质较低的应聘者，落选也感到心平气和，因为他们知道自己心理测试的成绩比较低。

（4）可以比较。员工素质的高低通过智力测试以后，他们的测试结果可以比较，因为用同一种心理测试的方法得出的结果有可比性，而其他的方法往往在不同的场合、不同的地点，没有可比性。

2. 心理测试的缺点

（1）可能被滥用。心理测试虽然是一种科学的测量手段，但是也可以被人滥用。比如，有些人在员工招聘中滥用不合格的量表，反复使用某一种不科学的量表，这样得出的结论就不能令人满意。

（2）可能被曲解。有的时候，你测量了某一结果，你曲解以后，对某人的心理活动和以后的行为都可能产生不良结果。比如，有些人认为智商高就一定能成功，那么看到智商低的人，他就会产生一种鄙视感。

（三）评价中心

评价中心是一种包含多种测评方法和技术的综合测评系统。一般而言，它总是针对特定的岗位来设计、实施相应的测评方法与技术。通过对目标岗位的工作分析作业，在了解岗位的工作内容与职务素质要求的基础上，事先创设一系列与工作高度相关的模拟情景，然后将被测试者纳入到该模拟情景中，要求其完成该情景下多种典型的管理工作，如主持会议、处理公文、商务谈判、处理突发事件等。在被测试者按照情景角色要求处理或解决问题的过程中，主考官按照各种方法或技术的要求，观察和分析被测试者在模拟的各种情境压力下的心理、行为表现，测量和评价被测试者的能力、性格等素质特征。

1. 文件筐测验

文件筐测验，也称为公文处理、公文筐测验，是一种情景模拟测验，是对实际工作中管理人员掌握和分析资料、处理各种信息，以及做出决策的工作活动的一种抽象和集中。

测验一般在假定情景下实施。该情景模拟一个组织所发生的实际业务、管理环境，提供给受测人员的信息包括涉及财务、人事备忘录、市场信息、政府的法令公文和客户关系等十几份甚至更多的材料。这些材料通常是放在公文筐中的，公文筐测验因此而得名。

在评价中心施测过程中采用文件筐测验的一般程序是：测试者事先根据被评价者所应聘的岗位设计好各种公文，这些公文是指与目标岗位工作有关的各种材料，它们是根据该岗位经常会遇到的，分别来自上级和下级、组织内部与组织外部的各种典型问题而设计的，包括日常琐事和重大事件的处理，如电话记录、请示报告、上级主管的指示、待审批签发的文件、统计材料和报表、备忘录、商业函件、建议、投诉等；接着将设计好的公文（一般有十多份）装入一个公文筐中，交给被测试者，并向被测试者提供有关组织及其相关岗位等背景资料；测验过程就是要求被测试者以该岗位的负责人（如经理）身份，全权负责处理文件筐里的所有公文材料。

测验要求受测人员以管理者的身份，模拟真实工作情景中的想法和行为习惯，在规定条件下（通常是较紧迫困难的条件，如时间与信息有限、独立无援、初履新任等），对各类公文材料进行处理，形成公文处理报告。处理完毕后，一般还要求被测试者填写行为原因问卷，说明处理的理由、原则或依据，对于不清楚的地方或需要深入了解被测试者时，主考官还可以与被测试者进行深入面谈，以澄清模糊之处。通过观察被测试者在规定条件下处理公文过程中的行为表现及分析被测试者的处理理由说明，评估其计划、组织、授权、决策和问题解决能力等多方面的管理潜质。

2. 角色扮演

角色扮演是一种主要用以测评被测试者人际关系处理能力的情景模拟活动。在这种活动中，主考官设置一系列尖锐的人际矛盾与人际冲突，要求被测试者扮演某一角色并进入角色情景，去处理各种问题和矛盾。主考官通过对被测试者在不同人员角色的情景中表现出来的行为进行观察和记录，测评其相关素质。

在角色扮演中，主考官对被测试者的行为表现一般从以下几个方面进行评价：第一，角色适应性。被测试者是否能迅速地判断形势并进入角色情景，按照角色规范的要求采取相应的对策行为。第二，角色扮演的表现。包括被测试者在角色扮演过程中所表现出来的行为风格、人际交往技巧、对突发事件的应变能力、思维的敏捷性等。第三，其他。包括被测试者在扮演指定角色处理问题的过程中所表现出来的决策、问题解决、指挥、控制、协调等管理能力。

3. 无领导小组讨论

无领导小组讨论是指由一组应试者组成一个临时工作小组，讨论给定的问题，并做出决策。由于这个小组是临时拼凑的，并不指定谁是负责人，目的就在于考察应试者的表现，尤其是看谁会从中脱颖而出，但并不是一定要成为领导者，因为那需要真正的能力与信心，还有十足的把握。

无领导小组讨论是评价中心技术中经常使用的一种测评技术，采用情景模拟的方式对考生进行集体面试。它通过一定数目的考生组成一组（5～7人），进行一小时左右时间的与工作有关问题的讨论，讨论过程中不指定谁是领导，也不指定被测试者应坐的位置，让被测试者自行安排组织，评价者来观测考生的组织协调能力、口头表达能力、辩论的说服能力等各方面的能力和素质是否达到拟任岗位的要求，以及自信程度、进取心、情绪稳定性、反应灵活性等个性特点是否符合拟任岗位的团体气氛，由此来综合评价考生之间的差别。

习　　　题

一、复习思考题

1. 比较内外部招聘渠道的优缺点。

2. 面试的误区有哪些？

3. 人员素质测评包括哪些内容？

4. 评价中心的常用技术有哪几种？

二、案例分析题

📖 **案例分析**

著名企业招聘面试题精选

1. 我们为什么要聘用你？

答案：（测试你的沉静与自信。）给一个简短、有礼貌的回答："我能做好我要做的事情"、"我相信自己，我想得到这份工作"。

2. 为什么你想到这里来工作？

答案：（这应该是你喜爱的题目。）因为你在此前进行了大量的准备，你了解这家公司。组织几个原因，最好是简短而切合实际的。

3. 这个职位最吸引你的是什么？

答案：（这是一个表现你对这个公司、这份工作看法的机会。）回答应使考官确认你具备他要求的素质。

4. 你是否喜欢你老板的职位？

答案：回答当然是"YES"，如你不满意，可补充："当我有这个评测能力时"或"有这样一个空缺时吧"。

5. 你是否愿意去公司派你去的那个地方？

答案：如果你回答"NO"，你可能会因此而失掉这份工作，记住：你被录用后你可以和公司就这个问题再行谈判。

6. 谁曾经给你最大的影响？

答案：选一个名字即可，最好是你过去的老师等，再简短准备几句说明为什么。

7. 你将在这家公司呆多久？

答案：回答这样的问题，你该持有一种明确的态度，即能呆多久就呆多久，尽可能长，"我在这里继续学习和完善自己。"

8. 什么是你最大的成就？

答案：准备一两个成功的小故事。

9. 你能提供一些参考证明吗？

答案：你该准备好一些相关的整洁的打印件，并有现在的电话和地址。

10. 从现在开始算，未来的五年，你想自己成为什么样子？或者：告诉我你事业的目标。

答案：回答一定要得体，根据你的能力和经历。

11. 你有和这份工作相关的训练或品质吗？

答案：说明要短，举两三个最重要的品质，要有事实依据。

12. 导致你成功的因素是什么？

答案：回答要短，让考官自己去探究，比如只一句话："我喜欢挑战性的工作。"

13. 你最低的薪金要求是多少？

答案：（这是必不可少的问题，因为你和你的考官出于不同考虑都十分关心它。）你聪明的做法是：不做正面回答。强调你最感兴趣的是这个机遇和挑战并存的工作，避免讨论经济上的报酬，直到你被雇用为止。

14. 你还有什么问题吗？

答案：你必须回答"当然"。你要准备通过你的发问，了解更多关于这家公司、这次面试、这份工作的信息。假如你笑笑说"没有"（心里想着终于结束了，长长吐了口气），那才是犯了一个大错误。这往往被理解为你对该公司、对这份工作没有太深厚的兴趣。其次，从最实际的考虑出发，你难道不想听话听音敲打一下考官，推断一下自己入围有几成希望？

15. 为什么你是这份工作的最佳人选？A. 我干过不少这种职位，我的经验将帮助我胜任这一岗位。B. 我干什么都很出色。C. 通过我们之间的交流，我觉得这里是一个很好的工作地点。D. 你们需要可以生产出"效益"的人，而我的背景和经验……

答案：A. 错误。经验是好的，但"很多相同职位"也许更让人觉得你并不总能保证很好的表现。B. 错误。很自信的回答，但是过于傲慢。对于这种问题合适的案例和谦虚更重要。C. 错误。这对雇主来说是一个很好的恭维，但是过于自我为中心了，答非所问。应该指出你能为雇主提供什么。D. 最佳答案。回答问题并提供案例支持在这里是最好的策略。

16. 如果你被问到一个判断性问题，例如：你有没有创造性？你能不能在压力下工作？最好的答案是什么？A. 回答"是"或"否"。B. 回答"是"或"否"，并给出一个具体的例子。C. 回答"是"或"否"，并做进一步的解释。

答案：A. 错误。没有支持的答案总是显得不可信。即使是这种只需要回答"是"或"否"的问题，也需要具体的解释。B. 最佳答案。一个简短的具体案例可以很好地支持你的答案，同时，也能表明你的自信和真诚。C. 错误。具体案例可以更简单有力地说明你的能力。在解释的时候，人们往往会跑题，夹杂不清。同时，最好不要用"应聘指南"之类的"经典"套话，那会让你像个"职业"应聘的。

17. 描述一下你自己。A. 列举自己的个人经历，业余兴趣爱好等。B. 大肆宣扬一下自己良好的品德和工作习惯。C. 列举三个自己的性格与成就的具体案例。

答案：A. 错误。一般来说，招聘者更想通过这个问题了解你的习惯和行为方式。个人的详细资料对他们来说没有任何意义。B. 自大并不能让你从竞争中脱颖而出。回答完问题以后，你必须得到招聘者的信任并让他/她记住你。这样的宣扬并不成功。C. 最佳答案。案例是你能力最好的证据。一个清晰、简明、有力的案例能让你从人群中脱颖而出，给招聘者留下好印象。因此，在面试以前最好考虑一下这份工作需要自己什么样的品质，做好准备。

第六章 绩 效 管 理

————— 学习重点和要点 —————

（1）了解绩效的含义和性质，绩效管理的目的、功能和流程。
（2）知道绩效管理系统设计的程序、内容和公平性要求。
（3）掌握绩效评价指标评定的 SMART 原则和六种常用方法。

导入案例

绩效考核的导向

这是历史上一个制度建设的著名例证。18 世纪末期，英国政府决定把犯了罪的英国人统统发配到澳洲去。一些私人船主承包从英国往澳洲大规模地运送犯人的工作。英国政府实行的办法是以上船的犯人数支付船主费用。当时那些运送犯人的船只大多是一些很破旧的货船改装的，船上设备简陋，没有什么医疗药品，更没有医生。船主为了牟取暴利，尽可能地多装人，致使船上的生活条件十分恶劣。一旦船只离开了岸，船主按人数拿到了政府的钱，对于这些人是否能远涉重洋活着到达澳洲就不管不问了。有些船主为了降低费用，甚至故意断水断食。3 年以后，英国政府发现：运往澳洲的犯人在船上的死亡率达 12%，其中最严重的一次，一艘船上 424 个犯人死了 158 个，死亡率高达 37%。英国政府花费了大笔资金，却没能达到大批移民的目的。

英国政府想了很多办法。每一艘船上都派一名政府官员监督，再派一名医生负责犯人和医疗卫生，同时对犯人在船上的生活标准做了硬性规定。但是，死亡率不仅没有降下来，有的船上的监督官员和医生竟然也不明不白地死了。原来一些船主为了贪图暴利，贿赂官员。如果官员不同流合污就被扔到大海里喂鱼了。政府支出了监督费用，却照常死人。政府又采取新办法，把船主都召集起来进行教育培训，教育他们要珍惜生命，要理解去澳洲开发是为了英国的长远大计，不要把金钱看得比生命还重要。但是情况依然没有好转，死亡率一直居高不下。

一位英国议员认为是那些私人船主钻了制度的空子。而制度的缺陷在于政府给予船主报酬是以上船人数来计算的。他提出从改变制度开始：政府以到澳洲上岸的人数为准计算报酬，不论你在英国上船装多少人，到了澳洲上岸的时候再清点人数支付报酬。这样一来，问题迎刃而解。船主主动请医生跟船，在船上准备药品，改善生活，尽可能地让每一个上船的人都健康地到达澳洲。因为一个人就意味着一份收入。自从实行上岸计数的办法以后，船上的死亡率降到了 1% 以下。有些运载几百人的船只经过几个月的航行竟然没有一个人死亡。

这个故事告诉我们，绩效考核的导向作用很重要，企业的绩效导向决定了员工的行为方式。如果企业认为绩效考核是惩罚员工的工具，那么员工的行为就是避免犯错，而忽视创造性，就不能给企业带来战略性增长，那么企业的目标就无法达成；如果企业的绩效导向是组织目标的达成，那么员工的行为就趋于与组织目标保持一致，分解组织目标，理解上级意图，并制定切实可行的计划，与经理达成绩效合作伙伴，在经理的帮助下，不断改善，最终支持组织目标的达成。

第一节　绩 效 管 理 概 述

一、绩效管理概念

（一）绩效管理的含义

绩效，从管理学的角度看，包括个人绩效和组织绩效两个方面。

绩即业绩，体现企业的利润目标、目标管理和职责要求。目标管理是将企业的目标和个人目标合二为一的。目标管理能保证企业向着正确的战略目标前进，实现目标或者超额完成目标可以给予员工奖励，比如奖金、提成、效益工资等；职责要求就是对员工日常工作的要求，比如业务员除了完成销售目标外，还要做新客户开发、市场分析报告等工作，对这些职责工作也有要求，这个要求的体现形式就是工资。

效就是效率、效果、态度、品行、行为、方法、方式。效是一种行为，体现企业的管理成熟度。效又包括纪律和品行两方面，纪律包括企业的规章制度、规范等，纪律严明的员工可以得到荣誉和肯定；品行是指个人的行为，只有业绩突出且品行优秀的人员才能够得到晋升和重用。绩效是指完成工作的效率与效能。有人认为绩效是指那种经过评估的工作行为、方式及其结果，更多的人认为绩效是指员工的工作结果，是对企业的目标达成具有效益、贡献的部分，在企业的管理中常被用在人力资源的研究评估中。

绩效可以从工作行为和工作结果两个角度来定义。从工作结果的角度来理解，绩效是指在特定的时间内，由特定的工作职能或活动的输出；从行为角度来说，即人们所做的同组织目标相关的、可观测的工作和可评价的行为。对组织而言，绩效是指任务完成的数量、质量及效率等；对员工个人而言，绩效则是指上级和同事对自己工作状况的评价。因此，绩效是指对应职位的工作职责所达到的阶段性结果及其过程中可评价的行为表现。

绩效评估是一项管理人员对下属执行的程序（可以根据组织背景以月、季、半年或一年为单位进行），其设计目的是帮助员工了解其职责、目标、期望和绩效。

绩效管理是管理者与员工之间就目标与如何实现目标达成共识的基础上，通过激励帮助员工取得优异绩效从而实现组织目标的管理方法。绩效管理的目的在于通过激发员工的工作热情和提高员工的能力和素质，以达到改善公司绩效的效果。绩效管理流程是各级管理者和员工为了达到组织目标共同参与的绩效计划制定、绩效辅导沟通、绩效考核评价、绩效结果应用、绩效目标提升的持续循环过程，绩效管理的目的是持续提升个人、部门和组织的绩效。

（二）绩效的性质

1. 多因性

绩效的多因性是指绩效受到主、客观因素和组织内、外环境诸多因素的影响。组织内部环境主观因素主要是指员工的活力如工作状态或工作积极性与主动性、素质、技能和创造能力；客观因素指组织为员工工作提供的内部客观环境条件如物质性和非物质性的各种条件；组织外部的客观社会环境条件诸如社会政治、经济状态、社会风气、市场竞争强度等等。

2. 多维性

绩效的多维性是指应当从多个角度或方面去分析和考评绩效。不同岗位上的员工，其绩效重点各有侧重。因此在对其绩效进行评估时，必须在坚持全面评估、综合分析的前提下，依据评估的具体目的、要求和特定职位的工作性质与特点突出重点，才能得出比较全面、正确的评估结论。

3. 动态性

绩效总是员工在特定时期内的工作行为中表现出来的个人特性和工作的结果，从而员工个人的绩效在不同时期会有所变化，有所差别。这就要求进行绩效评估时，应以发展变化的观点来看待绩效，并对衡量绩效的评估标准进行适时的调整和修改，使之适应新情况。

二、绩效管理的目的与功能

（一）绩效管理的目的

1. 战略目的

绩效管理的过程就是在组织战略目标的指导下，对组织所要达成的战略目标进行具体分解，而分解的目标与组织各个层次上的岗位相对应，同时对每个岗位实现目标的方法、途径及能力等方面确定相应评估的标准，这样使组织战略目标化为每个具体岗位可以控制与实现的目标的过程。

2. 管理目的

对组织整体绩效的把握是组织进行战略决策，实现组织具体管理职能的基础。通过绩效管理，可以确定组织整体绩效的实现来自于组织的哪些关键部门、关键岗位和关键个人。这样就为组织做出组织结构调整、薪酬调整、职务晋升、留用或解聘等人力资源决策提供重要依据，同时这也是为保证组织整体绩效提升的重要途径。

3. 开发目的

组织人力资源管理的一个重要功能就是对组织的员工进行合理的开发，并使之真正成为组织保持竞争优势的重要源泉。绩效管理可以对员工的能力、态度、行为等诸方面进行全方位的评估，从而全面地知晓组织员工的素质状况，针对组织战略目标的要求，可以清晰地找出存在的差距。按此组织针对性的开发培训项目，做到有的放矢，提高组织员工开发的合理性与有效性。同时也对组织员工本人产生影响，帮助员工认识自我和确定并实现职业生涯目标。

（二）绩效管理的功能

1. 控制功能

通过绩效管理循环，管理者可以及时纠正偏差，并使工作过程保持合理的数量、质量、进度和协作关系，使各项管理工作能够按计划进行。对员工本人来说，管理者的绩效反馈可以帮助员工进一步认识自己和调整职业发展方向，使员工时时不忘自己的工作职责，并努力实现组织和上级期望的目标。

2. 激励功能

管理者在绩效实施过程中对员工的工作成绩给予及时肯定，在评估后及时反馈结果，这可以让员工获得满足感并强化其正确的行为，激发员工积极性和工作热情。

3. 辅助决策功能

绩效考核的过程就是对员工能力、态度、行为等方面进行合理决策提供了相对客观、公平、全面的评估，为组织员工的晋升、奖惩、调配等提供科学权威的依据。

4. 发展功能

绩效管理的发展功能主要体现在两方面：一方面是组织可以根据评估的结果，优胜劣汰使员工合理流动，保持组织的活力和效率；；另一方面，可以发现员工的优点和缺点，并根据其特点确定培养方向和使用办法，促进个人发展。

5. 沟通功能

沟通贯穿于绩效管理的全过程。在绩效目标的制定、绩效计划的实施和反馈过程中，管理者与员工要充分沟通。绩效沟通提供了上下级交流的机会，可以增进相互的了解，协调矛盾。同时，绩效评价指标和目标可以向各级管理者和员工传递组织的战略目标和关注的重点。

第二节 绩 效 管 理 流 程

绩效管理的过程通常被看作是一个循环的过程，这个循环分为以下 5 个步骤：绩效计划、绩效实施、绩效评估、绩效反馈与面谈以及绩效结果的应用（包括绩效改进和导入、以及其他人力资源管理环节的应用）。如图 6-1 所示。

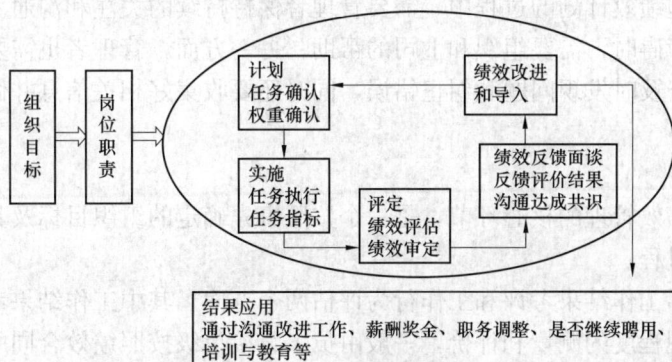

图 6-1 绩效管理流程

一、绩效计划

绩效管理的第一个环节是制定绩效计划，它是绩效管理过程的起点。绩效计划的确定程序基本上可以分为三个步骤：

（一）准备

这一阶段主要是准备相关信息。

1. 从组织管理层面来看，要将组织的整体目标需要进行层层分解，确定好各经营单位和部门各自承担相应的组织绩效目标。

2. 从个人层面来说，要准备员工职位说明所确定的工作绩效目标及上个评估周期的评估结果。

3. 沟通方式的确定和准备，以利于绩效计划的正式确认。

（二）沟通

沟通是绩效计划确定过程的核心环节。为避免员工与经理对绩效标准的理解出现偏差，制定绩效计划需要在双方有效沟通的基础上达成一致意见。

（三）确认

经过认真的准备和充分的沟通之后，形成了初步的绩效计划。最后还需要对绩效计划进行审定和确认，以保证绩效计划完成了以下的结果和目的：

1. 绩效目标和计划与被评估者的工作职责是一致的；

2. 被评估者的工作目标与公司的组织总体目标紧密联系，并且被评估者清楚地知道自己的工作目标与组织的整体目标之间的关系；

3. 评估者和被评估者就被评估者的主要工作任务、各项工作任务的重要程度、完成任务的标准、在完成任务过程中享有的权限都达成了共识；

4. 评估者和被评估者双方都十分清楚在完成工作目标的过程中可能遇到的困难和障碍，并且明确了评估者所能提供的支持和帮助；

5. 形成了一个经过双方确认的文档，该文档中包含员工的工作目标、衡量工作目标完成情况的标准和权重，并且评估者和被评估者都在这份文档上签字确认。

二、绩效实施

实施阶段是绩效管理过程中的重要环节，它决定绩效目标能否按计划实现。在管理实践中，许多管理者往往会认为绩效计划已经制定，员工会自然而然地按照计划要求来完成。事实上，员工在实施绩效计划的过程中，需要管理者保持持续的关注和沟通。一方面员工在工作中遇到困难和障碍时，需要组织和上司的帮助；另一方面，管理者也需要经常观测员工的工作表现，以便于及时发现问题和纠正错误，同时还要收集好相关信息并做好记录，为绩效评估做好准备。

三、绩效评估

绩效评估是绩效管理的核心环节，是一个按照事先确定的组织目标及其衡量标准，考查员工绩效情况的过程。

绩效评估包括工作结果考评和工作行为评估两个方面。其中工作结果考评是对考评期内员工工作目标实现程度的测量和评价，一般由员工直接上级按照绩效合同中的标准，对员工的每一个工作目标完成情况进行等级评定。而工作行为考评则是针对员共在绩效周期内表现出来的具体的行为态度来进行评估。

具体说来工作绩效评估包括三个主要步骤：界定工作本身的要求；评价实际的工作绩效；提供反馈。

四、绩效反馈与应用

在绩效评估结束后，管理者应就绩效评估的结果与员工进行面对面的绩效反馈面谈，就绩效周期内员工的工作表现和目标完成情况交换意见，使之明确绩效不足或改进方向以及个人特性和优点，还可以帮助员工更好地确定职业目标和个人发展方向。与此同时，根据绩效评估的结果，还可作为企业绩效薪酬的分配、培训和职位晋升等人力资源决策的依据。绩效评估的结果同时要把绩效反馈与应用落实好，组织应做好以下几方面的工作。

研究表明，若考绩结果得到有效应用，使员工及时改善绩效，则劳动生产率可提高10%～30%，这真不失为一项成本低廉的上策，但这需要管理者和员工共同为此做出努力。

第三节 绩效管理系统设计

不同的企业，他们的组织目标、组织战略和组织文化不同，其绩效管理的任务和方法也会有差异。但是，只有明确绩效管理系统的设计目标，才能确保绩效管理的功能顺利实现。

一、绩效管理系统的设计

建立一个有效的绩效管理系统必须明确下列问题：业绩评价的指导思想是什么？对谁进行业绩评价？采用什么指标进行评价？业绩评价的标准是什么？如何进行业绩评价？由谁来进行业绩评价？何时进行业绩评价？以及如何防范评价中可能产生的误差等。

绩效管理系统设计的程序和内容。如表6-1所示。

表6-1 绩效管理系统设计的程序和内容

程序	内容
1. 明确业绩评价的指导思想	企业战略目标如何规定与分解。这是明确业绩评价的出发点，而要从企业整体战略的角度出发来对业绩评价做出针对性具体的部署；明确业绩评价的目的与意义。应从企业整体绩效的提升，企业战略的实现角度来认识业绩评价的意义，避免评价的各自为政，不公正的现象
2. 确定评价对象	员工个体还是组织整体，这决定了业绩评价指标的确定和评价方法的选择
3. 选择评价指标	员工业绩评价不仅要对员工的工作结果、工作行为测量，也要对员工的个人特征进行评价，还要考虑企业目标和外部环境对员工业绩的影响。反映了业绩形成的过程和影响因素
4. 确定评价标准	合理的业绩评价标准应该具有 SMART 特征
5. 选择评价方法	评价方法是否有效取决于该方法与工作的相关性、可靠性、适应性、客观性以及成本；取决于该方法提供的信息是否能满足绩效管理的需要；取决于管理者和员工的共同参与度
6. 确定评价者	由谁来对被评价者的工作业绩进行评价，对评价信息的来源渠道及其有效性有着一定的影响
7. 确定评价周期	企业可以根据绩效管理的需要、工作任务的完成周期，以及员工的工作性质决定业绩评价的周期
8. 防范评价误差	影响评价结果的因素涉及到主观和客观两个方面，很难完全消除，其中因主观因素尤其是考评者心理弊病而产生的考绩误差应引起考评者的高度重视，尽力做到事先控制

二、绩效管理系统的公平性

企业绩效管理系统的可接受性在很大程度上取决于企业成员对它公平性的认可。公平的绩效管理系统意味着程序公平、人际公平、结果公平，其含义为：

1. 程序公平：与系统开发有关。要给管理者和员工参与绩效管理系统设计过程的机会。在对不同员工进行评价时，采用一致性的标准。这对绩效管理系统的开发具有重要意义。

2. 人际公平：与系统使用有关。要使评价者的误差和偏见减少到最低程度及时、全面的反馈，允许员工对绩效评价的结果提出质疑，在尊重和友好的氛围中提供评价结果反馈。

3. 结果公平：在系统结果输出有关。要就绩效评价内容和标准与员工沟通，使其了解组织的期望；就报酬问题与员工沟通，使其了解自己能从组织中得到什么。

第四节　绩 效 评 价 方 法

绩效评价是绩效管理过程中关键的一环，而选择合适的评价方法是关系到绩效评价是否取得满意效果的关键。

绩效评价指标评定应采用 SMART 原则：

S——具体性（Specific）原则，意思指目标必须是具体的，可以理解的，能够让员工明确具体要做什么或者完成什么。

M——可度量性（Measurable）原则，意思指目标是可以度量的，员工知道如何衡量自己的工作结果。

A——可接受性（Attainable）原则，意思指目标是可以实现的，可以达到的，没有超出员工的实际能力范围。

R——可实现性（Realistic）原则，意思是指目标是现实的，员工知道绩效符合公司实际情况并且是可以证明与观察的。

T——时效性（Time - bound）原则，意思指目标实现是有时间限制的，员工应该在什么时间完成工作。

从绩效评价的内容上分可以将业绩评价方法分为员工特征导向的评价方法、员工行为导向和员工结果导向的评价方法三种类型。一般情况下，在进行员工业绩评价时，常常三种方法结合使用，以便获得多方面的评估信息，提高绩效考核的信度和效度，满足不同的绩效评价需要。评估类型与评估方法，如表 6 - 2 所示。

表 6 - 2　　　　　　　　　　　评估类型与评估方法

评估类型	评估方法
行为导向型主观评估法	1. 排列法；2. 选择排列法；3. 成对比较法；4. 强制分布法
行为导向型客观评估法	1. 关键事件法；2. 行为锚定等级评价法；3. 行为观察法；4. 加权选择时表法
结果导向型评估法	1. 目标管理法；2. 绩效标准法；3. 直接指标法；4. 成绩记录法
综合法	1. 行为锚定等级评定法；2. 360 度考评法；3. KPI 法；4. 平衡记分卡法

从绩效评价的方法体系上分，可将绩效考核分为定性考核方法体系与定量考核方法体系。随着人力资源管理不断精细化、数字化的发展，定量考核方法体系越来越受到组织的重视。绩效评价方法体系与评估方法，如表 6 - 3 所示。

表 6 - 3　　　　　　　　　　　绩效评价方法体系与评估方法

绩效评价方法体系	评估方法
定量考核方法体系	1. 目标管理法；2. 标杆超越法；3. 关键事件记录法；4. 关键业绩指标法（KPI）；5. 平衡计分卡法
定性考核方法体系	1. 排序法（简单排序法、交替排序法、对偶比较法、强制分布法）；2. 等级评定法（职责等级评定法、行为锚定法）；3. 360 度绩效考核法

由于评价方法比较多，本节重点介绍排序法、行为锚定等级评定法、关键事件法、360度考评法、关键绩效指标法和平衡记分卡法等目前在企业当中常用的方法。

一、排序法

排序法是指根据被评估员工的工作绩效进行比较，从而确定每一员工的相对等级或名次。比较标准可根据员工绩效的某一方面如：出勤率、事故率、优质品率等确定，一般情况下是根据员工的总体工作绩效进行综合比较。

（一）简单排序法

简单排序法是指管理者把本部门的所有员工从绩效最高者到绩效最低者（或从最好者到最差者）进行排序。

（二）交替排序法

交替排序法则是指管理者对被评估员工的名单进行审查后，从中找出工作绩效最好的员工列为第一名，并将其的名字从名单上划去。然后从剩下的名单中找出工作绩效最差的员工排为最后一名，也把其名字从名单中划去。随后，在剩下的员工中管理者再找出一名工作绩效最好的员工将其排为第二名，找出一名最差的员工列为倒数第二名，以此类推，直到将所有的员工排序完。

（三）对偶比较法

也称配对比较法，是管理者将每一位员工与工作群体中的所有其他每一位员工进行一对一的两两比较，被认为是绩效更为优秀者，那么此人将得到 1 分。按以上方法比较剩余员工。然后根据员工所获分数将员工进行排序。

配对比较法对于管理者来说是一项很花时间的绩效评价方法，并且随着组织变得越来越扁平化，控制幅度越来越大，这种方法会变得更加耗费时间。

如果需对 n 个员工进行评估则需进行 $n(n-1)/2$ 次的比较。例如，一位手下只有 10 个员工的管理人员必须进行 45 次比较。然而，如果这一工作群体的人数上升到 15 人，则这位管理者所必须进行的比较次数就上升到了 105 次。

【例 6-1】 某公司年终绩效考核方法采用对偶比较法，员工的对偶比较表，如表 6-4 所示，据此得出的评估结果，如表 6-5 所示。

表 6-4　　　　　　　　　　　员工对偶比较表

员工姓名	A	B	C	D	E
A	—	1	1	1	1
B	0	—	1	1	1
C	0	0	—	1	1
D	0	0	0	—	1
E	0	0	0	0	—

表 6-5　　　　　　　　　　　对偶比较的评估结果

员工姓名	配对比较胜出次数	名次
E	4	1
D	3	2
C	2	3
B	1	4
A	0	5

（四）强制分布法

强制分布法就是将员工的工作业绩进行比较后排序，再按照其业绩的优劣程度强制将其列入某一业绩等级中。通常将业绩分成优秀、良好、一般、合格、不合格五个等级，分布基本符合正态分布规律，即每个等级有一定的比例限制，如：如图 6-2 所示（优秀 5%，良好 20%，一般 50%，合格 20%，不合格 5%）。

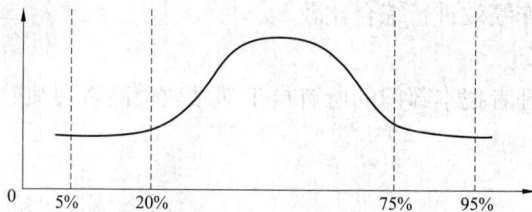

图 6-2　业绩强制分布形态

（五）排序法的优缺点

排序法的优缺点如表 6-6 所示。

表 6-6　排序法优缺点

优点	缺点
1. 比较容易识别好绩效和差绩效的员工 2. 如果按照要素细分进行评估，可以清晰的看到某个员工在某方面的不足，利于绩效面谈和改进 3. 适合人数较少的组织或团队，如某个工作小组和项目小组	1. 如果需要评估的人数较多，超过 20 人以上时，此种排序工作比较烦琐 2. 严格的名次界定会给员工造成不好的印象，最好和最差比较容易确定 3. 中间名次是比较模糊和难以确定的，不如等级划分那样比较容易使人接受

二、行为锚定等级评定法

（一）行为锚定等级评估法定义

行为锚定等级评估法的目的主要是，通过建立与不同绩效水平相联系的行为锚定来对绩效维度加以具体的界定。它为每个评估项目都设计一个评分量表，并使典型的行为描述与量表上的一定的等级评分标准相对应，以供评估者在评估员工的工作绩效时作为参考。典型的行为锚定等级评估量表包括 7 个或 8 个个人特征，被称作"维度"。每一个都被一个 7 分或 9 分的量表加以锚定，行为锚定等级评估量表是用反映不同绩效水平的具体工作行为的例子来锚定每个特征。

【例 6-2】　评价大学教师的绩效标准之一就是课堂教学技能，教学技能分为 7 个维度，每个维度都有明确的定义。在评定时，应当按照某教师的日常教学技能表现在 7 个维度中选择最符合的情况。如图 6-3 所示。

图 6-3　行为锚定等级评定法教学技能评分量表

从图6-3中我们可以看到，在同一个绩效维度中存在着一系列的行为事例，每一种行为事例分别表示这一维度中的一种特定绩效水平。

（二）行为锚定式评定量表的设计过程

主要需经历以下几个步骤：

1. 搜集大量的工作中与绩效有关的事件。

2. 专家评议出能够清楚地代表某一特定绩效水平的事件作为指导评估员工工作绩效的行为事例的标准。

3. 将这些事件划分为不同的绩效维度，对每一维度进行定义。

4. 为每一维度开发一个评定量表，用这些行为作为"锚"来定义量表上的评分。

管理者的任务就是根据每一个绩效维度来分别考察员工的绩效，然后以行为锚定为指导来确定在每一绩效维度中的哪些事例与员工的情况最为相符的。这种评价就成为员工在这一绩效维度上的得分。

（三）行为锚定等级评定法的优缺点

行为锚定等级评定法的优缺点如表6-7所示。

表6-7 行为锚定等级评定法的优缺点

优点	缺点
1. 它可以通过提供一种精确、完整的绩效维度定义来提高评估者信度 2. 绩效评估的反馈有利于员工明确自己工作中存在的问题从而加以改进	1. 由于那些与行为锚定最为近似的行为是最容易被回忆起来，因此它在信息回忆方面存在偏见 2. 管理者在使用过程中容易和特性评估法混淆

三、关键事件法

（一）关键事件法定义

关键事件法是与被考评者的关键绩效指标有关的事件，管理者将每一位员工在工作中所表现出来的代表有效绩效与无效绩效的优良行为和不良行为的具体事例记录下来并在预定的时期内进行回顾考评的一种方法。

这种方法的使用要求在管理的过程中，企业应为每一个员工准备一本记事本，由管理人员或负责评估的人员将员工每日工作中的关键事件随时记录下来。所记录的事情既可从是好事也可从是坏事，但必须是比较突出且与工作绩效相关的。对关键事件的评估，让员工清楚地知道自己哪些方面做得好、哪些方面做得不好，有助于员工改进自己的工作行为。此外，在使用关键事件法时还可以通过重点强调那些能够最好地支持组织战略的关键事件而与组织的战略紧密联系起来。

【例6-3】 王林是一家公司的销售员，李志光是他的销售代表。一天，李经理路过王林的座位时，正巧遇到王林在给公司客户打电话。他在询问客户使用产品的情况："您觉得××型号设备用起来怎么样啊？""你觉得我们的产品还有哪些需要改进的方面吗？""除了我们的产品，您还用过其他品牌的产品吗？他们在哪些方面比我们好？"王林认真地记录下客户的意见。与此同时公司的另一位销售代表却正用办公电话给女朋友煲电话粥。过了几天，一份整理完好的客户意见调查报告就呈现在李经理的办公桌上。李志光发现，王林详细地对客户使用产品的意见进行了总结和归类，并且有自己的分析意见，这些意见对于产品改进很有参考价值。李经理暗暗给他们都记了一笔账。王林关键事件记录表，如表 6-8 所示。

表 6-8　　　　　　　　　　　　王林关键事件记录表

行为者：王林	行为发生地点：办公室
观察者：李志光	行为发生时间：2009.10.5

| 事件发生现象：王林电话详细询问客户使用××型号设备的情况，咨询同类产品使用比较，认真记录客户意见。
事件行为结果：提交客户意见调查报告，具有很强参考价值（2009.10.15 日补录）；
客户对王林的印象良好（2009.10.20 补录） | |

| 记录者：李志光 | 时间：2009.10.6 |

（二）关键事件法优缺点

关键事件法优缺点如表 6-9 所示。

表 6-9　　　　　　　　　　　　关键事件法优缺点

优点	缺点
1. 行为可观察、可测量； 2. 通过这种职务分析可以确定行为的任何可能的利益和作用； 3. 提供向下属人员解释绩效评价结果提供了一些确切的事实证据	1. 费时，需要花大量的时间去搜集那些关键事件，并加以概括和分类； 2. 关键事件的记录遗漏了平均绩效水平； 3. 不能完成全面的岗位分析工作

四、360 度考评法

（一）360 度考评法定义

360 度考评法又可称为"多源考评"或"多评价者考评"，不同于以往由上级主管评定下属的传统评估方式，在这一模式中评价者不仅仅是被考评者的上级，还可能是同事、下属、客户等，还包括被考评者本人。因此，这是一种从不同层面的群体中收集考评信息，并最终将考评结果反馈给被考评者本人的考评方法。表 6-10 反映了不同的业绩信息来源在业绩评价过程中的应用。表 6-11 反映了不同信息来源在业绩评价中的应用频率。

表 6-10　　　　　　　　不同的业绩信息来源在业绩评价过程中的应用情况

考评主体	考评重点	重要性	可能存在偏差
上级主管	下属的工作性质、工作任务、业绩标准，工作能力、工作态度和工作表现	员工业绩评价的主要承担者	可能没有足够的时间和机会去监督下属的工作；个人偏好或偏见；过分强调业绩，忽略其他
同事	有更多机会从不同角度观察和了解被评价者的日常工作活动	有效的业绩评价信息来源	存在某种竞争影响评价的公正性和有效性；个人感情问题造成评价的偏差
下属	对其上级的领导能力、管理作风、业务水平等有最直接了解	有价值的业绩评价信息	有些管理人员关注员工的满意度，忽略工作效率或企业目标的实现
自我评价	使员工思考其工作态度、工作表现和工作结果，促进他们业绩的改善和提高	评估的一项重要内容	员工对考评内容和标准的理解存在偏差，常夸大自己的工作业绩，对不良业绩寻找客观原因
客户评价	顾客对企业或其他部门服务的满意度	业绩评价的重要依据	不能全面评价员工的业绩；可能存在比较大的主观原因

表 6 - 11		不同信息来源在业绩评价中的应用频率			
用途	绩效信息来源				
	上级	同事	下属	本人	顾客
与任务有关的行为结果	偶尔 经常	经常 经常	很少 偶尔	总是 经常	经常 经常
与人际关系有关的行为结果	偶尔 经常	经常 经常	经常 经常	总是 经常	经常 经常

资料来源：［美］雷蒙德·A.诺伊.人力资源管理。

另外，值得注意的是，不同评价信息来源在使用中所赋予的权重应有所区别。图 6 - 4 表示的是不同评价来源应赋予的权重。一般来说权限设置原则为：$n1 > n2 > n4 > n5 > n3$。

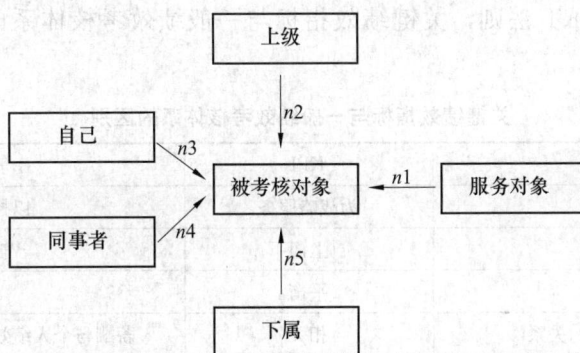

图 6 - 4　360 度绩效考核权值

360 度考评方式是一种适应时代要求而产生的新型评估方式。据调查，在《财富》杂志排名前 1000 位的企业中，已有 90% 的企业在使用不同形式的 360 度考评系统。美国能源部、IBM、摩托罗拉、诺基亚、福特等都把 360 度考评法用于人力资源管理和开发。

（二）360 度绩效评估主要特点

1. 全方位

360 度考评法的评价者来自企业的不同层面，可以对被考评者进行更深入、全面的多角度的评价。

2. 基于胜任特征

胜任特征是指能将某一工作中表现优秀者与表现一般者区分开来的个体潜在的深层次特征。它是工作行为设计的依据。360 度考评法中的评价要素的设计依据正是各职位的胜任特征评价模型。

3. 评价的客观性

360 度考评法为了保证考评结果的可靠性，减少评价者的顾虑，一般采用匿名的方法，从而达到减少个人偏见及评分误差的效果。同时，为了使参与评价的人员能够客观地进行评价，还要进行专门的评分方法的训练。

表 6 - 12　　　　　　　　　　　　　360 度绩效评估优缺点

优点	缺点
1. 方法比较简单，可操作性强； 2. 多方参评，评估结果更加全面、准确、民主； 3. 信息量大，管理者可获得更多一手资料	1. 参与面大，增加系统复杂性； 2. 参评个体的主观性大； 3. 小团体倾向可能使评估有失公正； 4. 收集信息的成本高

五、关键绩效指标法

（一）关键绩效指标的定义

关键绩效指标（简称 KPI）是用于沟通和评估被评价者绩效的定量化或行为化的标准体系，定量化和行为化是关键绩效指标的两个基本特征。它体现了对企业目标有增值作用的绩效评估标准。KPI 包括企业级 KPI、部门级 KPI 和每个岗位的业绩指标。KPI 评估指标设计设定必须遵守 SMART 法则，关键绩效指标与一般绩效考核体系的区别，如表 6 - 13 所示。

表 6 - 13　　　　　　　　　　关键绩效指标与一般绩效考核体系的区别

项目	KPI	一般绩效考核
考核目的	为战略服务	以控制为目的
指标来源	自上而下	自下而上
构成	平衡	不平衡
薪酬、绩效与战略的关系	相关	薪酬与个人绩效相关，与战略不相关

（二）关键绩效指标的特点

1. 是企业实现战略目标的关键领域；

2. 集中测量企业所需要的行为；

3. 将企业的战略目标转化为明确的行动内容；

4. 确保各层各类员工努力方向的一致性；

5. 上级与员工共同参与完成。

【例 6 - 4】　某公司区域销售经理岗位的目标管理考核中的关键考核指标，如表 6 - 14 所示。

表 6 - 14　　　　　　　　　　　某公司区域销售经理 KPI 目标

KPI 无效目标	KPI 有效目标
按时完成对西北区的货款回收工作	销售部必须在 2001 年 12 月 30 日前，全面完成对西北区的货款回收工作（货款回收率 100%）
降低货款回收周期	2002 年，货款回收周期从 2001 年的平均 80 天降低到平均 60 天
交货准时率要比上季度提高	2002 年第四季度交货准时率比第三季度提高 2%

六、平衡记分卡法

平衡计分卡（Balanced Score Card），源自哈佛大学教授 Robert Kaplan 与诺朗顿研究院（Nolan Norton Institute）的执行长 David Norton 对于业绩评价方面处于领先地位的 12 家公司进行了为期一年的调查研究，力图寻求一种未来组织绩效衡量方法超越传统以财务量度为主的绩效评价模式，以使组织的策略能够转变为行动。经过将近 20 年的发展，平衡计分卡已经发展为集团战略管理的工具，在集团战略规划与执行管理方面发挥非常重要的作用。

（一）平衡记分卡的核心思想及作用

平衡记分卡的核心思想就是通过财务、客户、内部经营过程、学习与成长四个方面指标之间相互驱动的因果关系展现组织的战略轨迹，实现绩效考核-绩效改进以及战略实施-战略修正的目标。图 6-6 为平衡记分卡的绩效评价系统。

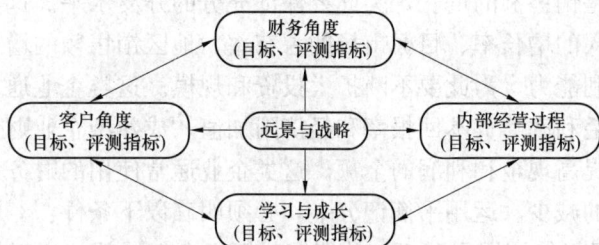

图 6-5 平衡记分卡绩效评价系统

1. 客户视角：通过客户如何感觉公司提供的价值来测量绩效

客户应该处于最优先的地位，因为无论是学习与成长，还是内部经营过程，企业创造的价值只有在得到客户认可时才有意义。对于公司在客户方面的业绩可以从以下五个方面进行评价，如表 6-15 所示。

表 6-15 客户角度的业绩评价

评价指标	评价内容
市场份额	反映了业务部门销售市场上的业务比例（以客户数量或售出的数量来计算）
客户获得率	从绝对或相对意义上，评估业务部门或赢得新客户或业务的比例
客户留住率	从绝对或相对意义上，记录业务部门保留或维持同客户现有关系的比例
顾客满意程度	根据价值范围内的具体业绩标准来评价客户的满意程度
利润率	扣除支持某一客户所需的开支，评估一个客户或一个部门的净利润

2. 内部经营过程视角：衡量公司创造价值程序的有效性

只有有效的管理程序才能使公司保持竞争能力或变成具有竞争能力的公司。内部业务角度的测评指标通常包括：相对竞争对手的生产率，用于测评技术能力目标的实现程度；循环周期、成本报酬率，用于追求制造水平的卓越性的目标的实现程度；新产品实际引入速度与计划速度的差异，用于评价新产品引入业务的目标实现程度。

3. 学习与创新视角：计量公司推出新产品、新服务和新生产技艺的频度

激烈的全球性竞争要求公司不断改进现有产品和程序，在引入新产品方面具有巨大的潜力。由于人是创新能动性的根源，所以这个指标必然与公司员工密切联系。为了能够提高公司的创新能力，必须激发员工的积极性和提高员工的素质。员工的积极性与公司提供给员工的奖励、福利等有关；提高员工的素质既包括文化素质，如内部伙伴关系、团队精神、知识共享，也包括个人综合素质，如领导能力、技能、技术应用能力，这些都离不开公司有效的培训机制。

4. 财务视角：测量盈亏底线

财务视角的指标包括增长率、投资回报率及其他传统的经济指标。虽然财务指标的及时性和可靠性受到质疑，但是财务指标不会被其他指标完全取代，原因有两点。首先，精心设计的财务控制系统，确实能增强而不是阻碍组织的总体管理规划。第二，也是最重要的，经营绩效的改善与财务上的成功两者之间虽然存在联系，但是这种联系存在着很多不确定性。

不同类型的企业的财务目标不同，因此在确定财务评价指标时也有不同的选择。成长性企业财务目标的重点是销售额的增长，为此要保证充分的开支水平。这类企业通常的财务业绩评价指标为销售收入的增长率、目标市场的占有率、地区销售额的增长率等。稳定性企业财务目标的重点是获利能力，为此要不断扩大投资和规模。这类企业通常使用的财务业绩评价指标为经营收入、毛利率、资本回报率和经济附加值。成熟型企业财务目标的重点是现金净流量，为此要不断提高现金和利润的金额。这类企业通常使用的财务业绩评价指标为现金流量、营运资本占用的减少。运用平衡记分卡，必须明确以下条件：

（1）组织的战略目标能够层层分解，并能够与组织内部的部门、工作组、个人的目标达成一致，其中个人利益能够服从组织的整体利益。

（2）记分卡所揭示的四个方面指标之间存在明确的因果驱动关系。但是针对不同类别的职位系列或者针对不同职位类别的个人的绩效标准确定却并不一定涵盖这四个方面的指标。

（二）平衡记分卡的基本程序

平衡记分卡的基本程序。包括四个步骤，如图 6-6 所示。

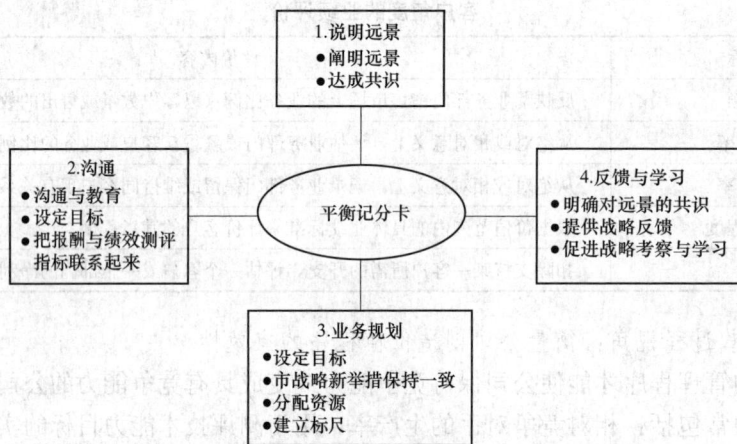

图 6-6　平衡记分卡的基本程序

1. 说明远景。它有助于经理们就组织的使命和战略达成共识。

2. 沟通。各级经理能在组织中就战略要求进行上下沟通，并把它与各部门及个人的目标联系起来。

3. 业务规划。它使公司能实现业务计划与财务计划的一体化。

4. 反馈与学习。它赋予公司一项称之为战略性学习的能力。

（三）平衡计分卡法优缺点

平衡计分卡法的优缺点如表 6-16 所示。

表 6-16　　　　　　　　　　　　平衡计分卡法的优缺点

优点	缺点
1. 以公司竞争战略为出发点；2. 全面动态地评估；3. 有效防止次优化行为，避免某一方改进以牺牲另一方效率为代价，使管理人员把近期和远期利益结合；4. 提出具体改进目标	1. 对组织的办公自动化要求高；2. 信息系统的稳定性、灵敏性要求高；3. 对企业管理基础要求比较高，成功实施平衡计分卡不但需要各级管理人员的理解和大力支持，还需要一些配套措施，如经理讨论会、申诉系统等

习　　题

一、复习思考题

1. 什么是绩效管理？

2. 阐述绩效管理的一般流程。

3. 列举绩效考核的方法？它们有哪些优点与不足？

二、计算题

根据表 6-17 中的数据结果，对甲、乙、丙三人进行录用绩效考核分析评估。

表 6-17　　　　　　　　　　　　绩效考核数据

项目	技术	学历	组织计划	宏观决策	解决问题	合作精神
甲	1	1	0.5	0.5	1	0.5
乙	0.5	1	1	0.5	1	0.5
丙	0.5	0.5	1	1	0.5	1
岗位 1 权重	20	15	15	10	20	20
岗位 2 权重	30	10	15	10	20	15
岗位 3 权重	10	15	20	20	15	20

请通过计算回答：（1）在岗位 1 上，确定谁合适？（2）如果重新分配岗位，且每个岗位配置 1 人，确定如何分配？为什么？（3）判断岗位 1、2、3 大体是什么岗位。

三、案例分析题

案例分析 1

赛特购物中心的考评

赛特购物中心 B2（该楼层主要经营家电、日用品等），过去考核员工是把他（她）的销售业绩、卫生环境、柜台陈列、账册管理等方面的情况汇总在一块考评，根据综合考评的结果来发放奖金。这样就可能出现销售业绩单项突出的个别因素，最后综合评价分数不一定高，奖金不一定拿得多，严重影响了员工的积极性。1998 年 9 月份起，中心推出了一套新的改革措施。具体地说，就是首先把总奖金的 40% 提出来，作为销售奖金，按销售业绩排序分档，第一名拿一档；第二名拿二档，以此类推，最后一名，如果是有客观原因（如生病、事假等）而排在最后一名，则可以按序拿最后一名的奖金，如果没有客观原因而排在最后一名，则不能按序拿最后一名的奖金，而是直落到底，拿收底奖金 50 元。其次再把总奖金的 20％提出来，作为销售服务奖，按服务态度分档排序。再其次是拿出总奖金的 5％作为领班奖，奖励领班分配的一些临时性的、不能进入业绩考核的工作。剩下的总奖金的 35％才按过去的办法进行销售、卫生、陈列、账册综合考评。不难看出，新方案与过去最大的不同是突出了员工的销售业绩，并把每个人的业绩摆在明处。

新措施实施后，确实极大地调动了员工销售的积极性，主动迎客热情服务。9、10 月份销售额连续增长 20％。同时也引出了负效应：一些员工争抢销售，在一定程度上影响了团结；如来了顾客，两人同时争着上去迎接介绍情况；顾客要掏钱了，这个说是我先迎上去的，那个说是听了我的介绍他才买的。也有一些员工平时劳动态度好，只因为不善与顾客沟通表达而销售业绩不突出，被排在末档，感到很委屈；排在后面的员工觉得没面子，心理压力较大。

讨论：（1）你是怎样评价这项绩效考评改革措施的负面效应的？（2）为了消除这些负面影响，你认为还有哪些工作需进一步落实。

案例分析2

某公司客户经理的 360 度绩效评估结果

某公司客户部经理的 360 度反馈评估结果如图 6-7 所示，该部门经理的直接主管正准备根据这个结果对其进行绩效面谈。

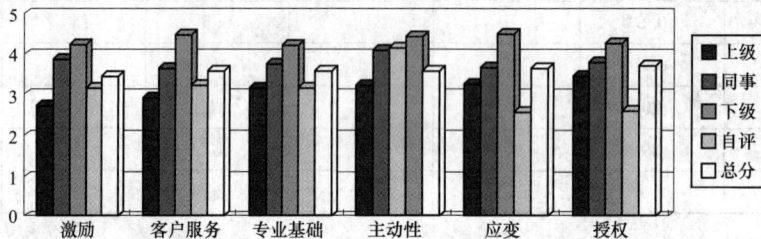

图 6-7　某公司客户部经理 360 度反馈评估结果

某公司客户部经理 360 度绩效评估结果见表 6-18。

表 6-18　　　　　某公司客户部经理 360 度绩效评估结果表

	激励	客户服务	专业基础	主动性	应变	授权
上级评价	2.70	2.90	3.15	3.20	3.25	3.45
同事评价	3.85	3.65	3.75	4.05	3.65	3.80
下级评价	4.20	4.45	4.20	4.15	4.45	4.25
自我评价	3.15	3.20	3.15	4.40	2.55	2.60
总分	3.45	3.55	3.60	3.60	3.65	3.70

讨论：（1）请对 360 度反馈评估的结果进行分析。（2）如果你是市场部经理，针对客户部经理的绩效评估结果，在员工培训与开发方面应提出哪些合理化建议？

案例分析 3

白 铭 的 跳 槽

    白铭在大学毕业后被一家中日合资企业聘为销售员。工作的头两年，他的销售业绩确实不敢让人恭维。但是，随着对业务逐渐熟练，又跟那些零售客户搞熟了，他的销售额就开始逐渐上升。到第三年年底，他根据与同事们的接触，估计自己当属全公司销售员的冠军。不过，公司的政策是不公布每人的销售额，也不鼓励互相比较，所以小白还不能肯定。去年，小白干得特别出色，到 9 月底就完成了全年的销售额，但是经理对此却是没有任何反应。尽管工作上非常顺利，但是小白总是觉得自己的心情不舒畅。最令他烦恼的是，公司从来不告诉大家干得好坏，也从来没有人关注销售员的销售额。

    他听说本市另外两家中美合资的化妆品制造企业都在搞销售竞赛和奖励活动，公司内部还有通讯之类的小报，对销售员的业绩做出评价，让人人都知道每个销售员的销售情况，并且要表扬每季和年度的最佳销售员。想到自己所在公司的做法，小白就十分恼火。上星期，小白主动找到日方的经理，谈了他的想法。不料，日本上司说这是既定政策，而且也正是本公司的文化特色，从而拒绝了他的建议。几天后，令公司领导吃惊的是，小白辞职而去，听说是给挖到另外一家竞争对手那去了。而他辞职的理由也很简单：自己的贡献没有被给予充分的重视，没有得到相应的回报。

    讨论：（1）请评价该公司的考评制度；（2）如你是该公司的销售负责人，你将如何制定销售人员的考核方法？

第七章 薪酬管理

———— 学习重点和要点 ————

（1）了解薪酬的概念与薪酬的原则。

（2）了解企业经营战略与薪酬战略的类型。

（3）掌握职位薪酬体系、职位薪酬体系、绩效薪酬体系、能力薪酬体系的设计方法。

（4）了解结构薪酬体系的内容、五类岗位和特殊人群的工资结构。

（5）知道福利所包含的内容以及福利改进的规划和措施。

导入案例

高科技制造型企业能力薪酬体系设计

某公司是一家中外合资企业，成立于 2000 年，现有员工 2000 多人，销售额 3 个亿，产品销往世界各地。近年来，由于公司高层要对企业进行多元化发展，特请 NN 咨询公司为其进行薪酬体系设计。

目前，公司的管理、技术和业务员工没有系统的工资管理体系，由于公司薪酬向管理层倾斜，公司不重视技术和业务的技能提升和拓展。尤其技术类员工对自己的薪酬不满意，感觉不公平。人力资源未做薪酬体系合理、公平的设计，只是按建立公司时的工资结构向下延续，无员工激励机制，更无职业生涯规划机制。人力资源管理各项制度不完善，导致人员的选、育、用、留不规范，较随意。

NN 咨询公司为公司建立了以能力为轴心的薪酬体系，对管理类、技术类和业务类员工分别设定不同的工资结构和等级，制定了公司薪酬管理制度如下：

公司薪酬管理制度

一、总则

1. 目的：提高员工的自觉意识和主人意识，调动员工积极性。

2. 基本原则：①战略导向原则：公司将薪酬作为实现企业发展型战略，指导员工向技术和业务能力型发展，并不断提高技术和业务水平，增强企业竞争力。②公平性原则：公司依据每位员工的贡献、能力，公平公正在设计各类人员的薪酬。对工作职责重、劳动强度大的职位给出一定的补偿薪酬。③多通道原则：公司实行薪级与能力匹配的晋升机制，以管理型、技术型和业务型职业锚来设计薪酬等级。

二、薪酬体系构建的基本方法

公司以薪点制和职业锚来设计员工工资体系，共分三个步骤：

1. 确定员工薪点。根据员工的职务、学历学位、职称、岗位资格与技能、司龄及岗位工作年限等因素设计薪点。

2. 确定薪酬率。薪酬率＝公司薪资总额/公司月薪点总额；薪酬率是每一薪点可得的货币薪资额。

3. 计算每位员工的月工资额：员工月工资额＝薪点×薪酬率

三、业务/技术岗职业锚薪级设定

1. 基本薪点：首席设计师 1300；资深设计师 1100；高级 900；中级 700；初级 500；无职称 400；见习 300。

2. 补充薪点：①学历学位薪点津贴。博士后 60，有职称津贴减半，12 年封顶。博士 50，双硕士视同博士；硕士 30，双本科视同硕士；本科或学士 20，双专科视同本科；专科 15；中专/高中 10。后 6 种学历均为有职称津贴减半。②其他因素薪点：公司工龄，薪点津贴增加 2 点/年，有职称津贴减半。岗位工龄，中级 14 点/年，高级 18 点/年，资深 22 点/年，首席 26 点/年，岗位津贴 6 年封顶。

NN 咨询公司还协助公司制定了人力资源的中、远期规划，加强人力资源的前瞻性和系统性。

公司实施新的人力资源薪酬体系后，业务和技术人员重新认识了自己岗位的价值，公司领导层也充分肯定了技术和业务人员在公司运营中的重要性。各项规章制度的完善，使公司的人力资源管理走入正轨。

这个案例说明薪酬管理是人力资源管理的核心内容之一，也是一个难点。如何才能依据企业实际情况和战略设计出合理、有竞争性的薪酬体系，是应当深入学习和研究的重要课题。

第一节 薪 酬 理 念

不同国家对薪酬的认识各不相同。社会、股东、管理者和员工等不同利益群体对薪酬的界定也有所不同，且差异很大。

一、报酬和薪酬

报酬是员工为企业付出劳动所获得的各种回报和酬劳，分为物质回报（硬报酬）和非物质回报（软报酬）两部分，如图 7-1 所示。

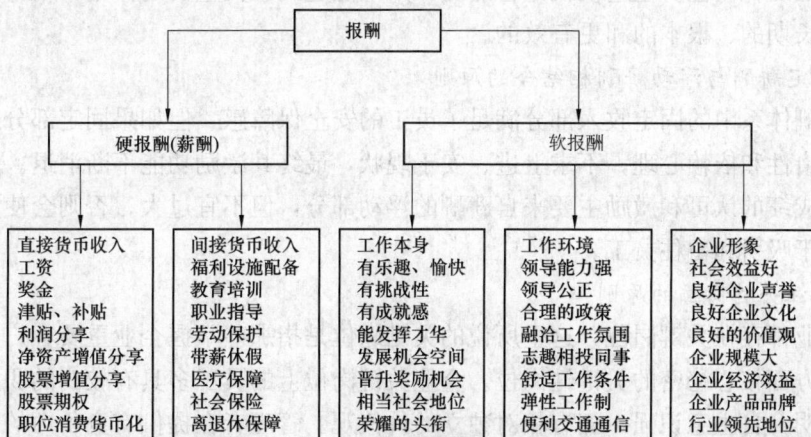

图 7-1 报酬体系图

物质回报（硬报酬）通常被称为薪酬，是指员工对企业的贡献（包括员工在企业日常工作中所付出的时间、精力、技术、经验等）而得到的直接货币收入（工资、奖金、股权、红利、各种津贴）或间接的货币收入（包括保险、补助、优惠、服务、带薪休假等各种福利）。

非物质回报（软报酬）通常是指工作本身、工作环境和企业形象带来的效用三部分。

二、薪酬设计原则

薪酬体系对企业的影响力是长远的、持久的，对员工的行为影响力是内在的驱动力。当前，由于企业对薪酬设计缺乏专业化指导和体系意识，往往不能达到良好的预期。因此，一个企业在对薪酬体系进行设计之前，应该明确以下几个设计原则：

（一）公平性原则

公平是薪酬设计的基础，只有在员工认为薪酬设计是基于企业内部、外部公平的前提下，才可能产生认同感，才可能产生薪酬激励功效。员工对公平的感受通常包括个四方面的内容：

1. 员工对与外部其他类似企业（或类似岗位）比较所产生公平感；
2. 员工对本企业薪酬分配制度和人才价值取向的公平感；
3. 员工将个人薪酬与企业其他类似职位的薪酬相比较所产生的公平感；
4. 员工对企业薪酬体系执行过程中的严格性、公正性和公开性所产生的公平感。

当员工对薪酬体系感觉公平时会得到良好的激励并保持旺盛的斗志和工作的积极性；否则可能会采取一些类似降低责任心、辞职等消极的应对措施，不再珍惜工作或者辞职等。因此，在进行企业薪酬设计之前应对企业内部各岗位的职责以及市场上相应职位的薪酬水平有比较充分的调查了解，并在此基础上根据公平的原则进行薪酬体系的设计。

（二）物质激励与精神激励相结合的原则

维持基本生活、提高生活质量的基础是员工从企业获得的薪酬。企业不仅需要设计出保障性薪酬部分以留住人才，减少企业员工流失率；更需要有一定竞争力的薪酬吸引人才，产生强有力的员工向心力与正向流动。通常情况下，物质激励会在短期或者中期期间激励员工、调动员工的积极性。但这仅仅是暂时的，并不能起到至关重要的作用；精神激励对员工的激励才是长期的、根本的和更有效的。

（三）固定薪酬与浮动薪酬相结合的原则

企业薪酬体系中的固定收入部分满足了员工的安全保障感，但如果固定部分过高，就会使员工产生惰性和依赖心理；不求上进、安于现状，最终其激励功能不断消退。企业对员工工作表现和成绩的认可和激励主要来自薪酬的浮动部分，但不宜过大；否则会使员工缺乏安全感，不利于吸引和留住员工。

（四）关注关键岗位的原则

每个企业都存在关键岗位，这里所说的关键岗位是指那些掌握企业重要客户、掌握企业技术管理等方面核心秘密的关键性岗位。企业关键岗位上的员工多具有较高的职业技能和资格，个性鲜明，自主意识强，拥有相对独立的价值观。管理者在提供有竞争力的薪酬的同时应积极树立"以人为中心"的管理理念，在软管理上下功夫；使用一些特别的薪酬制度，如延期支付制度，以达到保留关键岗位员工的目的。

（五）合法性原则

合法的薪酬系统是建立在遵守国家相关政策、法律法规和企业一系列管理制度基础之上的。如果企业的薪酬体系不符合现行的国家政策和法律法规，则企业应该迅速修正，使其具有合法性；否则，长此以往将有可能带来重大劳资纠纷隐患和信任危机。

（六）战略导向性原则

企业在设计薪酬时必须从企业战略的角度进行分析、制定薪酬政策和制度。企业的薪酬不仅仅只是一种制度，它更是一种机制。合理的薪酬制度驱动和鞭策那些有利于企业发展战略的因素的成长和提高；同时，遏制、消退和淘汰那些不利于企业发展战略的因素。

第二节 薪 酬 战 略

一、薪酬调查

（一）薪酬调查定义

薪酬调查，就是通过一系列标准、规范和专业的方法，对市场上各职位进行分类、汇总和统计分析，形成能够客观反映市场薪酬现状的调查报告，为企业提供薪酬设计方面的决策依据及参考数据。薪酬调查是薪酬设计中的重要组成部分，重点解决的是薪酬的对外竞争力和对内公平性问题，薪酬调查报告能够帮助企业达到个性化和有针对性地设计薪酬的目的。

（二）薪酬调查的步骤

薪酬调查的目的是为使企业领导层在做薪酬调整之前，能清楚地了解行业、地域、企业内部与外部的薪酬水平与现状，从而达到较好的激励目的。其调查步骤主要有：

1. 成立薪酬调查委员会，建立组织并做合理分工。

2. 选择调查对象，尽可能获得对象的积极配合；调查对象数量越多越好。

3. 选择具有代表性的职位进行调查，这些职位必须具有岗位可比性、岗位稳定性、等级界限明显，数量较多。

4. 调查类型可分为正式调查和非正式调查。正式调查分为商业性调查（咨询公司对上千家企业进行调查后，提供相关薪酬数据）、专业性调查（专业协会组办的调查）和政府调查（国家劳动部、统计部分的调查）。

5. 调查方法可选择调查问卷、电话调查和面谈法等。

6. 调查资料的统计分析，可采取数据排列法、回归分析法、频率分析法等。数据排列法是薪酬调查最常用的方法，是将调查数据由高至低排列，再计算出数据排列中的中间数，薪酬水平高的企业应处于75%～90%点处，薪酬水平低的企业，一般处于25%～50%点处。

7. 另一种现今常用的统计方法是取平均值的中位数，通过加权平均、修正加权平均，原始数据或非加权平均及剪头去尾平均数等方法。

8. 撰写调查报告，报告中应包含企业常规数据、人事聘用制度、薪酬战略、薪酬水平、薪酬结构、薪酬控制与预算等。

二、薪酬战略

（一）薪酬战略概述

薪酬战略是薪酬体系设计及管理的行动指南，是实现企业人力资源发展战略的保证。通过制订和实施适合企业长期发展的薪酬战略，充分利用薪酬这一激励杠杆，企业可以向员工传递企业的战略意图，调动员工的积极性。企业的薪酬战略必须有与企业所处的发展阶段、企业的战略、企业的组织结构及企业的文化相匹配，并能起到强有力的支持作用，才能称为成功的薪酬体系。因而，薪酬战略与企业战略的高度匹配是薪酬体系设计成败的关键。

（二）企业经营战略与薪酬战略

1. 成长型战略

成长型战略关注的是市场开发、产品开发与创新以及内部组织机构合并与精简，可分为内部及外部两种成长类型。内部成长型战略是通过整合和利用企业现有资源以强化企业优势，增强和扩张企业实力；而后者是通过兼并、联合、收购等方式来扩展企业资源并强化市场地位，实现纵向一体化、横向一体化或多元化的一体化战略。就薪酬水平来说，该战略初期，企业追求与市场持平或略低于市场水平的薪酬，企业与员工共担风险、共享成功，使员工在将来有机会获得较高的收入。从薪酬结构上来看，它主要采用较低的固定薪酬，但配有奖金或股票等激励性或长期收益式浮动薪酬。

2. 稳健型战略

稳健型战略要求企业在自己已占领市场中选择出一块自己能够做得最好的部分，将其做到更好，是一种强调市场份额或者运营成本的战略。就薪酬水平来说，该战略追求与市场持平或略高于市场水平的薪酬。从薪酬结构上来看，它主要采用较稳定的基本薪金和福利制度。

3. 收缩型战略

收缩型战略采取保守经营态度，主要适合处于市场疲软、通货膨胀、产品进入衰退期、管理失控、经营亏损、资金不足、资源匮乏、发展方向模糊的危机企业选择。可分为：转移、撤退、清算三种战略形式。因而，裁员、终止劳动合同、降低薪酬、员工收入与企业业绩挂钩或员工持股等方式，也是人力资源经常采取的管理手段与措施。

4. 竞争型战略

竞争型战略分进攻型战略与防御型战略。进攻型战略积极、主动、及时地从竞争对手手中夺取市场份额的，向客户提供个性化、差异化的产品，并致力于树立自己的品牌形象，而且还大胆地进入多个业务领域，以谋求机会实现快速发展。防御型战略是防御其他企业夺取自己的市场份额，采取同样的或类似的产品服务于用户，并且继续将重点放在相同或者类似的目标上，以提高经营绩效。就薪酬水平来说，该战略企业追求略高于或高于市场水平的薪酬。从薪酬结构上来看，它主要采用具有竞争性的薪酬市场分位和行业适合的薪酬体系。

由此可见，企业的发展方式、经营模式和竞争方式不同，所匹配的薪酬战略也随之有所不同或调整。表7-1说明了如何将薪酬战略与企业不同经营战略相匹配。

表 7－1　　　　　　　薪酬战略与企业发展阶段的关系

组织特征	企业发展战略			
	初创阶段	增长阶段	成熟阶段	衰退阶段
经营战略	以投资促发展	以投资促发展	保持市场与利润	收获利润开展新领域
风险	高	中	低	中～高
薪酬战略	个人激励	个人—集体激励	个人—集体激励	奖励成本控制
短期激励	股票奖励	现金奖励	利润分享现金奖励	
长期激励	股票期权（全面参与）	股票期权（有限参与）	股票购买	
基本工资	低于市场水平	等于市场水平	大于或等于	低于或等于
福利	低于市场水平	低于市场水平	大于或等于	低于或等于

（三）薪酬战略的确定

企业依据薪酬调查报告及数据，根据企业战略及发展阶段的不同，确定企业薪酬战略的宏观水平，以指导人力资源部门的具体工作，如图 7－2 所示。

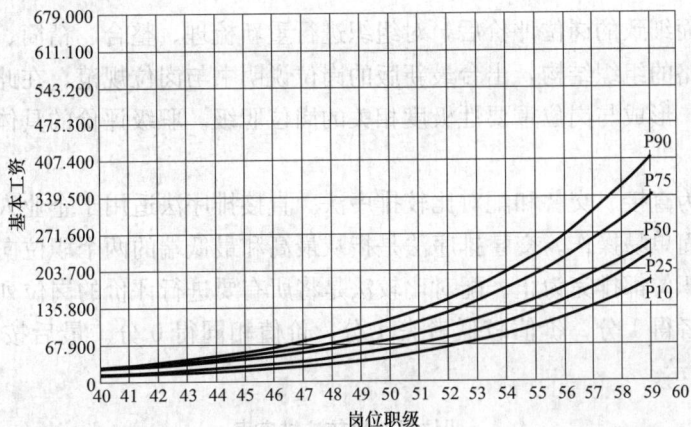

图 7－2　薪酬调查分位图

图中的分位值的含义：Pn 为 n 分位值，表示被调查群体中有 n％的数据小于此数值。n 的大小反应市场的不同水平，通常使用 P10、P25、P50、P75、P90 来表示市场的不同水平。

1. 领先型，即企业薪酬水平高于行业薪酬调查结果的平均水平，常处于 75 分位左右。
2. 匹配型，即企业薪酬水平与行业薪酬调查结果的平均水平相一致，常处于 50 分位左右。
3. 滞后型，即企业薪酬水平低于行业薪酬调查结果的平均水平，常处于 25 分位左右。

第三节　薪 酬 体 系 设 计

企业创始初期，高层管理人员注重的是企业生产、质量、销售等体系的开发和利用，而人力资源管理尤其是薪酬福利体系却大多很不规范。随着企业的持续发展，劳动力的不断增加，企业薪酬体系急需系统化、科学化，中高层管理人员希望经过调整后的薪酬体系具有较强的激励功能。那么如何才能做好企业薪酬体系的设计，本章第二节是步骤一，第三节是步骤二，即具体设计办法。近年来在国际、国内人力资源专业领域内盛行 3P 薪酬管理模式，即以岗定薪即职位薪酬体系（Pay for position）、以业绩定薪即业绩薪酬体系（Pay for performance）和以人定薪即能力薪酬体系（Pay for ability）的薪酬体系，对飞速发展的我国人力资源管理无疑具有强有力的指导和借鉴作用。我们在借鉴的同时，还要进行本土化管理和融合。到目前为止，我国实行较多的是结构薪酬体系，如果将国际知名的 3P 薪酬体系与亚洲国家常用的结构薪酬体系有效结合起来，会将我国的企业薪酬体系更加完善、更加有利于人力资源的激励、保留和开发。

一、职位薪酬体系

（一）职位薪酬概述

员工的价值和贡献主要是通过职位价值来体现的。职位薪酬体系是根据员工承担责任大小、工作内容的复杂程度、工作难度、任职资格的高低等因素来评价，并以职位价值评价的结果来确定工资。该体系需要外部薪酬调查数据支持的同时，更要做好内部各岗位的知识、技能和职责等因素的价值进行评估，形成公平合理的职级体系进而转化生成相应的薪级。

（二）职级评价

企业在缜密而细致的岗位评价后，对组织进行重新梳理、整合、精简、增补，进而形成适合企业发展战略的组织结构，出台最新版的岗位说明书与岗位规范。在此前提下，人力资源部做岗位评价，形成与岗位重要性极度相关的岗位职级。职级评价的具体方法：

1. 排序法

该方法可分为直接、交替和配对比较排序法。直接排序法适用于企业人员较少且工艺不复杂的小企业，简单易操作。交替排序法是指从最高和最低端的两个职位向中间交替平移式排序，直到所有职位都排完为止。配对比较法是将所有要进行评价的岗位列在一起，两两配对，其价值较高者得 1 分，价值较低者失 1 分，价值相同得 0 分。最后按分数高低进行排列。如表 7-2 所示。

表 7-2　　　　　　　　　职位配对比较法排序表

比较职位	A	B	C	D	E	F	G	得分	职位	序列
A		1	1	0	1	1	1	5	D	1
B	0		0	0	1	0	1	2	A	2
C	0	1		0	1	1	1	4	C	3
D	1	1	1		1	1	1	6	F	4
E	0	0	0	0		0	0	0	B	5
F	0	1	0	0	1		1	3	G	6
G	0	0	0	0	1	0		1	E	7

2. 分类法

分类是对排序法的改进，企业的全部职位进行归纳分类形成几个大系统，在系统内再分若干层。明确各层级间的工作内容、责任和权限、资格要求等，将所有职位并入已划分的层级中。如表 7-3 所示。

表 7-3　　　　　　　　　　　　　职级分类法

职级类别	职级要素
A 级	10 年以上博士学位工作经历，有一定管理经验，导师
B 级	5～10 年博士学位工作经历，教授
C 级	5 年以上博士学位或 10 年以上硕士学位工作经历，副教授
D 级	5～10 年硕士学位工作经历，讲师
E 级	3～5 年硕士学位工作经历，助理讲师
F 级	3 年以上硕士学位工作经历，助教

3. 要素计点法

该方法又称为点数法、点数加权法或评分法，是一种比较复杂的量化职位评价技术，自 20 世纪 40 年代开始被运用，直到今天一直是人力资源专业相关组织中最常用的职位评价方法。要素计点法通常包括三大要素。

（1）报酬要素，与报酬要素相对应的权重和数量化的报酬要素衡量尺度。其主要步骤为：

1）确定评价要素及权数；

2）定义评价要素，划定要素等级；

3）各评价要素等级的点数配给；

4）岗位评价，计算点数，确定岗位相对价值。如表 7-4 所示。

表 7-4　　　　　　　　　　　　　要素计点法示例

要素及比例 点数等级	工作知识		工作能力		工作压力		工作环境
	基础知识	实务知识	思考力	交涉力	约束力	工作量	
	20%	25%	20%	15%	10%	5%	5%
1	20	25	20	15	10	5	5
2	40	50	40	30	30	15	15
3	60	75	60	45	50	25	25
4	80	100	80	60			
5	100	125	100	75			

（2）要素计点法的优点为：

1）主观随意性少，可靠性强；

2）相对客观的标准使评价结果信度较高；

3）通俗、易于推广。

（3）要素计点法的缺点为：

1）费时，投入大量人力；

2）评价要素和权重的选定有一定的技术难度；

3）不完全客观科学，要素、等级和权重的选定都会有一定的主观性。

（三）分数评定与职级的转换

选择不同的评估方法，最终将企业所有岗位都纳入相应的职级。如要素计点法，经过各位评委评分后，确定出各岗位的平均得分，并根据层级将各岗位入级，进而形成涵盖企业所有岗位的职级图。分数评定与职级转换表，如表7-5所示。职级图如图7-3所示。这两个图表是分数评定与职级转换的极好工具。当然，具体企业不同，分数设计也不同。

表7-5　　　　　　　　　　　　　　分数评定与职级转换表

分数区间	职级	分数区间	职级	分数区间	职级
26～50	1	426～450	17	826～850	33
51～75	2	451～475	18	851～875	34
76～100	3	476～500	19	876～900	35
101～125	4	501～525	20	901～925	36
126～150	5	526～550	21	926～950	37
151～175	6	551～575	22	951～975	38
176～200	7	576～600	23	976～1000	39
201～225	8	601～625	24	1001～1025	40
226～250	9	626～650	25	1026～1050	41
251～275	10	651～675	26	1051～1075	42
276～300	11	676～700	27	1076～1100	43
301～325	12	701～725	28	1101～1125	44
326～350	13	726～750	29	1126～1150	45
351～375	14	751～775	30	1151～1175	46
376～400	15	776～800	31	1176～1200	47
401～425	16	801～825	32	1201～1225	48

级别	行政部	人力资源部	财务部	销售部	商务部	培训部
17						
16				区域经理		
15		经理	经理	市场经理		
14					经理	
13	行政经理	招聘经理 薪酬经理				经理
12		主管	主管会计			
11				销售代表		
10	文员	文员	会计		商务代表	
9				销售助理		

图7-3　职级图

（四）职位薪酬体系设计

职位薪酬首先对企业各职位本身的价值做出客观的评价，然后再根据这种评价的结果来赋予承担这一职位工作的人与该职位的价值相当的薪酬的基本薪酬决定制度。作为一种传统的确定员工基本薪酬的制度，只考虑职位本身的因素，很少考虑人的因素。操作起来相对简单，对管理的要求不是很高，因此，目前我国绝大多数企业选择此种薪酬体系。但随着人力资源薪酬管理水平的不断提升以及企业对薪酬管理的更高要求，职位薪酬多定位在结构工资中的固定工资部分。某公司所列职位等级与其薪级的定位表，如图7-6所示。

表7-6　　　　　　　　　　　某公司职位等级与其薪级的定位表

项目	职级图									薪级	
	职级	行政	标准	财务	销售	质检	技术	生产	采购		标准
管理层	17		4000							1	4000
	16		3700		经理		经理			2	3700
	15	经理	3400	经理		经理		经理	经理	3	3400
	14		3100		副经理					4	3100
	13		2800					副经理		5	2800
职员层	12	主任	2500			主管		生产班长		1	2500
	11		2300			内勤主管		维修班长		2	2300
	10	劳资员	2100	会计	发货		技术员			3	2100
	9		1900	出纳				机工	采购员	4	1900
	8		1700			质检员		维修		5	1700
工人层	7	食堂主管	1500							1	1500
	6	司机	1350			文员		电工		2	1350
	5	文员	1200			收款员				3	1200
	4	服务员	1050					辅助工		4	1050
	3		900							5	900
	2	清洁工	750					杂务工		6	750

二、绩效薪酬体系

传统的以岗付薪已不能满足企业管理者的需求和企业间日趋激烈的行业竞争需要，经理人们越来越认识到绩效薪酬为提高生产率所作的贡献。因而，绩效薪酬体系逐渐在员工薪酬制度中占有重要的地位。

（一）绩效薪酬概述

绩效薪酬体系是企业为员工工作可量化部分、超额部分或工作绩效突出部分而支付的可变性薪酬（浮动薪酬），旨在鼓励员工提高工作效率和工作质量。绩效薪酬体系建立的前提是企业必须建立分层分类的、基于战略的绩效管理系统，以季度、半年或年度绩效考核为周期的付薪模式。绩效薪酬既体现了客观公正公平原则，又促进了员工之间的竞争，从而推动企业的业绩快速提升。绩效薪酬中直接薪酬即工资部分可分为计件工资、计时工资、超额奖金和销售佣金等，达到极强的个人与团队式激励机制。

（二）绩效薪酬的设计

不同企业、部门或岗位的绩效薪酬配置标准都不相同。业绩工资的配置标准与各个岗位的工资等级和对应的外部薪酬水平也相关；其与个人或团队的业绩联动，使得员工或团队可以通过对业绩的贡献来调节总体工资水平。具体方法如下：

1. 切分法

根据岗位评价和外部薪酬水平确定岗位的总体薪酬水平，再对各个岗位的总体薪酬水平进行切分。

【**例 7 - 1**】 某公司员工业绩薪酬比例如下：

生产岗位员工总体薪酬水平(100%)＝基本工资(50%)＋绩效工资(50%)

非生产岗位员工总体薪酬水平(100%)＝基本工资(70%)＋绩效工资(30%)

2. 配比法

根据岗位评价和外部薪酬水平确定各个岗位的基本工资水平，基本工资水平应位于市场薪酬水平的相对低位，再在此基本工资的基础上上浮一定比例，使各个岗位薪酬的总体水平处于市场薪酬企业目标水平或中、高水平。

【**例 7 - 2**】 某岗位的薪酬总体水平＝基本工资＋业绩工资（业绩工资为基本工资的30%～60%）。这样在员工没有达到或低于预期业绩标准时，其总薪酬水平低于市场水平；而达到或高于业绩标准时，其总薪酬水平就会持平或高于市场薪酬水平；从而员工自身能以业绩控制自己薪酬而达到激励绩效的目的。

3. 绩效考核法

在企业设计的绩效考核方法时，将绩效考核结果尽可能量化并分出等级或目标值。依据考核结果，计算绩效工资额度。公式如下

$$绩效工资总额＝年度净收益×提成比例 \qquad (7-1)$$
$$人均绩效工资标准＝绩效工资总额÷人员数量 \qquad (7-2)$$
$$个人绩效工资＝人均绩效工资标准×绩效工资系数 \qquad (7-3)$$

绩效工资系数是指由企业根据战略及目标而制定的，类似于岗位职级一样，如上表中取办事员为中值基数 1，其他系数按 15% 的幅度逐级递增。该系数可以是固定的，也可以是按绩效考核结果为浮动的。如表 7 - 7 所示。

表 7 - 7　　　　　　　　　　**绩效工资系数**

职级	岗位	薪级	系数
中层管理	部门经理	1	2.10
		2	2.25
		3	2.40
		4	2.55
		5	2.70
主任层	科室主任	1	1.45
		2	1.50
		3	1.65
		4	1.80
		5	1.95
职员层	办事员	1	0.70
		2	0.85
		3	1.00
		4	1.15
		5	1.30

4. 计件法

计件法是在计算一线工人工资时，按照合格品的数量（或作业量）和预先规定的计件单价，来计算工人工资的一种工资形式，是计时工资的转化形式。计件工资可分个人计件工资和集体计件工资。个人计件工资适用于个人能单独操作而且能够制定个人劳动定额的工种，集体计件工资适用于工艺过程要求集体完成，不能直接计算个人完成合格产品的数量的工种。

计件工资计算的主要依据是计件单价，即工人完成每一件产品的工资额。一般按各该等级工人的日（小时）工资率除日（小时）产量来确定，计算公式如下：

$$计件单价＝某等级工人的日（小时）工资标准÷日（小时）产量定额 \qquad (7-4)$$

若按工时定额计算计件单价，计算公式为：

$$计件单价＝某等级工人的日（小时）工资标准×单位产品的工时定额 \qquad (7-5)$$

工时定额也可称"时间定额"，是生产单位产品或完成一定工作量所规定的时间消耗量。如对车工加工一个零件、装配工组装一个部件或一个产品所规定的时间；对宾馆服务员清理一间客房所规定的时间。

三、能力薪酬体系

新经济时代，人力资源专业职能从简单的支持服务机构转化为企业的战略合作伙伴。由于企业发展迅速、职位调整变化较多，原有以职位定薪酬的模式已开始转向以员工能力付薪的薪酬模式。更多的企业是以职位与能力薪酬相结合的方式来建立企业薪酬体系的。

（一）能力薪酬体系

能力薪酬体系是以人为基础，兼顾职位价值，通过对员工所具备的与工作相关的知识、技能、经验、行为和态度等能力素质来确定其为企业创造的价值而付薪的一种薪酬模式，也可理解为技能、知识和资格等综合素质评价定薪的总称。该体系适用于连续流程生产技术行业、大规模生产技术行业、服务行业和单位/小批量生产的行业。即电子、食品、汽车和机械制造、加工工业、计算机和化工等行业。

（二）能力薪酬的设计

能力薪酬设计是由人力资源薪酬外部专家与内部专业人员组成的薪酬委员会来共同完成的。首先，要设计一套科学合理的评价工具，而且该工具的内容必须与所在企业的现状紧密结合；其次，参与评价人员要经过专业培训，采取公正、公平和公开的原则进行操作。最后，当评分结果出来后，进行全部人员的评价排序，依据薪酬预算数额进行具体人员的薪酬调整。

1. 能力评价

能力薪酬的关键是做好能力要素选择和评定，要素选择是能力评价的关键。锚定法非常适合于能力评价，如表7-8所示。维即是所要评价的要素，锚是要素的幅度，经过打分决定各岗位人员的能力薪酬水平，简便易行；同时还附加技术资格及业务要素，才能形成较完整的评价系统。

表 7 - 8　　　　　　　　　　　　　　能力评价表

维度	锚	得分
1. 学历要求：知识内履行工作职责所要求的最低学历	初中	5
	高中毕业和中专	10
	大学专科	15
	大学本科	20
	研究生	25
	博士	30
2. 知识范围：工作所需的知识范围	工作知识较少，上岗前需要进行培训	5
	了解基本的工作规则和操作知识，上岗前需要经过短期和系统的培训	10
	有一定的专业知识，还需要积累较多的实践经验	20
	具有较高的专业知识，实践经验丰富，需要其他专业的知识和技能	30
	需要解决多专业的综合问题，要求具备综合性专家的知识结构	40
3. 专业难度：专业知识和技能掌握、运用的难度	无决策能力	0
	决策的能力一般，很大程度上依赖上级主管	5
	有自主决策的能力，但工作事务上的自主性较强，技术性较弱	10
	有近一半的工作能自主决策，一般技术问题或专业工作可自行解决	20
	大部分工作自主决策，只有极为重大的工作任务才需请示上级主管	30
	基本上是自主决策的	40
4. 工作经验：该工作具有某种必须随着经验不断积累才能掌握的技巧	无专门的经验	5
	1 年以下	10
	1~3 年（含 1 年）	15
	3~5 年（含 3 年）	20
	5~8 年（含 5 年）	25
	8 年以上	30
5. 资格证书：工作所需的由国家或相关机构认证的资格类证书	无专业资格证书	0
	初级资格或者相当于初级资格	5
	中级资格或者相当于中级资格	10
	高级资格或者相当于高级资格	20
6. 技能要求：工作要求的相关技能水平	无特殊的工作技能，具备基本的技能	5
	对工作的操作流程有一定的基础，需经过较长的培训才能掌握并熟练	10
	具有一定的专业技能，经过较短时间的培训就能掌握并熟练运用	15
	某方面的技能特别突出，有该领域的深厚基础技能	20
	具有多方面的技能，并能综合运用	30
7. 工作压力：工作节奏、时限、工作量、注意力转移程度和对细节的重视而引起的工作压力	从事程序性工作，能承受较小的心理压力	5
	程序性工作较多，有时会出现不可控因素，能承受一定的心理压力	10
	脑力支出较多，工作中常出现不可控因素，能承受较大的心理压力	15
	需要付出的脑力强度大，不可控因素多，能承受巨大的心理压力	20

续表

维度	锚	得分
8. 工作时间：工作要求的特定起止时间	正常时间上下班	5
	上下班时间不一定是正常班，但具有一定的规律性，可自主安排工作	10
	能根据工作需要早到、晚走或者周末加班	15
	工作时间根据工作具体情况而定，自己无法控制的工作模式	20
9. 责任轻重：本岗位如出现失误，在其职权范围内和对其他相关事物的影响程度和范围	岗位工作失误，基本不造成什么影响	5
	岗位工作失误，可能会给本部门造成一定的影响	10
	岗位工作失误，可能会给本部门造成较严重影响	15
	岗位工作失误，可能会给公司带来一定的影响	20
	岗位工作失误，可能会给公司带来较为严重的影响	30
	岗位工作失误，可能会导致极为严重的影响	40
10. 工作复杂性：通常指工作任务性质的数量、复杂性、变动性	日常的事务性工作，只需要简单的常识即可工作	5
	较为简单的方法和程序，一定的经验和培训，工作较为固定	10
	经常遇到不确定的情况，需按照较为复杂的规则进行处理	15
	工作中接触的人、物、事件较多，需主动探索解决办法	20
	工作中处理大量的人、财、物信息，需高超的处理技巧	30

2. 确定与能力匹配的薪级

在制定能力评价表时，应同时编制薪级表，在两个表都制定初稿后，薪酬委员需要根据企业特性进行岗位的试点，经过反复试行、调整、测试，合格后方可全面使用。如表7-9所示，经过岗位评估后形成职级，经过薪酬调查和内部评价后，确定薪级，经过能力评估后，将人员与薪级相匹配而确定个体薪酬。

表7-9　　　　　　　　　　　能力评价汇总表

序号	维度	得分	员工姓名：	得分	薪级	分数转换
1	学历要求	30	学历要求		1	260～300
2	知识范围	40	知识范围		2	220～259
3	专业难度	40	专业难度		3	180～219
4	工作经验	30	工作经验		4	140～179
5	资格证书	20	资格证书		5	100～139
6	技能要求	30	技能要求		辞退	>100
7	工作压力	20	工作压力			
8	工作时间特征	20	工作时间特征		注： 分数转换及能力评价表中的得分应根据企业的行业特性及岗位特性进行调整，不可直接套用	
9	责任轻重	40	责任轻重			
10	工作复杂性	30	工作复杂性			
	总分	300	总分			

四、结构薪酬体系

（一）结构薪酬体系概述

目前，亚洲的企业大多实行结构薪酬体系，即将工资分解成几个部分，分别确定各部分额度。结构薪酬体系是指基于工资的不同功能划分为若干相对独立的工资单元，各单元又规定不同的结构系数，组成有质的区分和量的比例关系的工资结构；其形式主要为：

工资＝基本工资＋工龄工资＋学历工资＋岗位技能工资＋补贴/津贴＋绩效（效益）工资

1. 基本工资

基本工资即保障企业员工需要的，根据《劳动合同法》及当地规定的最低工资指导线为底数的固定工资部分。

2. 工龄工资

是根据员工参加工作的年限，逐年定额增加员工的工资。体现了企业对劳动者忠诚度的一种奖励式工资，一般额度不大，采取逐年增加额度的方式。如有的企业按在本企业工作一年增加 50 元的工龄工资，12 年封顶。

3. 学历工资

是将知识与工资挂钩的方式，即学历高则工资也相对提高，一般是以 20%～30%的比例增加比较合适。但学历并不能代表能力，所以现在学历工资在工资结构中的份额也较小。

4. 技能工资

即把员工实际技能与岗位技能统一起来，达到能岗匹配的原则。岗位技能工资现在占的比例较大，可达工资总额的 60%左右。

5. 岗位工资

即在员工现有工资之外，根据员工的岗位等级而设立的岗位工资。如某韩资企业，管理人员享有不同岗位工资，部长为 1000 元，副部长为 800 元，课长为 600 元，主任 400 元。

6. 补贴和津贴

津贴和补贴是指为了补偿职工特殊或额外的劳动消耗和因其他特殊原因支付给职工的津贴，以及为了保证职工工资水平不受物价影响支付给职工的物价补贴。津贴是指补偿职工在特殊条件下的劳动消耗及生活费额外支出的工资补充形式，主要包括矿山井下津贴、高温津贴、野外矿工津贴、林区津贴、山区津贴、驻岛津贴、艰苦气象台站津贴、保健津贴、医疗卫生津贴等。补贴主要包括各类生活费补贴、价格补贴、误餐补贴、交通补贴、住房补贴、取暖费补贴等。

7. 绩效（效益）工资

企业的业绩/效益挂钩的部分。企业经济效益和员的实际完成的劳动数量和质量决定员工的工资。绩效工资可按季、月或半年预提，年终结算。

8. 奖金和红利

奖金是指对与生产或工作直接相关的超额劳动所给予的报酬，红利是在上市公司分派股息之后按持股比例向股东分配的剩余利润。奖金一般可分为月、季、年度奖，红利分季、年发放，额度不稳定。

9. 股权

即赠送股票给员工，使员工薪酬与企业未来股票价格和经营业绩密切相关，从而使员工为实现企业价值最大化而努力，实现员工与所有者利益双赢。如赠送股份、股票期权、虚拟股票等。

10. 年薪制

年薪制是企业依据自身规模和经营业绩，以年度为单位支付经营管理者收入的一种分配制度。通常年薪可分为基本年薪和绩效年薪以及延期支付，基本年薪一般占整体年薪的一半左右，绩效年薪一般占剩余的三分之二，剩下部分一般为延期支付。基本年薪的发放按平摊到每月的数量进行发放，绩效部分每年考核后按业绩发放，延期支付暂时不发放，待员工离开时经过审计和离职工作考察合格后，再行发放。

（二）五类岗位的工资结构

为了便于理解，现将员工岗位类别分为以下五类，普通一线员工、普通管理人员、销售人员、中层管理人员和高层管理人员。由于这五类人员的工作性质不同，工资结构有各自的特点，如表7-10所示。

表 7-10   五类岗位的工资结构

员工类别	工资结构
普通一线工人	工资＝基本工资＋计件工资＋奖金 工资＝基本工资＋技能工资＋奖金
普通管理人员	工资＝基本工资＋岗位/技能工资＋奖金 工资＝基本工资＋工龄工资＋学历工资 工资＝基本工资＋补贴/津贴＋绩效（效益）工资等
销售人员	工资＝基本工资（30%～40%）＋佣金（70%～60%） 工资＝基本工资（30%～40%）＋佣金（70%～60%）＋销售目标奖
中级管理层	工资＝基本工资＋岗位/技能工资 工资＝基本工资＋岗位/技能工资＋奖金 工资＝基本工资＋岗位工资＋补贴/津贴＋绩效（效益）工资等
高级管理层 职业经理人	工资＝基本工资＋绩效工资＋股权/红利＋奖金 工资＝基本工资（50%）＋绩效工资（40%）＋延期支付（10%）＋奖金

五、特殊人群工资结构

（一）销售人员工资

销售人员工资大体分三种，各有不同特点：

1. 固定工资

对业务人员实行固定的支付方式，是根据《劳动合同法》及当地规定的最低工资指导线为底数的固定工资部分。业务销售人员有了生活的基本保障，但激励作用较小。

2. 纯佣金

完全以业绩为工资支付标准，按销售额、销售量或利润额等可量化的指标来核算业务人员的工资，激励作用较强，但风险大，收不稳定。

$$工资＝销售额（或毛利、利润）×提成率 \qquad (7-6)$$

毛利是指销售毛利，即扣除商品原始成本，不扣除不计入成本的期间费用（管理费用、财务费用、营业费用）。提成：根据销售业绩为员工设立销售提成，根据销售回款期不同而支付的。

3. 混合式工资

混合式工资是由固定工资制和销售提成两部分构成的。

销售提成也称为销售绩效工资，是反映市场营销人员销售目标完成情况的工资单元，依据销售任务完成比例提成，如以季度（或年度）为单位设立的提成办法，具体计算公式如下：

（1）实际完成销售额的提成工资的计算公式：

$$提成工资＝月工资基数×3×销售额完成比例 \tag{7-7}$$

其中：销售额完成比例＝季度实际完成销售额÷季度计划完成销售额

（2）工资由基本工资、提成和奖金三部分组成的。见式（7-8）

$$工资＝基本工资＋（当期销售额－销售定额）×提成率＋部门奖金总额×个人提奖系数 \tag{7-8}$$

其中：部门奖金总额＝（销售部当期销售额－整体销售定额）×部门提奖率

个人提奖系数＝个人当期销售额÷销售部门当期整体销售额

4. 驻外销售人员工资

销售驻外人员是企业比较难于控制费用和管理的员工，为了便于管理现推荐一种柔性薪酬结构有利于驻外人员管理和费用的控制。

$$驻外销售人员工资＝基本工资＋提成＋补贴和津贴 \tag{7-9}$$

（1）基础工资：根据上月和当月业绩平均数来确定驻外销售人员的基础工资，如表7-11所示。

表7-11　　驻外销售人员基础工资

上月及本月回款平均数（万）	本月对应基本工资（元）	上月及本月回款平均数（万）	本月对应基本工资（元）
<5	1000	5≤平均数<7	1500
5≤平均数<7	2000	7≤平均数<9	2500
7≤平均数<10	3000	9≤平均数<10	3500
10≤平均数<12	4000	10≤平均数<12	4500
12≤平均数<13	5000	12≤平均数<14	5500
13≤平均数<15	6000	14≤平均数<16	6500

（2）提成：根据销售回款期决定提成率，如表7-12所示。

表7-12　　销售人员提成

回款期（天）	提成率（%）	回款期（天）	提成率（%）
5	8	20	6.5
10	7.5	30	5
15	7	40	3

（3）补贴和津贴：对于驻外员工，应该设立补贴和津贴定额。如某公司为驻外销售人员设立车辆补贴1500元/月（无论自备车辆与否），交际津贴2000元/月，误餐补贴：20元/天。

（二）高管（管理）和高端（技术）人员工资结构设计

高管和高端技术人才的薪酬体系设计有别于企业一般员工的薪酬设计。

激励作用于高管和高端人才的基本特征是使激励对象的满意度不断提升；同时通过科学、合理的绩效标准设定，引导和激励高管和高端人才的行为，最终影响企业绩效。

不同企业对高管人员的定义不同，这里指的是对企业具有绝对影响力的副总经理或首席执行官（CEO）、技术总监或技术专家。由于其职位高、责任重大、职业风险高、自我认识度和成就动机等都超强，在薪酬管理及结构设计时，要注意激励作用与控制管理并重。一般采用以下工资结构：

$$工资＝基本工资＋绩效工资＋股权或红利＋奖金 \qquad (7-10)$$
$$或 \quad 工资＝基本工资（50\%）＋绩效工资（40\%）＋延期支付（10\%）＋奖金 \quad (7-11)$$

绩效工资的主要考核指标与员工岗位描述中所承担的责任直接相关，同时涉及关键考核指标（管理层的财务及战略指标和技术人才的技术研发指标），年终根据业绩考核结果支付绩效工资。同时，企业根据自身特点设计股权、红利或奖金的分配，将个人利益与企业长期业绩相维系，以达到长期激励的目的。

延期支付是指企业将高管和高端人才的部分薪酬，特别是年度奖金、股权收入等按当日公司股票市场价格折算成指定金额的股票或现金，存入一个为其单独设立的延期支付账户上。在规定期满或在其退休后，再以公司的股票或以现金方式支付给对方。其特点是激励员工的支付收益与公司的业绩紧密相连。只有股价上升或企业效益好，激励对象才能保证自己的利益不受损害；如果由于激励对象工作不力或失职导致企业利益受损，可以减少或取消延期支付收益作为惩罚；从而引导其关注公司的长远利益。

第四节　福利设计

一、福利的概念

在整体报酬中福利是指员工的间接报酬，即除企业为员工支付的工资、奖金之外的各种保障计划、补贴、服务以及实物报酬等。从管理层的角度看，福利可以为企业战略做出如下贡献：协助吸引员工、协助保持员工、提高企业在员工和其他企业心目中的形象和员工对职务的满意度。根据福利所包含的内容可以分为几种：

（一）法定福利

政府通过立法要求企业必须提供的，如社会养老保险、社会失业保险、社会医疗保险、工伤保险、生育保险和大病统筹等。

（二）企业福利

用人单位为了吸引人才或稳定员工而自行为员工采取的福利措施。比如工作餐、工作服、员工意外伤害险和补充养老保险等。企业福利根据享受的范围不同，可以分以下两种：

（三）全员性福利

全体员工可以享受的福利，如工作餐、节日礼物、健康体检、带薪年假、奖励礼品等。

（四）特殊群体福利

能供特殊群体享用，这些特殊群体往往是对企业做出特殊贡献的技术专家、管理专家等企业核心人员。

二、福利的作用

在为员工提供的整体报酬中，福利已经越来越成为重要的组成部分。相对于企业提供给员工的工资、奖金等物质报酬而言，福利属于非物质报酬。员工福利对企业发展起到的作用体现是多方面的，企业通过福利设计可调控人工成本、传递企业文化和价值观、提高企业美誉度；同时还能保护劳动者的积极性、留住人才；良好的福利体系有助于员工全身心的投入到工作中、提高员工素质，同时，由于是非货币性支付，是减免税收的最佳选择。

三、福利的规划和措施

对于员工来说福利可以使员工得到周到全面的保障和长远的财务规划、投资和管理，免除后顾之忧，全心投入工作、享受生活，员工福利对于单位来说，是吸引并留住人才的重要手段。完善福利规划目的在于，使公司最重要的资产——员工——可以比其他公司的人更快乐、更健康，以某种最理想的形式实现自身成长。完善的员工福利规划应该涵盖以下内容：

（一）优厚薪酬

建立具有竞争力的工资、基于绩效的加薪、奖金以及特殊的股票奖励计划等额外薪酬。

（二）健康关怀

为员工提供体检、医疗费用报销等保健性福利。有条件的企业将受益人还包括员工异性配偶以及子女。如体检、员工人身意外伤害保险、员工医疗保险、职业病防护及疗养、健身俱乐部等。

（三）带薪休假

为员工提供带薪年假、病假等多项休假计划。如带薪休假、全薪病假、婚假、产假、陪产假、丧假等。

（四）饮食福利

免费或低价的工作餐、工间休息饮料、点心、集体折扣代购食品等。

（五）文体性福利

建立有组织性的、系统的集体文体活动，如晚会、舞会、郊游、野餐、体育竞赛；建立良好的文体设施，如运动场、游泳池、健身房、阅览室等。

（六）金融性福利

如信用储金、存款户头特惠利率、低息贷款、额外困难补助等。

（七）教育培训性福利

如内部的在职培训、脱产培训、外派进修、出国考察、报刊及专业书籍补贴等。

（八）其他福利

企业要想建立良好的企业文化，福利规划是其中关键的一个要素，除国家规定的社会保险和住房公积金外，有的企业还设立员工协助计划。员工协助计划是指员工和员工直系亲属在需要的时候，可以享受由专业顾问公司提供的专业个人咨询服务，如临床心理学家、精神科医生、人力资源管理顾问、财务及法律顾问在以下几个方面提供咨询服务，如：职业及工作、员工管理、婚姻及家庭、调迁及文化适应、精神健康及心理、法律及财务等。此外，还可设立旅游津贴（每年为每一个员工提供适当的旅游资助）、各类礼金（在员工结婚、生育、生病住院、亲属逝世等特殊情况下向员工赠送礼品或慰问品）等。

【例7-3】　某公司福利项目如下：

一、社会保险

社会保险基金由五部分组成：养老、失业、工伤、医疗、生育保险以及大病统筹（略）。

二、住房公积金

住房公积金是员工及其所在单位按规定缴存的，具有保障性和互助性的员工个人住房基金，归员工所有。公积金来源方式：员工每月交纳8%，公司支付8%。

三、休假

1. 法定假日：春节3天、十一节3天、元旦1天，清明节1天、五一节1天、端午节1天、中秋节1天，妇女节半天。

2. 婚假：符合国家规定结婚的正式员工，可以享有以下全薪婚假：婚假3天，晚婚（女员工23岁及以上，男员工25岁及以上）增加14天，共17个日历日。婚假需提前2周持结婚证申请，婚假一次休完，经部门申报及人力资源部审核，报总经理批准。

3. 丧假：直系三天（配偶、子女、父母、公婆、岳父母）；非直系一天（兄弟、姐妹、姐夫、妹夫、兄嫂、弟媳、祖父母、外祖父母、孙子/女、外孙子/女、儿媳）。

4. 产假：女方90天，男方3天，晚育的女员工（超过24岁）除享有国家规定的产假外，增加奖励假15天。

5. 哺乳假：每天有一小时的哺乳时间，可晚上班一小时或早下班一小时。

6. 年假：职工累计工作已满1年不满10年的，年休假5天；已满10年不满20年的，年休假10天；已满20年的，年休假15天。

7. 工伤假：工伤期间工资及一切福利、补贴按国家相关规定发给。

8. 病假：职员病假2天或以上者，需有正式医生证明。特殊情况下，公司有权指派医生验证病情或伤情。如公司指派医生的意见与员工所找医生有别，公司将尊重指派医生的意见。病假期间工资按70%发放。

习　　题

一、复习思考题

1. 什么是报酬？

2. 企业薪酬战略类型有哪些？

3. 什么是业绩工资，请列举几类业绩工资模式。

4. 销售人员薪酬设计时有哪些特色？

5. 什么是福利？福利的作用有哪些？

二、案例分析题

📖 **案例分析1**

美世国际职位评估法——IPE系统

IPE系统（International Position Evaluation System）是职位评估的新方法，也是国际上最通用的两套职位评估方法之一。通过多位从事职位评估工作的资深专家的长期研发，它已由原来的基本方法发展成为现在易于运用的 IPE 系统。IPE 系统实行四因：影响、沟通、创新、知识、危险性（可选）打分制。这四个因素包含了不同职位要求的决定性因素。每一因素可再分成两至三方面，每一方面又有不同程度和比重之分。评估过程十分简单，只需为每一方面选择适当的程度，决定该程度相应的分数，然后把所有分数加起来便可。早在 20 世纪 70、80 年代，职位评估风靡欧美，成为内部人力资源管理的基础工具。调研结果表明，当时美国有 70％以上的企业使用职位评估系统来帮助搭建职位系统以及作为薪酬给付的依据。但是当美国逐渐将人力资源管理重点从"职位"挪到"绩效"以后，作为总部在美国的全球最大的人力资源管理咨询公司——美世咨询公司却始终没有抛弃这个工具，而是将其进一步开发，使其适合全球性，尤其是欧洲和亚洲国家的企业使用。

2000 年美世咨询公司兼并了全球另一个专业人力资源管理咨询公司 CRG（国际资源管理咨询集团，Corporate Resources Group）后，将其评估工具升级到第三版，成为目前市场上最为简便、适用的评估工具——国际职位评估系统（IPE, International Position Evaluation），它不但可以比较全球不同行业不同规模的企业，还适用于大型集团企业中各个分子公司的职位比较。这套职位评估系统共有 4 个因素，10 个纬度，104 个级别，总分 1225 分。评估的结果可以分成 48 个级别。其中这套评估系统的 4 个因素是指：影响（Impact）、沟通（Communication）、创新（Innovation）和知识（Knowledge）。这是在原先这个系统第二版 7 个评估因素（对企业的影响、监督管理、责任范围、沟通技巧、任职资格、解决问题、环境条件）的基础上经过大量科学提炼简化的结果。在 100 多位美世人力资源首席咨询顾问和众多企业人力资源资深从业者的共同研究中证明，事实上真正相互之间不存在相关性的因素只有两个——影响和知识。但为了减少评估过程由于主观因素造成的偏差，还是保留了另两个相对重要的因素——沟通和创新。

美世国际职位评估系统（IPE）的设计目的是为了在组织中科学地决定职位的相对价值等级。它使不同领域、职能的岗位，例如营销、财务领域内的岗位，可以在一把尺度上比较。

📝 案例分析 2

麦当劳全面上调中国员工薪资

2007 年 9 月 1 日起，内地 815 家麦当劳餐厅的大部分员工全面上调工资，涨幅在 12％至 56％不等，平均增长达 30％。麦当劳（中国）有限公司首席执行长施乐生表示，北京地区麦当劳餐厅员工工资上调后，其最低标准要高出北京市政府规定的最低月工资标准的 15％。之所以是 95％的餐厅员工涨工资，是因为另外 5％的员工工资已经很高了。

一、进入内地后 17 年来首次大幅加薪

本次调薪是麦当劳进入内地市场 17 年以来首次大规模、大比例提高员工工资。即将上调的工资幅度同样适用于在麦当劳餐厅工作的临时员工。麦当劳（中国）有限公司首席执行长施乐生表示，由于中国市场业绩不断上升，利润增加；因此，该公司希望藉此"大派红包"，留住人才。

已有 39 年"麦龄"的施乐生表示，目前中国市场销售已占麦当劳全球的 2％，中国已成为亚太、中东市场中继日本之后的第二大市场；随着汽车餐厅销售额的大幅提升，今后给

员工和餐厅管理人员的回馈还会更多，而且1815家麦当劳餐厅员工将全面换装。

二、从餐厅员工到文职人员全面涨薪

麦当劳（中国）此次全面涨薪不仅涉及餐厅员工，同时还包括餐厅经理人员和办公室行政人员。在不同区域，根据经济发展状况和消费指数，麦当劳在内地的工资系统共有多达164个级别标准，因此上调工资以后，每个省各个城市的标准都不一样。"调完之后，北京地区餐厅员工工资最低标准要高过北京市政府规定的最低月工资水平的15％。上海地区上调了19％，广州地区则上调了17％。据悉，此次将有四万多麦当劳餐厅员工坐上"涨工资"班车。

三、餐厅经理人员奖励更加丰厚

随着麦当劳餐厅营运收入的增长，餐厅经理人员也会获得相应的丰厚奖励，其奖金额度根据现有的"季度餐厅营业额同比增长"奖励计划以及"营运销售收入增长"激励计划而定。公司规定，如一间餐厅今年上半年营运销售收入超过去年上半年1％的部分，将奖励给该餐厅经理超出部分的7％，第一副经理3％，第二副经理1％。2006年有102名餐厅经理人员拿到了相当于25个月工资的年收入，每个餐厅有四个人拿了双份工资。2007年，有八成以上的餐厅经理人员已经拿了上半年的现金奖励，其中4％的经理人员多拿了半年的工资。

此外，麦当劳中国公司的800多名全职办公室人员也将受惠于"年度目标激励计划奖金"，但该奖金的发放基于利润增长、客户满意度、餐厅客流量增加以及员工对其满意度认知四个标准。

麦当劳中国地区每年要增加100家餐厅，急需餐厅人才；此次大幅涨薪，意在以此激励手法留住更多人才。

第八章 职业生涯管理

―――― 学习重点和要点 ――――

（1）知道职业和职业生涯的概念。

（2）了解职业生涯管理的特征，职业生涯管理理论——特质-因素理论、职业锚理论、职业生涯阶段理论、职业生涯选择理论的要点。

（3）掌握职业生涯设计的步骤，会制定自己的职业生涯计划。

（4）了解自我职业生涯管理的内容及其策略和方法。

📋 **导入案例**

日本著名企业家的职业生涯设计

日本著名企业家井上富雄年轻时曾在 IBM 公司工作。进入公司不久，由于他体质衰弱，积劳成疾，终于病倒了。他凭着坚强的意志与病魔搏斗了 3 年之久，终于康复，并重回到公司工作。这时，他已经 25 岁，于是立下了往后 25 年的生涯计划，这是他第一次为自己制订职业生涯的计划。此后，他每年都为自己未来的 25 年生涯订立新的计划。比如 28 岁时，就制订了到 53 岁时的生涯计划；到了 30 岁时，就制订出至 55 岁时的生涯计划。

最初他制定生涯计划的动机相当单纯。他觉得，病愈后再回到公司，一些比自己晚入公司的后辈职位都超过了他，要想在短时间内拉近近三年的差距着实不易。但是，井上富雄并不是一个轻易服输的人。由于担心再过分逞强会引起旧病复发，于是他就想找出既能悠闲工作又可快速休息的方法。因此，他就抱定："好吧！别人花 3 年时间，我花 6 年的时间；别人花 5 年时间，我就花 10 年的时间，只要不慌乱，一步步地前进，还是会有成就的。"

所以，井上富雄订立自己的"25 年计划"表，并确实督促自己按计划实践。他不断地对"如何才能以最少的劳力，消耗最少的精神，以最短的时间方能达到目的。"进行思索；也就是说他不断地力图找到既轻松，又一定能成功的战略、战术。他经常不断地调整自己的职业设计计划，追加新的努力目标，使自己的启蒙目标和工作目标也就逐渐扩展充实起来。当他还是一个小小办事员时，就开始学习科长应具有的一切能力；当科长时，就学习当经理应具备的能力；当经理时，就再进一步学习胜任总经理的能力。

总之，他总是从自己的现实出发学习应具有的各种能力，然后再进一步的为未来打基础，以便能随时胜作更高的职位。这一切都是得益于所订的职业生涯齐东野语有效帮助。到了 30 岁时，井上富雄成为经理；到了 40 岁时，则当上了总经理，他的升迁比别人要快得多。而 47 岁时，他干脆离开 IBM，自己开始经营公司。能取得这些成就，也并不是因为他的脑筋特别好或者善于走后门，只不过他能拟订适合自己生涯的计划，并且能去实践。

这个案例告诉我们，职业生涯设计对个人的成功的重要性。随着人力资源的不断演进、发展和成熟，提高人力资源素质和胜任能力已成为人力资源的关键。企业和人力资源个体都在追求高素质人才的获取与塑造方法，职业生涯规划和管理已越来越为人力资源专家和人力资源个体所关注。

第一节　职业生涯管理概述

一、职业与职业生涯

（一）职业的定义

在社会生活中，职业是指人们所从事的、具有明确的社会分工及专门技能的工作。它是以获得物质报酬并能满足自己生活需求为目的的。职业是人类文明进步、经济发展以及社会劳动分工的结果，同时也是社会与个人或组织与个体的结合点。

（二）职业生涯的含义

职业生涯是指人的一生中所从事的职业的全部历程，它包含了人的一生中所有经历的职业、工作、职位和相应的工作态度和个人体验。在现实生活中，一个人选择一种职业后，也许会终生从事，也许会转换几种职业；人一旦进入职业角色，他的职业生涯就开始了并随着时间的流逝而延续。

美国心理学博士格林豪斯认为，职业生涯是"贯穿于个人整个生命周期、与工作相关的经历的组合"。他强调职业生涯的定义既包含客观部分，例如工作职位工作职责、工作活动以及与工作相关决策；也包括对工作相关的主观知觉，例如个人的态度、需要、价值观和期望等。

二、职业生涯管理及特征

（一）职业生涯管理

职业生涯管理是个人和组织对职业历程的设计、职业发展的促进等一系列活动的总和，它包含职业生涯决策、设计和开发。职业生涯管理是一个长达一生的过程，它能够使我们认识自我、工作、组织。职业生涯管理被看作是力求满足管理者、员工、企业三者需要的一个动态过程。在企业中，个人最终要对自己的职业发展计划负责，这就需要每个人都清楚地了解自己所掌握的知识、技能、能力、兴趣、价值观等；而且还要对职业选择有全面的了解，以便制定目标、完善职业生涯计划。管理者则必须鼓励员工对自己的职业生涯负责，在进行个人工作反馈时提供帮助，并提供员工感兴趣的有关组织工作、职业发展机会等信息。企业则必须提供自身的发展目标、政策、计划等，还必须帮助员工作好自我评价、培训、发展等。当个人目标与组织目标有机结合起来时，职业生涯管理就具有了重大意义。因此，职业生涯管理就是从企业出发的职业生涯规划和职业生涯发展。

（二）职业生涯管理的特征

1. 职业生涯计划是组织为员工设计的职业发展计划

职业生涯计划以个体的价值实现和增值为目的。个人价值的实现和增值并不局限于特定组织内部。职业生涯管理则是从组织角度出发，将员工视为可开发、增值而非固定不变的资本。通过员工职业目标的努力，谋求组织的持续发展。职业生涯管理具有一定的引导性和功利性。它帮助员工完成自我定位，克服完成工作目标中遇到的困难挫折，鼓励员工将职业目标同组织发展目标紧密相联，尽可能多地给予他们机会。由于职业生涯管理是由组织发起的，通常由人力资源部门负责，所以具有较强的专业性、系统性。

2. 职业生涯管理必须满足个人和组织的双重需要

职业生涯管理着眼于帮助员工实现职业生涯计划，力求满足职工的职业发展需要。因此，要实行有效的职业生涯管理，必须了解员工在实现职业目标过程中会在哪些方面碰到问题，及解决这些问题的方法和途径。员工漫长职业生涯可以划分为有明显特征的各个阶段，每个阶段的典型矛盾和困难有哪些，解决和克服的方法等。组织在掌握这些信息后，才可能制订相应的政策和措施帮助员工找到内部增值的需要。全体员工职业技能的提高可以带动组织整体人力资源水平的提升，同时，在职业生涯管理中心引导下，那些同组织目标一致的员工会脱颖而出；为培养组织高层经营、管理或技术人员提供人才储备。对职业生涯管理的精力、财力投入和政策注入，是组织为达到上述目的而进行的较长期投资。

3. 职业生涯管理形式多样、涉及面广、难度大

凡是组织对员工职业活动的帮助，均可列入职业生涯管理之中。职业生涯管理既包括针对员工个人的，如各类培训、咨询、讲座以及为员工自发的扩充技能，提高学历的学习给予便利等等；同时也包括对组织的诸多人事政策和措施，如规范职业评议制度，建立和执行有效的内部升迁制度等。职业生涯管理从招聘新员工进入组织开始，直至员工流向其他组织或退休而离开组织的全过程一直存在；同时涉及职业活动的各个方面。因此，进行系统的、有效的职业生涯管理是有相当难度的。

三、职业生涯管理理论

（一）特质—因素理论（Trait - Factor Theory）

特质—因素理论是美国职业指导专家帕森斯（Frank Parsons）提出的，是最早的职业辅导理论，也是用于职业选择与职业指导的经典性理论之一。1908 年帕森斯在波士顿创办职业指导局，为职业指导的起点。1909 年，出版《选择职业》一书，第一次系统阐述了科学的职业指导理论，即特质—因素理论。

特质—因素理论主要以个性心理学和差异心理学为基础，承认人的个性结构存在客观差异，强调心理因素在职业选择中的匹配作用，重视心理测量技术的运用和问题的诊断；认为职业选择就是使职业兴趣、职业能力与职业所需要的素质相匹配。其中，特质是指人的生理、心理特质或总称为人格特质，因素是指客观工作标准对人的要求。

特质—因素理论的核心是人与职业的匹配，其理论前提是：每个人都有一系列独特的特质，并且可以客观而有效的进行测量；为了取得成功，不同职业需要配备不同特质的人员；个人特质与工作要求之间配合的愈紧密，职业成功的可能性越大。匹配分为两种类型：①条件匹配。如所需专门技术和专业知识的职业与掌握该种特殊技能和专业知识的择业者相匹配；或者脏、累、险等劳动条件很差的职业，需要与吃苦耐劳、体格健壮的劳动者匹配。②特长匹配。即某些职业需要具有一定的特长，如具有敏感、易动感情、不守常规、有独创性、个性强、理想主义等人格特性的人，宜于从事审美性、自我感情表达的艺术创作类型的职业。

帕森斯认为个体在选择职业的过程中，涉及到对工作性质和环境的了解，对自我爱好和能力的认识，以及他们二者之间的协调与匹配，即职业辅导的三大原则。

威廉姆逊在帕森斯理论的基础上形成了一套独特的辅导方法，由于其教导意味很重，又被称为"指导学派"。威廉姆逊认为，经过心理测验后，指导咨询主要有以下三种方法。一是直接建议，即辅导者直接告诉个体最适当的选择或必须采取的计划与行动；二是说服，即

辅导者以合乎逻辑的方式向个体提供他对心理测验结果所作的诊断与预测，让个体根据这些指导推断出自己应作的抉择；三是解释，即辅导者向个体说明各项资料的意义，让个体可以就每一项选择作系统化的分析、探讨，并依据心理测验的结果推测成功的可能性。威廉姆逊认为在这三种方法中，第三种方法是最完整且较能令人满意的方法。

（二）职业锚理论

1. 职业锚定义

职业锚理论是美国麻省理工大学斯隆商学院、美国著名的职业指导专家埃德加·H·施恩（Edgar·H·Schein）教授领导的专门研究小组，是对该学院毕业生的职业生涯研究中演绎形成的。所谓职业锚，又称职业锚系留点。职业锚是人们选择和发展自己的职业时所围绕的中心，是指当一个人不得不做出选择的时候，他无论如何都不会放弃的职业中的那种至关重要的东西或价值观，是自我意向的一个习得部分。个人进入早期工作情境后，由习得的实际工作经验所决定，与在经验中自省的动机、价值观、才干相符合，达到自我满足和补偿的一种稳定的职业定位。职业锚强调个人能力、动机和价值观三方面的相互作用与整合，是个人同工作环境互动作用的产物，在实际工作中是不断调整的。

2. 职业锚的功能

职业锚是职业生涯早期个人与职业情景相互作用的产物。职业锚的形成要经历一种搜索过程，可能有些人要经过换好几次职业，才能开发出自己的职业锚，找到自己正确的职业轨道。它的核心功能是帮助人力资源个体把职业时期感悟到的态度、价值观、能力等分门别类，找到适合自己的职业种类与领域；认识自己的抱负模式，确定自己的职业成功标准；对要求个人发挥作用的职业情况提出标准，找到适合自己的职业通路。早期形成的职业锚为全部的职业生涯设定了发展的方向，这对个人才能的发挥具有决定性的影响；它对职业绩效的影响也往往超过了一般的岗位技能培训。经过近 30 年的发展，职业锚已成为许多个人职业生涯规划的必选工具和公司人力资源管理的重要工具。个人在进行职业生涯规划和定位时，可以运用职业锚思考自己的具有的能力，确定自己的发展方向，审视自己的价值观是否与当前的工作相匹配。只有个人的定位和正从事的职业相匹配，才能在工作中发挥自己的长处，实现自己的价值。尝试各种具有挑战性的工作，在不同的专业和领域中进行工作轮换，对自己的资质、能力、偏好进行客观的评价，是使个人的职业锚具体化的有效途径。对于企业而言，通过雇员在不同的工作岗位之间的轮换，了解雇员的职业兴趣爱好、技能和价值观，将他们放到最合适的职业轨道上去，可以实现企业和个人发展的双赢。

施恩教授总结出大概自主型职业锚、创业型职业锚、管理能力型职业锚、技术职能型职业锚、安全型职业锚等五种职业锚类型。进入九十年代，又发现了安全稳定型、生活型、服务型职业锚三种类型的职业锚。施恩先生结合总结的八种职业锚类型，推出了职业锚问卷。

职业锚问卷是国外职业测评运用最广泛、最有效的工具之一。职业锚问卷是一种职业生涯规划咨询、自我了解的工具，能够协助组织或个人进行更理想的职业生涯发展规划。

（三）职业生涯阶段理论

施恩立足于人生不同年龄阶段面临的问题和职业工作的主要任务，提出职业生涯发展 9 阶段理论。该理论可以规划职业生涯阶段，可以让个人明确各个阶段的任务，在规划生涯与职业生涯时可以参考。施恩虽然基本依照年龄增大顺序划分职业发展阶段，但并未囿于此，其阶段划分更多的根据职业状态、任务、职业行为的重要性。施恩教授职业周期阶段是依据职业状态和职业行为发展过程的重要性来划分的。职业生涯九阶段理论，如图 8-1 所示。

表 8-1　　　　　　　　　　　　　　职业生涯九阶段理论

阶段	角色	主要任务
成长、幻想、探索阶段（0～21岁）	学生、职业工作的候选人、申请者	1. 发展和发现自己的需要和兴趣，发展和发现自己的能力和才干，为进行实际的职业选择打好基础； 2. 学习职业方面的知识，寻找现实的角色模式，获取丰富信息，发展和发现自己的价值观、动机和抱负，做出合理的受教育决策，将幼年的职业幻想变为可操作的现实； 3. 接受教育和培训，开发工作世界中所需要的基本习惯和技能
查看劳动力市场阶段（16～25岁）	应聘者、新学员	1. 查看劳动力市场，谋取可能成为一种职业基础的第一项工作； 2. 个人和雇主之间达成正式可行的契约，个人成为一个组织或一种职业的成员
基础培训阶段（16～25岁）	实习生、新手	1. 了解、熟悉组织，接受组织文化，融入工作群体，尽快取得组织成员资格，成为一名有效的成员； 2. 适应日常的操作程序，应付工作
早期职业阶段（17～30岁）	取得组织新的正式成员资格	1. 承担责任，成功的履行与第一次工作分配有关的任务； 2. 发展和展示自己的技能和专长，为提升或查看其他领域的横向职业成长打基础； 3. 根据自身才干和价值观，根据组织中的机会和约束，重估当初追求的职业，决定是否留在这个组织或职业中，或者在自己的需要、组织约束和机会之间寻找一种更好的配合
职业中期阶段（25岁以上）	正式成员、任职者、终生成员、主管、经理	1. 选定一项专业或查看管理部门； 2. 保持技术竞争力，在自己选择的专业或管理领域内继续学习，力争成为一名专家或职业能手； 3. 承担较大责任，确实自己的地位； 4. 开发个人的长期职业生涯规划
职业中期危险阶段（35～45岁）	正式成员、任职者、终生成员、主管、经理	1. 现实的估价自己的进步、职业抱负及个人前途； 2. 就接受现状或者争取看得见的前途做出具体选择； 3. 建立与他人的良师关系
职业后期阶段（从40岁后至退休）	骨干成员、管理者、有效贡献者	1. 成为一名良师，会发挥影响，指导、指挥别人，对他人承担责任； 2. 扩大、发展、深化技能，或提高才干，以担负更大范围、更重大责任； 3. 如果求安稳，就此停滞，则要接受和正视自己影响力和挑战能力下降
衰退和离职阶段（从40岁至退休）		1. 学会接受权力、责任、地位的下降； 2. 于竞争力和进取心下降，要学会接受和发展新的角色； 3. 评估自己的职业生涯，着手退休
退休		1. 保持一种认同感，适应角色、生活方式和生活标准的急剧变化； 2. 保持一种自我价值观，运用自己积累的经验和智慧，以各种资源角色，对他人进行传帮带

厦门大学教授廖泉文提出了职业生涯发展"三三三"理论，具有很强的实用性和指导性，该理论将人的职业生涯分成三大阶段：输入阶段、输出阶段和淡出阶段，如表8-2所示。

表8-2 　　　　　　　　　　　　　　　　职业生涯的三阶段

阶段	输入阶段	输出阶段	淡出阶段
	从出生到从业前	从就业到退休前	退休以后
主要任务	输入信息、知识、经验、技能，为从业做重要准备；认识环境和社会，锻造自己的各种能力	输出自己的智慧、知识、服务、才干；进行知识的再输入、经验的再积累、能力的再锻造	精力渐衰，但阅历渐丰、经验渐多，逐步退出职业，适应角色的转换。该阶段是夕阳无限好阶段，有更加广阔的时空以实现以往的夙愿

输入阶段、输出阶段、淡出阶段之间的边界是弹性的。弹性产生的原因是由于受教育程度、工作行业、职位高度、身体状况和个人特质、成就欲望等因素的影响。

输入阶段是指对知识、信息、经验的输入，是职业生涯发展的"第一阶段"，具有个性化（因人不同）、弹性化（因教育背景不同）、开放化（因工作性质不同）的特点。由于输出阶段的输出内容是指输出服务、知识、智慧和其他产品。因此，输入阶段直接影响输出阶段的职业发展，如表8-3所示。

表8-3 　　　　　　　　　　　　　　　人生输入阶段与输出阶段的弹性

输入阶段	输出阶段
18岁左右　大专教育	从业于高级技工、医护师、农村初等教育工作等
20岁左右　大学本科教育	从业于中学教师、医生、政府公务员和企业中基层管理者
24岁左右　硕士学位教育	从业于大专教师、企业中高级管理人员、政府公务员等
27岁左右　博士学位教育	从业于大学教师、研究院研究员、政府高级公务员、企业中高级管理人员等

因为学历背景不同而不同。有的人在输入阶段时间更短，受教育更少，这些人进入职业的年龄不同；有的人在输入阶段更长一些，受到更多的教育，获取知识在广度、深度上更进一步。输入阶段的不同也决定了其今后职业发展的不同，显然，受教育程度是影响人力资本价值的一个十分重要的因素。

输出阶段是职业生涯发展的"第二阶段"，这一阶段的发展特点与"第一阶段"一样，依然是弹性的、开放的、动态的，有显著的个性化特征，是受多维环境因素和个体因素影响的结果。输出阶段是人的一生最重要的阶段，也是人的职业生涯成功与否的决定性阶段。这一个阶段孕育着职业生涯的成功与失败，饱含着人生的酸甜苦辣。人生所有的沧海桑田的体会均在这一阶段，这里既包含着个性的特质、智慧、勤勉、欲望、健康、能力、毅力等诸多个体要素的影响，也包括着环境与人文的影响，如机遇、父辈家庭背景、社会关系、毕业学校、学术导师的成就和支持、关键人物的态度、配偶的素质水平、个人小家庭的和睦、朋友、人生导师的指导等因素。

输出阶段又可细分为三阶段，如表8-4所示。

表 8-4　　　　　　　　　　　　　输出阶段的三阶段

阶段	个人的工作状态	职业环境状态
适应	对领导：我要服从你的领导，对同事：我要与你协同工作，对自己：我要使之既表现出色	适应工作硬软环境，个体与环境，个体与同事相互接受，此时进入职业
创新	独立承担工作任务，努力做出创造性贡献，向领导提出合理化建议	受到领导和群众认可，进入视野辉煌阶段
再适应	由于工作出色获得晋升，由于发展空间小而原地踏步，由于自身骄傲或工作差错受到批评	个体要调整心态，再适应变化了的环境；此时属于职业状态分化阶段，领导和同事看法不一

输出阶段中的"再适应阶段"可更进一步划分为三阶段。在现实中，职业一次成功的人很少，每一个人都要经历"再适应阶段"，这一阶段不是人生最辉煌的阶段，却是人生到达辉煌的必经阶段。再适应阶段的三阶段，如表 8-5 所示。

表 8-5　　　　　　　　　　　　　再适应阶段的三阶段

阶段	职业状况
顺利晋升	适应工作硬软环境，个体与环境，个体与同事相互接受，此时进入职业
原地踏步	面临着新的工作环境的挑战，新的工作技能的挑战，原同级同事的嫉妒，领导会提出新的要求，表面的风光隐藏着一定的职业风波
下降到波谷	由于个体原因或客观原因，遭受上级批评，或受降级处分，工作状态进入波谷，此时如能重新振奋精神，有希望进入第二次三阶段发展状态

职业生涯发展的"三三三"理论突出职业发展中经历的大、中、小三个阶段，有一环扣一环的内涵，这种包含关系如图 8-1 所示。

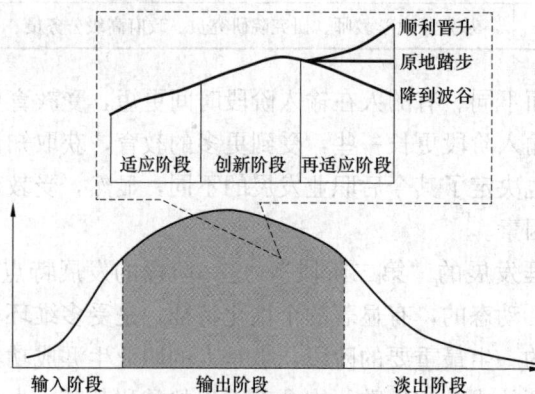

图 8-1　职业生涯发展的"三三三"理论

四、职业生涯选择理论

1. 吉列特的生涯决定论

该理论认为决策是一连贯的决定，任何一个决定都会影响以后的决策，也会受先前决定的影响；因此，决策是一个发展的取向而非单一的事件。决策的基本准则在于选择有利因素最多而不利因素最少的方案。如图 8-2 所示。

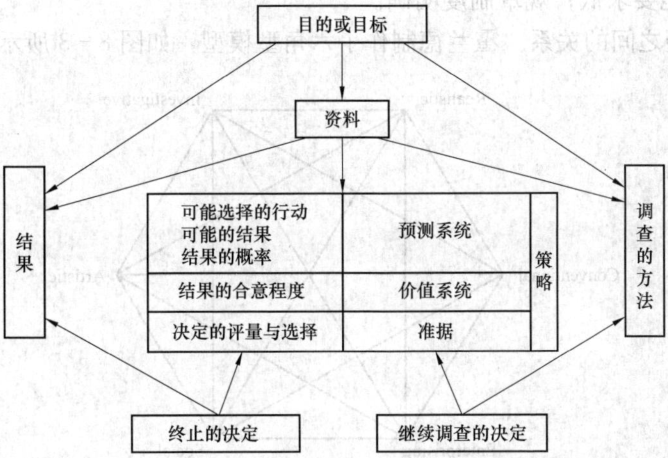

图 8-2 吉列特的生涯决定论

吉列特的决策架构特别强调资料的重要性，他将资料组织成三个系统：

（1）预测系统。该系统预测不同选择的行动可能会有的结果以及由行动到结果之间概率。

（2）价值系统。该系统个人以内在价值体系、态度等，判断不同结果之间的相对偏好。

（3）决策系统评价判断的法则，通常包括：①期望策略：选择最需要得到的结果。②安全策略：选择最可能成功、最保险、最安全的途径。③逃避策略：避免选择最差的、最坏结果的方法。④综合策略：选择最需要而又最可能成功、不会产生坏结果的方案。

2. 霍兰德的职业性向理论

霍兰德是美国霍普斯金大学荣誉退休教授，自 20 世纪 70 年代以来，提出了一系列的一致性。该理论认为某一类型的职业通常会吸引具有相同人格特质的人，而具有相同人格特质的人对许多生活事件的反应模式也是相似的。在同等条件下，人和环境的适配性或一致性将增加个体的工作满意度、职业稳定性和职业成就感。霍兰德生涯理论的基础主要由六个基本假设组成：

（1）大多数人的人格特质可以归纳为 6 种类型：①现实型（Realistic）：具有运动或机械活动倾向，喜欢需要动手使用工具或机器来完成任务的工作。要求明确的、具体的体力任务和操作技能；需要立即行动和获得强化；较低的人际关系要求；喜欢户外的活动。②研究型（Investigative）：具有技术倾向，逻辑、系统，并喜欢科学地解决抽象问题。具备思考和创造能力；社交要求不高；思考任务定向；要求实验室设备但不需要强体力劳动。③艺术型（Artistic）：具有敏感、情感化、直觉和想象倾向，注重美感，喜欢通过各种媒体表达自己，具有持续的创造动机。倾向于通过语言、动作、色彩和形体表达审美原则；喜好单独工作；对友谊有特殊标准；长时间埋头苦干。④社会型（Social）：具有理想化、乐于助人、善解人意和乐于支持的倾向，喜欢教课、培训、发展他人，致力于提高他人的生活质量。解释和修正人类行为；要求高水平的沟通技能；热情助人；延迟强化；强调威望。⑤企业型（Enterprising）：具有雄心、鼓动性、有活力的倾向，喜欢竞争性和有影响的活动，有实现组织目标或经济目的的强烈动机。有说服他人的能力；需要管理行为；完成督察性角色；需要作言语反应。⑥常规型（Conventional）：具有守规则、有效率、尽职的、坚持的、有系统的倾向，喜欢已经界定好的口头和数字任务，坚持按照程序和步骤进行活动。要求系统的、常规的行为；人际技能要求低；规章制度明确。

（2）六种类型之间的关系。霍兰德制作了六角型模型，如图 8 - 3 所示。

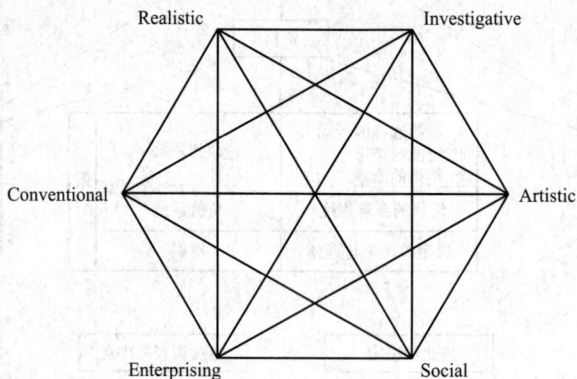

图 8 - 3　人格类型与职业类型匹配模型

图中，每种职业人格类型与其邻近的两种类型属于相近关系。与其处于次对角线上的两种类型属于中性关系。与其处于主对角线上的职业人格类型属于相斥关系。因此，霍兰德提出了职业选择时应遵循的几个原则：①适宜原则。即每种职业人格类型的人适宜从事同种类型的职业。如 S 型人格类型的人从事 S 型职业。②相近原则。即每种职业人格类型的人选择从事与人格类型相近类型的职业，比较容易适应。如 S 型人格类型的人从事与其相邻 E 型或 A 型职业。③中性原则。即人们选择从事与人格类型成中性关系类型的职业，经过艰苦努力，也较容易适应。如 S 型人格类型的人从事与其相隔一个类型的 C 型或 I 型职业。④相斥原则。即人们如果选择与人格类型相斥关系类型的职业，则很难适应。如 S 型人格类型的人从事与其相对立的 R 型职业。

霍兰德认为个人的职业兴趣往往是多方面的，因此通常用得分最高的前 3 个字母的代码来标示一个人的职业兴趣。这个代码就称为"霍兰德代码"（Holland Code）。三个字母之间的顺序表示了不同类型兴趣强弱程度。如 SEC 代码表示 S 型得分最高，依次是 E 型、C 型。

第二节　职业生涯设计

西方发达国家一直比较重视职业生涯的设计，国外学校教育在 20 世纪七八十年代就开设"生涯设计辅导"等课程。职业生涯设计也是许多大公司员工培训的主要内容。在我国，职业生涯设计也开始成为现代人力资源管理的核心内容之一。

一、职业生涯设计

职业生涯设计也叫职业生涯规划，是组织和个人把个人和组织发展相结合，对决定职业生涯的个人因素、组织因素和个人因素等进行分析，制定个人一生事业发展的战略设想与计划安排。它包括一个人的学习与成长目标，及对一项职业和组织的生产性贡献和成就期望。职业生涯规划并不是一个单纯的概念，它和个体所处的家庭以及社会存在密切的关系；而且因为未来的不确定性，职业生涯规划也需要确立适当的变通性。

二、职业生涯设计的步骤

设计职业生涯，首先要对个人特点进行分析，对所在组织环境和社会环境进行分析；然后根据分析结果制定出个人事业奋斗目标，选择实现这一职业目标的职业，编制相应的工作、教育和培训的行动计划并对每一步骤的时间、顺序和方向做出安排。职业生涯设计基本上可以分为职业生涯目标确立、自我与环境的评估、职业的选择、职业生涯策略、评估与反馈等五个阶段。

（一）自我与环境的评估

1. 自我评估。每位设计者，都无法避免地要对自我和外在环境进行了解。自我评估的目的是认识自己、了解自己，自我评估是职业生涯规划的基础，也是能否获得可行的规划方案的前提。只有认识了自己，才能对自己的职业做出正确的选择，才能选定适合自己发展的职业生涯路线，才能对自己的职业生涯目标做出最佳选择。没有建立在自我评估基础之上的职业生涯规划，既不现实，也缺乏可操作性，很容易中途夭折。自我评估包括自己的性格、兴趣、特长、学识、技能、思维、道德水准以及社会中的自我等。

2. 环境评估。环境评估主要是评估各种环境因素对自己职业生涯发展的影响，每一个人都处在一定的环境之中，离开这一环境便无法生存与成长。在制定个人的职业生涯规划时，要分析环境条件的特点、环境的发展变化情况、自己在这个环境中地位、环境对自己提出的要求以及环境对自己有利的条件和不利因素等。只有对这些环境因素充分了解，才能做到在复杂的环境中趋利避害，使职业生涯设计具有实际意义。

（二）职业的选择

据统计，80%以上的事业失败者是选错了职业的。因此，职业选择的正确与否，直接关系到人生事业的成功与失败。在选择职业的过程中要考虑性格与职业的匹配，兴趣与职业的匹配，特长与职业的匹配，内外环境与职业的适应性。良好的职业选择是以自己的最佳才能、最优性格、最大兴趣、最有利的环境等信息为依据进行的。职业的选择一般有短期目标、中期目标、长期目标之分。

适合自身特点是毕业生就业的着眼点。社会上的职业多种多样，不同的职业，对从业人员的知识、技能、素质等要求不同。而毕业生的自身条件也不一样，不同的个体所具有的素质也是有差异的。所以，大学生对职业的选择，一方面要从社会需要出发，同时也要考虑自身的实际情况，扬长避短，只有这样才能做到人尽其才，才尽其用。爱因斯坦是世界著名的科学家，以色列国会曾邀请他回国当总统，被他婉言谢绝。爱因斯坦认为：自己的性格适合当科学家，搞研究，不适合当总统，搞政治，如果一定要让他当总统，那可能总统当不好，科学研究也搞不出。

（三）职业生涯目标确立

确定目标可以成为追求成功的驱动力，志不立，天下无可成之事。志向是事业成功的前提，没有志向，事业成功也就无从谈起。立志是人生的起跑点，反映着一个人的理想、胸怀、情趣和价值，影响着一个人的奋斗目标及成就的大小。制订个人职业生涯规划的最终目的就是实现自己的职业目标，在进行职业生涯设计时，要确立志向，确定目标；这是制定职业生涯规划的关键和重点，目标抉择是职业生涯规划的核心。职业生涯规划中所确立的目标，应该是可预期到的、有实现可能的，其中长远目标又包括终极目标、长期目标、中期目标和短期目标。

目标确立的方法通常是先结合自身条件和现实环境选择终极目标和长期目标，然后通过目标分解，分化为符合阶段目标要求的中期、短期目标。因此，根据社会经济发展的趋势，用发展的眼光、长远的观点来指导自己的择业；不要局限于资本的组织形式，唯国有企业或外资企业为目标，其实私营企业往往有更广阔的发展空间。服从社会需要是职业选择的前提条件，劳动者要从事生产劳动，先决条件是社会对劳动力的需求。

（四）职业生涯机会的评估

职业生涯发展机会评估主要是指分析内外环境因素对个人职业生涯发展的影响。环境为每个人提供了活动的空间、发展的条件、成功的机遇。近年来，社会的快速变迁、科技的高速发展、市场的竞争加剧等挤压了个人发展的空间和机会。在这种情况下，在进行职业生涯设计时，要分析环境的特点、环境的发展变化情况、个人与环境的关系、个人在环境中的地位、环境对个人提出的要求及环境中对自己有利与不利的因素等。

（五）职业生涯路线的确定

职业生涯路线是对前后相继的工作经验的客观描述，而不是对个人职业生涯发展的主观感觉；可以借助职业生涯路线来安排个人的工作变动，从而训练与发展担任各级职务和从事不同职业的广泛能力。职业生涯路线上包含了不同的职业阶梯，描述了在一种职业中个人发展的一般路线或理想路线。

职业生涯路线计划描述各种流动的进步可能性，反映工作内容、组织需要的变化，详细说明职业生涯路线的每一职位的学历、工作经历、技能和知识。职业生涯路线大致可以分为五个类型。如表 8-6 所示。

表 8-6 职业生涯路线类型

类型	典型特征	成功标准	主要职业领域	典型职业通路
技术型	职业选择时，主要注意力是工作的实际技术或职能内容。只愿意在技术职能区晋升，而不愿意到全面管理的位置	在本技术区域达到最高管理位置，保持自己的技术优势	工程技术、财务分析、营销、计划、系统分析等	财务分析员—主管会计—财务部主任—公司财务副总监
管理型	能在信息不全的情况下，分析解决问题，善于影响，监督、率领、操纵、控制组织成员，能为危机所激励，善于使用权力	管理越来越多的下级，承担的责任越来越大，独立性越来越强	政府机构、企业组织及其各部门的主要负责人	工人—生产组长—生产线经理—部门经理—行政副总监—总裁
稳定型	依赖组织，怕被解雇，倾向于按组织要求行事，高度的感情安全，没有太大抱负，重视退休金	一种稳定、安全、整合良好的家庭、工作环境	教师、医生、公务员	追求职称的评定，如：医师—主治医师—副主任医师—主任医师
创造型	要求自主权、管理才能，能施展自己的特殊才能，喜好冒险，经常转换职业	建立或创某种东西，它们是完全属于自己的杰作	发明家、风险投资家、产品开发人员、企业家	无职业典型通路，极易变换职业或从事自由职业

续表

类型	典型特征	成功标准	主要职业领域	典型职业通路
自主型	随心所欲、制定自己的步调、时间表、生活方式和习惯，认为组织生活是不自由的，侵犯个人的	在工作中得到自由和欢愉	学者、职业研究人员、手工业者、个体工商户	在某个领域内发展自己的事业与个人

（六）评估与反馈

在行动的过程中，需要通过不断的评估与反馈来检核与评价行动的效果。在职业生涯发展的过程中，由于外部环境和自身素质的变化，往往需要不断地对职业发展计划进行调整。每经过一段时间的职业发展，有意识的回顾自身实际，检验自己的职业定位与职业方向是否合适。这样才可以保证在实施职业生涯设计的过程中，自觉地评估职业生涯设计，修正自我认知。通过反馈和修正，纠正最终职业目标与分析实际和目标偏差从而保证职业生涯设计的有效性，增强实现职业目标的信心。

第三节 自我职业生涯管理

一、自我职业生涯管理的意义

自我职业生涯管理（Individual Career Management），是以实现个人发展和成就最大化为目的的，通过对个人兴趣、能力和个人发展目标的有效管理，从而实现个人的发展目标。自我职业生涯管理对个人来说，关系到个人的生存质量和发展机会；对于组织来说，关系到保持人力资源的竞争力。

对员工个人而言，参与职业生涯管理的意义主要体现在三个方面：

1. 增强对环境的把握和对困难的控制能力

职业生涯规划和职业生涯管理既能使员工了解自身长处和短处，养成对环境和工作目标进行分析的习惯；又可以使员工合理计划、分配时间和精力完成任务、提高技能。

2. 处理好职业生活和生活其他部分的关系

良好的职业生涯规划和职业生涯管理可以帮助个人从更高的角度看待工作中的各种问题和选择，将各分离的事件结合联系，服务于职业目标，使职业生活更加充实和富有成效。它更能考虑职业生活同个人追求、家庭目标等其它生活目标的平衡，避免顾此失彼，两面为难的困境。

3. 实现自我价值的不断提升和超越

工作的最初目的可能仅仅是为了获取劳动报酬，进而追求的可能是财富、地位和名望。职业生涯规划和职业生涯管理对职业目标的多次提炼可以使工作目的超越财富和地位之上，追求更高层次自我价值实现的成功。

二、自我职业生涯管理的内容

作为组织中的一员，要特别注意个人对职业的自我管理。职业的发展，组织方面的管理是一个方面，但个人的自我管理也十分重要，外因要通过内因才能发挥作用。制定出一个切实可行的职业生涯规划与采取适当的管理策略方法，是个人职业自我管理中的两个关键点。

（一）职业生涯规划的制定

个人要想取得良好的职业，求得职业的发展，就必须制定好个人的职业生涯规划，以此来决定职业的选择、完成、发展和变化。制定个人职业生涯规划要从下面几个方面入手。

1. 规划实效性

制定的职业生涯规划要切实可行，既不能期望过高又不能过于保守。如图8-4所示。

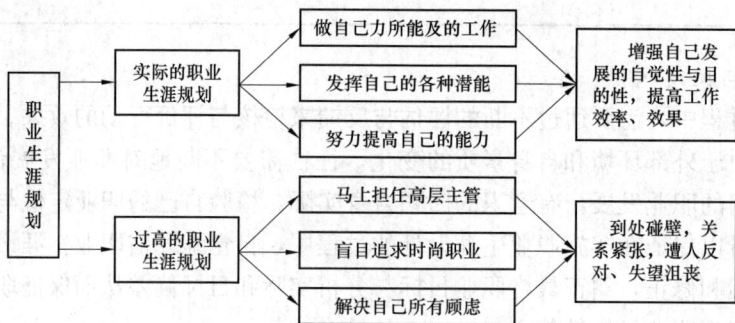

图8-4　职业生涯规划实效性评价

在制定职业生涯规划时，当个体对自己有较实际的期望，计划就能起到促进作用，使主体有上进心，努力做好各项工作，提高工作效率与效果。反之，如果制定者对自己期望过高，例如工作的选择定位过度理想化，对职位预期过高等，那么所制定的职业生涯规划就会产生消极作用。因为在任何组织中，高级职位非常有限，受个人资质和机会的限制，达到的可能性很小。所以为了达到目标，可能会不择手段，排挤别人；导致组织分裂，增加内耗，降低组织绩效，或者因为达不到目标而失望沮丧。

2. 个人能力和职业定位要有科学性

制定职业生涯规划，要基于对自身能力的分析后，确定合适的职业及职位趋向。要考虑本人所具有的个性、气质、能力、兴趣、价值观等因素，根据所选择的工作性质与要求，拟定职业生涯规划。如果只凭兴趣与热情来选择工作，存在极大的盲目性。例如，上海市曾经对数百名大学生、中专生进行调查后发现，约有八成以上的人是在对专业要求了解甚少的情况下填报专业志愿。所以，对职业生涯规划的制定，必须建立在对个性特点、工作要求与组织环境充分了解的基础上。

3. 规划制定和执行过程中注意灵活性

要对个性特点、所有的工作要求与所有的组织环境，有一个全面透彻的了解，才可能制定出切合实际的计划。现代就业环境日趋复杂多变，工作要求与个体的个性特点也会发生变化，因此职业发展的计划要留有一定的余地。那种把整个的职业发展逐年逐月安排的计划，既显烦琐又不适用。职业生涯规划中的目标与方案可以分有高、中、低三种，一旦遇到意外情况便有了选择的余地；尤其是当我们对未来的发展没有太大把握时，更要注意这一点。

此外，对每个计划与方案的执行，也要有一定的弹性，不折不扣过于机械是适应不了形势发展的。变化是绝对的，静止是相对的，计划的超前性与变化的绝对性要求职业生涯规划的具体实施要有一定的灵活性。

4. 考虑家庭和婚姻因素的影响

任何人都不可能脱离家庭，未婚者会考虑未来家庭的组成，已婚者则必须考虑配偶的情况，事业与生活总是相辅相成的，在制定职业生涯规划时，考虑要周全一些，尽可能把家庭的情况与配偶情况考虑进去，这样可以大大减少来自家庭生活中的各种干扰与矛盾，提高职业发展的计划效果。

5. 与社会当前的需求与发展相一致

职业生涯规划具有主观性，而社会的需求与发展具有客观性。主观必须在服从客观要求的前提下，才能实现主观的愿望。有些半途而废或累遭失败的人，其原因往往在于他们的职业生涯规划只是想当然，按自己的主观意志行事，忽视了与社会的需求相结合。这种计划与社会要求的一致性，还包括职业生涯规划与所在组织需要的一致性上。有些人认为职业生涯规划即是职业的自我设计与开发，是按兴趣与意愿而行事的，最后往往难以接受理想和现实之间的落差。

（二）自我职业生涯管理的策略和方法

个人职业的自我管理，除了制定出一个良好的职业生涯规划外，还要会选择适当的自我职业生涯管理的策略。

1. 建立和发展基本的职业评价体系

要提高个人职业自我管理的效果，就要建立和发展包括对各种职业及其要求的认识、比较与鉴别为内容的职业评价体系。这种体系包括对自己长处与短处的认识并依据不同个性特点对相应职业确定的把握能力。

2. 发展自我职业生涯选择和控制能力

当个体对所有职业要求与自身个性特征有一个比较全面的认识之后，为了对适合自己的职业做出迅速的定向，每个人在建立和发展基本的职业评价体系的同时，要致力于发展对职业的选择、定向和控制能力。

3. 对组织进行仔细的鉴别、选择

当个体在全面了解自己的个性特点与职业要求的基础上，选定了某个适合的职业之后，接下来的工作是对组织或单位的选择。有的组织的环境与条件有利于所定职业的发展，有的组织的环境与条件则不利于所定职业的发展。如企业管理的两个毕业生，一个到企业工作，侧重于知识运用，重视实践操作效果；另一个则留在高校进行教学研究，关注教学内容的系统性以及理论研究，强调理论深度；其结果是他俩对企业管理知识的应用与发展情况就不一样了。因此在个人职业的自我管理中，选择一个对职业发展非常有利的组织是很重要的。

4. 选择具有挑战性的工作

在挑选工作时，职业的发展比起短期的考虑（例如微不足道的报酬差额），应当更为重要。因此，在同等的条件下，应首先挑选那些具有挑战性的工作。挑战性的工作一般更能激发内在的潜能，然而，这种挑战性与自己现有的能力与水平要相适应，难度适中。

5. 取得显著的工作绩效

挑选具有挑战性的工作，目的至少有两个：一是激发内在的潜能，二是由此取得显著的工作绩效。若只追求工作的挑战性而不注意工作的绩效，那么，长久下去就没有多大意义了。一般来说，显著的工作绩效有助于增强人的自信心，有助于对既往行为的肯定与巩固，有助于职业的稳定与发展。

6. 具备多变、灵活的职业能力

由于世界的多变性，社会中重要的职业会不断发生变化，个体的兴趣也会发生转移。因此，每个人应具备多变、灵活的职业能力。个体应当避免受到常规的狭隘工作说明书的约束，力求寻找更有兴趣的职业和更大责任的工作，寻求扩大工作范围。与此同时，要发展更多的技能。只要能够增进对企业的了解或者学习新的技能，就应当自荐参加训练项目活动，或者承担工作任务。

7. 进行有效的、多重的职业合作

一个人具有多种能力与个性特点，具有多向发展潜能；因此与不同领域的人进行有效的、多重的职业合作，是非常有益的。这种合作，一方面有助于个性与潜能的全面发展，另一方面，有助于良好人际关系的建立，有助于知识面的扩展。

8. 寻求各种资源，把握职业发展的机会

个人职业的自我管理，并不排除有关方面的支持与帮助。个人的能力毕竟是有限的，我们要想自己有个良好的职业发展，要学会求得各方面的帮助，善于借助外脑的作用，为自己选择适合的职业寻求更广泛更可靠的支持。

"机遇总是留给有准备者。"有些外来职业发展的机遇，都带有一定的偶然性。每个人要学会捕捉自己周围存在的各种职业发展机会。这种把握职业发展机会的敏感性，是建立在对职业信息的了解及其对自己职业发展长期思考的基础上。

习　　题

一、复习思考题

1. 什么是职业生涯管理？
2. 一个人的职业成功与哪些因素关系密切？
3. 你认为大学生和研究生的职业生涯道路会有很大差异吗？
4. 你能举例说明职业生涯决策错误的后果吗？

二、案例分析题

📝 **案例分析**

财务人员职业生涯规划

陈美菁，中关村某公司财务经理。从 2005 年大学毕业后，陈小姐就供职于该公司。刚入职时，陈小姐的职位是公司的财务助理，负责凭证的粘贴、装订及财务部日常杂务的处理。陈小姐是一个很有主见的人，为此，她根据自身情况，给自己制订了一个职业生涯规划。

自我分析：陈小姐的父亲也是从事财务行业，当时陈小姐高考填报志愿时遵从父亲的建议：女孩子应该掌握一项技能，今后从事的职业稳定，而且会计行业只会随着年龄的增长越来越吃香。进入大学学习后，陈小姐也发现自己很喜欢财务专业。据陈小姐朋友们的评论，陈小姐踏实、稳重、真诚、有责任感。在这家公司担任财务助理后，陈小姐的工作也很少出现纰漏，责任感很强，深受领导的重视。陈小姐现在就职的公司，是属于高新技术企业，公司有自己的研发产品，产品发展情况良好，企业文化很融洽，能提供可持续发展的机会和空间。于是陈小姐决定一定时期内，不盲目跳槽，留在公司继续发展，等待机会往更高的职位迈进。计划安排：

1. 首先要做到愿意与数字打交道，热情投入。陈小姐在公司已经工作了一年，可以顺利地操作一些财务业务。但想要成为一名多面手，受到企业高层的关注，最基础的一点就是要有与数字打交道的热情。拥有这份热情，将会对其工作起到推波助澜的作用。而一名合格甚至出色的财会，对数字拿捏的准确性与直觉都体现了其业务的熟练度与专业度。

2. 其次要了解企业构架，深谋远虑。陈小姐所在公司属于中型企业，财务部门没有像一般大公司按会计部门、税务部门、资金部门、财务分析部门和内部控制部门分的那么细致。也正好也让陈小姐有更多的机会接触并学习到更多的事务，将来成为一个多面手，各方面的财务业务至少要略懂。

3. 与时俱进，终身学习。财务是一门实际经验与理论知识交融的学问。如果要在财务职业生涯上有所建树，必须要有与时俱进的学习态度。目前，培养语言能力与计算机软件应用能力尤其突出。近年来，财务软件的应用是大势所趋，专业软件业是一种企业文化的体现，也是新时代人才的一种综合素质的体现。该公司使用的是用友软件，虽然使用起来很方便，基本财务工作都能操作，可是很多软件的功能都未开发利用起来，资源很大的浪费；比如该软件可以实现自动出具现金流量表，可是因为以前的同事都不会操作，该功能一直未利用。陈小姐利用业余时间，自己报名参加用友财务软件培训班，加强财务软件知识的学习；并且计划在一年之内取得初级会计职称证书。二年之内取得中级会计职称证书。

4. 要有良好的人际关系。作为财会人员，平时要与各部门的人员，特别是与业务员工打成一片。同时，在其成长过程中，如果能遇到一名可以指导工作的"好上司"，更是幸运并且关键的事。"好上司"需要自己的主动争取，在适当时候，婉转地、善意地向其表达想多学东西的想法。

经过陈小姐的努力，一年后，她如愿取得了初级会计职称证书和"用友软件应用能手"证书，顺理成章由财务助理提拔到会计职位；实现了她职业生涯规划的第一步。在这一年的工作中，她除了完成本职工作，还主动承担起财务部其他工作，对公司的财务流程和经营运转有大致了解。比如分析企业经营指标和经营业绩，为其他财务人员提供用友软件培训，对企业新的业务项目、投资项目进行财务分析和预测，及时学习国家有关税务政策，收集相关信息，为财务经理提供了许多合理避税的建议。陈小姐逐渐引起了公司高层的重视，恰巧这时，上司王华辞职，公司高层打算从财务部门内部提拔一位会计担任这一重要角色。一直以来活跃在公司内部，并为公司付出许多努力的陈小姐得到了公司高层的看好。陈小姐在一年之内连升三级，被提拔成为该公司的财务经理，实现了她实现了她职业生涯规划的第二步。

讨论：从陈小姐的职业生涯规划的制定和实施过程，可以得到哪些有益的启示。

三、模拟练习题

（一）回答下列职业定位问卷。确定最符合你自身情况的选项号码，并将该选项填写在每道题目右边的括号内。

（1）从不　　　（2）偶尔　　　（3）有时　　　（4）经常　　　（5）频繁　　　（6）总是

1. 我希望做我擅长的工作，这样我的内行建议可以不断被采纳　　　　　　　（　　）
2. 当我整合并管理其他人的工作时，使我非常有成就感　　　　　　　　　（　　）
3. 我希望我的工作能让我用自己的方式，按自己的计划去开展　　　　　　（　　）
4. 对我而言，安定与稳定比自由和自主更重要　　　　　　　　　　　　　（　　）
5. 我一直在寻找可以让我创立自己事业（公司）的创意（点子）　　　　　（　　）

6. 我认为只有对社会做出真正贡献的职业才算成功的职业　　　　　　　　（　　）
7. 在工作中，我希望去解决那些挑战性的问题，并且胜出　　　　　　　　（　　）
8. 我宁愿离开公司，也不愿从事需要个人和家庭做出一定牺牲的工作　　　（　　）
9. 将我的技术和专业水平发展到一个更具有竞争力的层次是成功职业的必要条件

　　　　　　　　　　　　　　　　　　　　　　　　　　　　　　　　（　　）
10. 我希望能够管理一个大的公司，我的决策将会影响许多人　　　　　　　（　　）
11. 如果职业允许自由的决定我自己的工作内容，计划，过程时，我会非常满意的

　　　　　　　　　　　　　　　　　　　　　　　　　　　　　　　　（　　）
12. 如果工作的结果使我丧失了自己在组织中的安全稳定感，我宁愿离开这个工作岗位

　　　　　　　　　　　　　　　　　　　　　　　　　　　　　　　　（　　）
13. 对我而言，创办自己的公司比在其他的公司中争取一个高的管理位置更有意义

　　　　　　　　　　　　　　　　　　　　　　　　　　　　　　　　（　　）
14. 我的职业满足来自于我可以用自己的才能去为他人提供服务　　　　　　（　　）
15. 我认为职业的成就感来自于克服自己面临的非常有挑战性的困难　　　　（　　）
16. 我希望我的职业能够兼顾个人、家庭和工作的需要　　　　　　　　　　（　　）
17. 对我而言，我喜欢的专业领域内做资深专家比总经理更有吸引力　　　　（　　）
18. 只有在我成为公司的总经理后，我才认为我的职业人生是成功的　　　　（　　）
19. 成功的职业应该允许我有完全的自主与自由　　　　　　　　　　　　　（　　）
20. 我愿意在给我安全感、稳定感的公司中工作　　　　　　　　　　　　　（　　）
21. 当我通过自己的努力或想法完成工作时，我的工作成就感最强　　　　　（　　）
22. 利用自己的才能使这个世界变得更加适合生活或居住，比争取一个高职更重要

　　　　　　　　　　　　　　　　　　　　　　　　　　　　　　　　（　　）
23. 当我解决了一个棘手的难题时，或必输无疑的竞赛中胜出，我会非常有成就感

　　　　　　　　　　　　　　　　　　　　　　　　　　　　　　　　（　　）
24. 我认为只有很好的平衡了个人、家庭、职业三者的关系，生活才能算是成功的

　　　　　　　　　　　　　　　　　　　　　　　　　　　　　　　　（　　）
25. 我宁愿离开公司，也不愿频繁接受那些不属于我专业领域的工作　　　　（　　）
26. 对我而言，做一个全面的管理者比在我喜欢的领域内做资深专家更具有吸引力

　　　　　　　　　　　　　　　　　　　　　　　　　　　　　　　　（　　）
27. 对我而言，用我自己的方式不受约束地完成工作，比安全、稳定更重要　（　　）
28. 只有当我的收入和工作有保障时，我才会对工作感到满意　　　　　　　（　　）
29. 如果我能成功地创造或实现完全属于自己的产品或点子，我会感到非常成功（　　）
30. 我希望从事对人类和社会真正有贡献的工作　　　　　　　　　　　　　（　　）
31. 我希望工作中有很多的机会，可以不断挑战我解决问题的能力　　　　　（　　）
32. 能很好的平衡个人生活和工作，比达到一个很高的管理职位更重要　　　（　　）
33. 如果工作中经常用到我特别的技巧和才能，我会感到特别满意　　　　　（　　）
34. 我宁愿离开公司，也不愿意接受让我离开全面管理的工作　　　　　　　（　　）
35. 我宁愿离开公司，也不愿意接受约束我自由和自主控制权的工作　　　　（　　）
36. 我希望有一份让我有安全感和稳定感的工作　　　　　　　　　　　　　（　　）

37. 我梦想着创建属于自己的事业　　　　　　　　　　　　　　　（　　）
38. 如果工作限制了我为他人提供帮助或服务，我宁愿离开公司　　（　　）
39. 去解决那些几乎无法解决的问题，比获得一个高的管理职位更有意义（　　）
40. 我一直在寻找一份最小化个人和家庭之间冲突的工作　　　　　（　　）

现在重新看一下你给分较高的描述，从中选出与你日常想法最吻合的三个，在原来评分的基础上，将这三个题目的得分再各加上 4 分。

TF	GM	AU	SE	EC	SV	CH	LS
1	2	3	4	5	6	7	8
9	10	11	12	13	14	15	16
17	18	19	20	21	22	23	24
25	26	27	28	29	30	31	32
33	34	35	36	37	38	39	40
总　分							
平均分（总分/5）							

技术/职能型职业锚（TF）

如果你的职业锚是技术/职能型，你始终不肯放弃的是在专业领域中展示自己的技能，并不断把自己的技术发展到更高层次的机会

■ 你希望通过施展自己的技能以获得别人的认可，并乐于接受来自专业领域的挑战，你可能愿意成为技术/职能领域的管理者，但管理本身并不能给你带来乐趣，你极力避免全面管理的职位

■ 这一领域的得分在积分表的 TF 下方

管理型职业锚（GM）

■ 你始终不肯放弃的是升迁到组织更高的管理职位，这样你能够整合其他人的工作，并对组织中某项工作的绩效承担责任

■ 你希望为最终的结果承担责任，并把组织的成功看作是自己的工作

■ 这一领域的得分在积分表的 GM 下方

自主/独立型职业锚（AU）

■ 你始终不肯放弃的是按照自己的方式工作和生活，你希望留在能够提供足够的灵活性，并由自己来决定何时及如何工作的组织中

■ 你宁可放弃升值加薪的机会，也不愿意丧失自己的自主独立性。为了最大程度自主和独立，你可能创立自己的公司

■ 这一领域的得分在积分表的 AU 下方

安全/稳定型职业锚（SE）

■ 你始终不肯放弃的是稳定的或终身雇用制的职位

■ 你希望有成功的感觉，这样你才可以放松下来。你关注财务安全和就业安全。你对组织忠诚，对雇主言听计从，希望以此获得终身雇用的承诺

■ 这一领域的得分在积分表的 SE 下方

创造/创业型职业锚（EC）

■ 你始终不肯放弃的是凭借自己的能力和冒险愿望，扫除障碍，创立属于自己的公司或组织

■ 你希望向世界证明你有能力创建一家企业，现在你可能在某一组织中为别人工作，但同时你会学习并评估未来的机会，一旦你认为机会成熟，就会尽快的开始自己的创业历程

■ 这一领域的得分在积分表的 EC 下方

服务型职业锚（SV）

■ 你始终不肯放弃的是做一些有价值的事情，比如：解决环境问题、增进人与人之间的和谐、帮助他人等

■ 你宁愿离开原来的组织，也不会放弃对这些工作机会的追求

■ 这一领域的得分在积分表的 SV 下方

挑战型职业锚（CH）

■ 你始终不肯放弃的是去解决看上去无法解决的问题，战胜强硬的对手或克服面临的困难

■ 对你而言，职业的意义在于允许你战胜不可能的事情

■ 这一领域的得分在积分表的 CH 下方

生活型职业锚（IS）

■ 你始终不肯放弃的是平衡并整合个人的、家庭的和职业的需要

■ 你希望生活中的各个部分能够协调统一向前发展，因此你希望职业有足够的弹性允许你来实现这种整合

■ 这一领域的得分在积分表的 IS 下方

（二）下面所列的是大学生职业生涯设计书参考模板，请你结合自己情况，制定一份职业生涯规划。

大学生职业生涯设计书参考模板

封面：署上名称和年月日，可以在封面插入图片和警示格言

扉页：个人资料

姓名：　　　　　　　　　　　　笔名：

性别：　　　　　　　　　　　　年龄：

籍贯：　　　省　　　市/县

身份证号码：

所在学校及学院：　　　级　　　专业　学号：

联系地址：　　　　　　　　　　邮编：

联系电话：　　　　　　　　　　E-mail：

目录

正文

总论（引言）

第一章　认识自我

结合相关的人才测评报告对自己进行全方位、多角度的分析。

1. 个人基本情况

2. 职业兴趣——喜欢干什么

在我的人才素质测评报告中，职业兴趣前三项是××型（×分）、××型（×分）和××型（×分）。我的具体情况是

3. 职业能力及适应性——能够干什么

我的人才素质测评报告结果显示，××能力得分较高（×分），××能力得分较低（×分）。我的具体情况是

4. 个人特质——适合干什么

我的人才素质测评报告结果显示　我的具体情况是……

5. 职业价值观——最看重什么

我的人才素质测评报告结果显示前三项是××取向（×分）、××取向（×分）和××取向（×分）。我的具体情况是

6. 胜任能力——优劣势是什么

自我分析小结

第二章　职业生涯条件分析

参考人才素质测评报告建议，对影响职业选择的相关外部环境进行较为系统的分析

1. 家庭环境分析 如经济状况、家人期望、家族文化等以及对本人的影响

2. 学校环境分析 如学校特色、专业学习、实践经验等

3. 社会环境分析 如就业形势、就业政策、竞争对手等

4. 职业环境分析

（1）行业分析（如行业现状及发展趋势，人业匹配分析）

（2）职业分析（如职业的工作内容、工作要求、发展前景、人岗匹配分析）

（3）企业分析（如单位类型、企业文化、发展前景、发展阶段、产品服务、员工素质、工作氛围等，人企匹配分析）

（4）地域分析（如工作城市的发展前景、文化特点、气候水土、人际关系等，人城匹配分析）

职业生涯条件分析小结

第三章　职业目标定位及其分解组合

1. 职业目标的确定

综合第一部分（自我分析）及第二部分（职业生涯条件分析）的主要内容得出本人职业定位的 SWOT 分析：

内部环境因素	优势因素（S）	弱势因素（W）
外部环境因素	机会因素（O）	威胁因素（T）
分析		

结论：职业目标——将来从事（　　行业的）　　职业

职业发展策略——进入　　类型的组织（到　　地区发展）

职业发展路径——走专家路线（管理路线等）

2. 职业目标的分解与组合

把职业目标分成三个规划期，即：近期规划、中期规划和远期规划，并对各个规划期及其要求实现的目标进行分解。

职业生涯设计总表

计划名称	时间跨度	总目标	分目标	计划内容	策略和措施	备注
短期计划（大学计划）	20__年~20__年	如：大学毕业时要达到	如：大一要达到大二要达到等或在方面要达到	如：专业学习、职业技能培养、业务素质提升、职业实践计划等	如：大一以适应大学生活为主，大二以专业学习和掌握职业技能为主等，或为了实现　　目标要	职业生涯规划重点
中期计划（毕业后五年计划）	20__年~20__年	如：毕业后第五年时要达到	如：毕业后第一年要达到　第二年要达到　等或在　　方面要达到	如：职场适应、三脉积累（知脉、人脉、金脉）、岗位转换及升迁等		职业生涯规划重点
长期计划（毕业后十年或以上计划）	20__年~20__年	如：退休时要达到	如：毕业后第十年要达到　第二十年要达到　等	如：事业发展，工作、生活关系、健康，心灵成长，子女教育，慈善等		方向性规划

具体路径：　　员——初级　　　——中级　　　——高级

第四章　具体执行计划

1. 短期目标的具体实施计划

2. 中期目标的具体实施计划

3. 长期目标的具体实施计划

4. 人生总目标的具体实施计划

第五章　评估调整

职业生涯设计是一个动态的过程，必须根据事实结果的情况以及变化情况进行及时地评估与修正。

1. 评估的内容

（1）职业目标评估。（是否需要重新选择职业？）假如一直____，那么我将____。

（2）职业路径评估。（是否需要调整发展方向？）当出现____时，我就_____。

（3）实施策略评估。（是否需要改变行动策略?）如果＿＿＿，我就＿＿＿＿＿。

（4）其他因素评估。（身体、家庭、经济状况以及机遇、意外情况的及时评估。）

2．评估的时间，在一般情况下，我定期（半年或一年）评估规划；当出现特殊情况时，我会随时评估并进行相应的调整。

3．规划调整的原则

结束语

第九章 人力资源培训

学习重点和要点

(1) 了解人力资源培训的目的、意义和内容。

(2) 掌握人力资源培训的流程，各阶段的主要工作内容。

(3) 了解传统的培训方法——演示法、传递法和团体建设法的要点。

(4) 知道新技术培训方法——多媒体培训、计算机培训和智能指导系统及其使用情景。

导入案例

科安公司 2010 年培训计划

科安公司十年来专注于代理分销业务，在全国拥有多个分公司和办事处，建立起了一个自己的高科技产品分销体系，有相当的市场覆盖率。经过多年的运作，科安公司具备了渠道掌控能力及丰富的渠道管理和运作经验。在未来三年内公司除继续巩固、拓展合理产品分销业务之外，还将在中小企业信息化建设市场、增值服务市场领域进一步拓展。

科安公司拥有一支具备凝聚力的，高素质的员工队伍，其员工对公司的企业文化、价值观高度认同，并对企业的未来发展充满信心。但在员工中也存在如下一些问题：

(1) 员工对未来的新业务开展准备不足，缺少对其他业务类型的必要的心理准备及经验。

(2) 部分中层管理人员没有接受过系列的管理培训，在管理中多凭借自己的经验处理问题，导致管理效率偏低；奖罚不分明，使业绩优秀员工的士气受影响；与下属沟通较少，下属不了解公司、部门与个人的发展方向；员工职责不清楚，分工不明确，出了问题没人负责等。

(3) 销售人员进行过一些销售培训，但不是连续性的，也不系统。外请的培训人员没有对公司情况进行了解，课程的针对性较差。

(4) 技术人员需要定期的技术培训，以跟上技术的变化。

(5) 对公司代理的产品缺少定期培训，新员工或相关部门的员工对产品的了解不足。

(6) 员工为了完成岗位规定的工作和个人的职业发展，利用业余时间进修，公司对此没有明确的规定。

根据对公司现状的分析，公司认为应在管理、销售、产品与行业、技术、市场、职业行为、商务礼仪、基本工作技能、IT 行业发展趋势、科安公司相关知识与技能等方面为相关人员提供专业化的培训。培训资源投放的重点应是：业绩突出，能为公司带来更多回报的人员和有发展潜力，能提升更高职位的人员。

根据对公司和部门经营计划及员工培训需求的调研和分析，提出的公司培训方案如下：

一、培训内容

(1) 公共类：公共课程适用全公司，培训学员不受部门限制，有些课程适用于全体员工。

（2）管理类：适用于中高层管理人员，主要的培训目标是给中高层管理人员提供最重要的管理方法和技能。该系列培训课程包括：管理人员的角色认知，对员工的激励与辅导，从授能到授权，团队合作与管理，提升领导力，非人力资源主管的人力资源管理，非财务主管的财务管理和第五项修炼。

（3）个人发展类：适用于公司全体员工，主要的培训目标是提高员工的职业素质。该系列培训课程包括：登上成功阶梯，时间与压力管理，有效沟通技巧，卓越呈现，高效会议管理，问题的解决与决策，提高创造力，职业行为、商务礼仪，基本工作技能（包括 PC 办公软件的使用、英语等）。

（4）专业类：专业课程适用于各部门相应职位的员工。

（5）销售类：适用于销售及销售管理人员，主要培训目标是提供一套完整的程序和方法，提高销售人员的销售技巧与销售管理人员的销售管理能力。该系列培训课程包括：专业销售技巧，谈判技巧，大客户管理，高层销售技巧和销售经理发展。

（6）产品、行业与技术类：适用于产品部员工，主要的培训目标是提高员工产品与行业的了解程度。该系列培训课程包括：金融、电信等行业应用分析，竞争对手分析，产品发展趋势。

（7）市场类：适用于市场部员工，主要的培训目标是提高员工对市场、竞争对手、销售环境及客户的分析能力，品牌的塑造能力及与媒体的沟通能力。该系列培训课程包括：制胜市场计划，品牌战略，活动与巡展的组织，与媒体合作的技巧。

（8）支持系统专业技能：适用于支持部门员工，如人力资源部、财务部、行政部、物资部、部门秘书等，主要的培训目标是提高各支持部门员工的业务能力，更好地为业务部门服务。该系列培训课程包括：人力资源系列课程，财务、税务系列课程，行政管理系列课程，物流管理课程，管理信息系统培训课程和外贸系列课程。

（9）个人进修：适用于全体员工，主要的培训目标是鼓励员工利用业余时间自修与其职位相关的课程，公司为其报销一部分费用，员工希望公司报销的课程要经过一个审批的程序。

二、课程计划与形式

课程计划将根据最终审批的预算设计。具体课程内容将根据课前调研结果来确定。管理与销售类公共课程请专职的培训公司提供，专业课程采用外派培训或由公司内部资深员工提供的形式。

三、培训效果跟踪

所有的培训课程会有跟踪。在培训后会及时获得学员对培训讲师及培训课程的评估；在培训后的半年内会有多次培训跟进服务，以辅导学员真正学以致用。

四、投资费用

培训公司对市场的调查结果表明，企业对培训的投资费用为工资总额的 2%～5%，因此预计投入的培训费用为 25 万元左右。

这个案例告诉我们，进入 21 世纪，这个世界给我们的惊奇太多了，没有人能够明确地预知政治、经济、文化、民族、国家甚至世界战争会走向何方。人们意识到在迅速变化的新世纪中，无论是企业还是个人，学习能力都是第一重要的；持续成功并成长壮大的企业都是学习型组织，个人的成功也依赖于不断地学习以适应新的发展形势。因而，当员工技能与工作要求出现差距时，企业就需要对员工进行培训。本章所探讨的员工培训，是人力资源开发中最重要的组成部分。

第一节　人力资源培训概述

一、人力资源培训的目的

人力资源培训，即员工培训是人力资源管理的重要内容，是人力资源投入的主要形式，是保持员工与工作匹配的关键环节。近些年来，员工培训逐渐受到了企业的高度重视，企业希望通过员工培训达到以下目的。

（一）降低员工流失率

让员工适应工作，以便减少错误、节省时间，提高工作效率，展现清晰的职位及组织对个人的期望。明确其岗位职责，帮助新员工更快地胜任本职工作。

（二）培养员工的忠诚度

最重要的目的是让员工融入企业文化。套用联想集团的一句话"入模子"，也就是不管员工什么背景、历史、来自什么样的公司，用强化的方式让他集训并很快适应公司的组织文化，大家用同一种声音说话，这才是新员工入职培训最重要的一个目的。

二、人力资源培训的意义

组织制订的战略需要通过人力资源配置得以完成，培训可以帮助企业获得更优秀的人力资源。现在的雇主都充分认识到培训是非常重要的。目前，美国雇主们每年在培训上至少花费 50 亿美元。对很多雇主来说，平均培训费用在工资支出中至少占 1.5%～2%。以前培训的侧重点在于开发职业经理人，针对他们的培训费用大约占三分之二，三分之一用于培训一线工人。现在越来越多的雇主认识到工人的能力与管理者一样重要，开始有了一些变化。同时，越来越多的雇主认识到培训不仅仅是支出，它更是对人力资源的投资，会使组织获得远大于支出的收益。

（一）增强员工对企业的归属感和主人翁责任感

从人力资本投资和收益的角度来看，对企业而言，越重视对员工的培训，员工的人力资本收益越大，企业因为人力资本增值带来的收益也越大。同时培训有助于员工更深刻地理解企业，融入企业，进而增强员工对企业的归属感和主人翁责任感。

（二）促进企业文化建设

企业文化是企业的灵魂，是企业员工共有的价值观、经营理念的集中表现。员工通过培训，理解企业文化，认同企业文化，遵守企业文化。通过对企业文化的认同，不仅会自觉学习、掌握科技知识和技能，而且会增强主人翁意识、质量意识及创新意识。

（三）提高员工综合素质

培训能提高员工的综合素质，提高生产效率和服务水平，树立企业良好形象，增强企业盈利能力。美国权威机构监测，培训的投资回报率一般在 33% 左右。在对美国大型制造业公司的分析中，公司从培训中得到的回报率大约可达 22%～30%。摩托罗拉公司向全体雇员提供每年至少 40 小时的培训。调查表明：摩托罗拉公司每 1 美元培训费可以在 3 年以内实现 40 美元的生产效益。摩托罗拉公司认为，素质良好的公司雇员已通过技术革新和节约操作为公司创造了 40 亿美元的财富。摩托罗拉公司的巨额培训收益说明了培训投资对企业的重要性。培训成本和收益分析表见表 9 - 1。

表 9 - 1 　　　　　　　　　　　培训成本和收益分析表

成　　本	收　　益	成　　本	收　　益
培训人员的薪酬	产量的提高	装备设施的费用	进步能力的提高
培训需要的资料	错误的减少	交通费用	新技能的增加
培训者和被培训者的生活开支	资金周转率的降低	被培训者的薪酬	观念的改变
辅助设施的费用	监督成本的降低	因培训影响的工作成本	因培训提高的工作质量

三、人力资源培训的内容

培训是指那些有助于实现组织目标而进行的提高员工个人知识、技能和能力的过程。由于这一过程是和组织目标紧密联系的，目前企业内部培训内容普遍分为以下几方面。

（一）知识培训

知识培训是企业培训中的第一个层次。比如，员工通过看管理视频讲座，或者通过阅读书籍等方式学习相应的知识。

（二）技能培训

技能培训是企业培训中的第二个层次。比如，员工的某项技能的操作能力，也就是通过做来学会某种技能，进而提高企业的效益。

（三）素质培训

素质培训是企业培训中的第三个层次，比如，灌输企业文化、企业管理制度，提高员工精神素质等范畴的内容，进行人格的培养，价值观、向心力的培养和职业道德的培养。

四、企业培训分工

企业开展的培训活动中，各个部门分工有所不同，见表 9 - 2。

表 9 - 2 　　　　　　　　　　　企业培训分工

人力资源部门	其他部门
准备用于技能培训的相关资料	提供技术信息
协调各方面关系支持培训	鉴别培训的需要
管理和安排培训	管理在职培训
协调工作计划和员工培训之间的关系	对员工的发展和未来潜力持续讨论

第二节　人力资源培训类型

一、企业内部培训

在工作岗位上提供的培训常常被认为是适用于当时的工作的，这样的培训节约了外部培训的费用，通常以师带徒的形式进行，也节约了聘请外部培训师的费用，这种培训通过内部员工之间的互相影响和反馈进行。有研究表明，有 70％的员工是通过向其他员工学习的非正式途径来适应工作的，主要是因为：第一，由于员工都是以团队形式与其他员工共同完成工作，他们之间互相沟通、互相帮助、分享信息；第二，他们之间的技能和能力可以互相补充，互相学习；第三，在团队中常常会产生非正式组织的学习，而且这样的学习目的性和专业性都极强。

企业内部培训常用如下几种培训形式：员工技能轮训、强化培训、管理工作知识培训、领导能力提升培训。

（一）员工技能轮训

员工技能轮训即对企业内部所有员工进行分阶段集中学习。轮训时培训内容固定，企业员工分期分批参加，主要是要求员工脱产学习。组织者在组织此类培训活动时，一要将讲师所讲内容严格规定，便于从整体上提高企业员工素质；二要有专人进行管理；三要时间固定；四要有财务保证。此方式适合于组织内的企业员工素质不太高，企业迫切需要提升员工的工作质量时采用。这是一种提高员工整体素质较有效的方式，尤其是在较大的企业里采用此方式培训效果显著。员工轮训的缺点是会对员工生产上的安排有一定影响，员工多，培训场地是问题，需要组织者提前做好准备，如果企业有自己的培训基地，对员工进行集中封闭式培训效果更佳。

（二）强化培训

这是一种针对性很强的培训，主要应用于技能性培训方面，尤其以需要培养员工在短期内掌握技术时采用。顾名思义带有突击、强化性特点，集中员工在有限的时间里必须要达到一定的效果。此类培训的内容不要过多，一个内容分成一个专题，要求员工在短时间内掌握，对所培训内容要求讲师或组织者事先设计好。如企业引进生产线或技术，要求员工在尽可能短的时间内掌握生产或技术时，采用这种培训方式较为有效。

（三）管理工作知识培训

管理工作知识培训是为了储备企业干部。企业在发展进程中通过自己内部的晋升，有的员工会从普通工人走上管理岗位，但管理知识缺少，很难胜任工作，此时进行管理知识培训尤其必要。

（四）领导能力提升培训

一个企业的发展，领导是关键，领导是天生的更是后天培养的。在管理知识培训的基础上，针对公司中、高层管理人进行领导能力提升培训。

二、外部培训

外部培训优点：一般企业选择培训，都会选择有一定知名度和实力的培训公司来实施操作。这样做的一个好处就是可以将外部的一些好的经验和理念带到企业当中来，企业的员工也乐于接收这样的一种行为。只是，采取这种方法的费用会相对大一些。缺点：占用大块时间，费用比较高；员工身价提高，有跳槽风险；培训费容易引起劳动争议。

（一）外部培训出现的原因

在组织内部培训资源有限的情况下，外请一位培训人员来协助培训将更为节约成本；在组织没有足够的时间，没有较好的内部培训人才和培训开发能力时，或当人力资源部门不具备所需培训主题的专业水平时，首选外部培训。同时，外部培训可以给本公司员工与其他公司员工提供广泛的交流和学习的机会。

（二）外部培训机构的选择方法

企业选用外部培训资源通常有以下几方面工作要做。

1. 培训服务供应商的选择

选择培训服务供应商需要确定一定的标准，形成评价供应商的指标体系。以下是常用的评价维度：

（1）培训服务供应商的品牌与知名度。通常情况下，企业选择供应商时首先会关注那些在业界已经经营日久、口碑良好的供应商。他们一般在该领域有一定美誉度，有较大的客户群及相关的实战经验，如麦肯锡、波士顿等老牌外资咨询公司毫无例外地成为企业的首选。

（2）培训服务供应商的企业规模。企业规模在一般情况下也会被企业所看重，但不可否认的是，新兴的小的咨询公司往往由于专业化程度较高也常会被企业认可。因此，企业规模通常并不是最关键的，与其服务的较强领域有关。

（3）个性化的课程设计方案。现在培训机构运作市场化，课程设计雷同化、大众化，并不一定适合企业的实际情况。有些企业喜欢采纳那些市场流行的课程，供应商也会开发前卫程度很强的课程体系吸引企业。培训机构应对企业的培训需求充分理解，并有针对性地进行符合企业需要的方案设计。

2. 培训师的选择

培训师的选择对企业培训成败起着至关重要的作用，所以要对培训师的资质进行重点考察，考察的方面如下：

（1）教育背景。培训师的教育情况很重要，尤其是培训师的理论水平及教育经历，同时，培训师的实践水平也非常重要，如果有一定的大型企业从业经历更好，更有助于对理论联系实际的掌握。

（2）来自其他公司的评价。如果对要聘请的培训师没有充分的了解，可以与以前其培训过的企业的人力资源管理专员进行沟通，咨询其讲课的能力与效果如何。

（3）讲课风格与方法。培训活动之前要与培训师进行沟通，了解其讲课风格与方式是否适合本企业的企业文化，所使用的是否是企业所欢迎的语言及恰当的案例故事；能否深入浅出地讲解理论知识，能否对实践中的现象与问题进行由表及里、去粗取精、去伪存真的剖析，以有效地传播企业真正需要的知识和技能。

3. 合同的签订

培训合同的签订是本着发展长期的合作伙伴关系为出发点，以达成一种双赢的结果。合同的重要内容包括合同期限、培训项目、培训目的、培训评估手段、双方权利义务、培训费用与支付条款、培训无法实施的条款、保密协议等。最后，由企业的法律顾问对合同进行审查。

第三节 人力资源培训流程

一、分析培训需求

制订有效的培训政策，首先要从企业的培训需求分析入手，在此基础上制订政策。需求产生于目前状况与期望状况之间存在的差距。企业对员工的能力水平提出的要求就是期望状态，而员工本人目前的实际水平即为目前状态，两者之间的差距就是需求。企业要努力减小这一差距，就形成了培训需求。

按需求的主体即谁的需求可划分为两个层次：组织需求和个人需求。

　　组织需求是确定企业需要分析员工应该具备什么样的素质和能力。要实现企业的发展目标和规划，提高各个部门的工作绩效，解决实际工作中存在的问题，就要对员工进行相应的培训。这一需求是自上而下的。如企业要进入高新技术行业，就要注重对员工的技术培训，储备技术人才；对某些工作绩效较差的人员或部门进行有针对性的培训；对工作中有些不能完全胜任其职位的人员进行培训。比如，某些销售人员由于与客户沟通和交流的能力不足而影响了与客户的关系，则应对他们进行人际交往方面的培训等。此外，还包括企业文化培训、礼仪培训、外语水平培训等。

　　个人需求是员工个人对增强自身竞争能力，进行自我充电的需求。这一需求是自发的，自下而上的。许多人将培训机会作为选择工作或职位的考虑因素之一，说明个人需求与组织需求不是同源的。

　　分析培训需求的方法主要有观察法、问卷调查法、访谈法。调查组织需求时，可对各级管理人员进行访谈，了解各部门对培训的需求。培训需求评估技术的优、缺点见表9-3。

表9-3　　　　　　　　　　　培训需求评估技术的优、缺点

评估技术	优　　点	缺　　点
观察法	得到有关工作环境的数据；将评估活动对工作的干扰降至最低	需要高水平的观察人员；雇员行为方式可能因为被观察而受影响
问卷调查法	费用低廉；可从大量人员那里收集数据；易于对数据进行归纳总结	时间长；回收率可能会很低；有的方案不符合要求，不够具体
访谈法	利于发现培训需求的具体问题，以及问题出现的原因和解决方法	费时；分析难度大；需要水平高的访问者

　　（一）观察法

　　观察法可以分为第三者观察和参与观察。所谓第三者观察就是研究者作为旁观者，观察并发现培训需求，一般适用于易于发现的现象，难以进行深入的了解。参与观察则适用于了解比较隐蔽，难以观察和调查的情况，它是指研究者身临其境地参与到具体部门中去，发现问题和需求，它要求研究者完全融入该环境，不能因研究者的加入而影响该部门的日常工作。

　　（二）问卷调查法

　　问卷调查法包括封闭式问卷和开放式问卷。封闭式问卷可作为第三者观察法中发现问题的进一步深入研究，根据发现的需求，进一步细化。开放式问卷让受访者自由地发表意见和想法，常常会发现新需求。

　　（三）访谈法

　　访谈法包括集体座谈和个人访谈。可针对具体问题，对一组受访者进行采访，让他们畅所欲言，了解其需求。个人访谈，则要选择那些关注的问题中的关键人物展开。访谈中需要一定的技巧，让受访者充分发言，保证信息的充分性。

　　培训需求的分析不是一次性的，而应该滚动进行并进行动态比较，把握需求动态，它还是培训效果评估的基础。

　　二、确立培训目标

　　对于各种方法所得到的需求，列出清单，并参考有关部门的意见，根据企业的情况，按其迫切性和重要性进行排队。针对一项或几项需求确立培训目标，设计培训方案。值得注意

的是，并不是所有问题都可以通过培训解决，因此，设立目标要客观，不要期望过高。培训目标可能是一维的，仅考察培训成果，确定预期的状态；也可能是多维的，考察培训效率，要考虑成本、时间与收益的关系，确定一个相对效果作为目标。

随着投入时间和成本的增加，培训的效果也会增长，但增长的速度却在减慢。通常，在确立培训目标时，企业要考虑到成本与效益、时间与效果之间此消彼长的关系，在两极之间做出平衡地选择，进而确定目标。

三、确定培训方案

培训方案是企业进行每项培训所参照的蓝本。它是针对员工和组织的需求及培训目标，对培训所作的计划。

（一）选择培训机构

企业可以根据企业的具体情况选择培训机构。组织培训的机构有两类：外部培训机构和企业内部培训机构。外部机构包括专业培训公司、大学及跨公司间的合作（即派本公司的员工到其他企业挂职锻炼等）。企业内部培训机构则包括专门的培训系统，或由人力资源部履行其职责。

企业从资金、人员及培训内容等因素考虑，来决定选择外部培训机构还是企业内部培训机构。一般来讲，规模较大的企业可能拥有自己的培训机构，有的称为培训中心，有的则称为人力资源发展中心，还有的称为公司大学，如摩托罗拉大学等。企业规模较小的公司或者企业内部机构不能承担的培训企业，则寻找外部的培训机构。

（二）培训内容

根据参加培训的人员不同，培训内容可分为高层管理人员培训、中层管理人员培训、普通职员培训和工人培训。应根据不同的受训对象，设计相应的培训方式和内容。

根据培训内容的不同，培训内容又可分为一般性培训、专业培训、横向培训和管理培训。一般性培训包括公司章程、公司文化、公司及行业现状与公司地位、公司制度与组织结构、基础知识和基础技能等。一般性培训尤其适用于新员工岗前培训，使其适应新环境，尽快进入角色。专业培训则是指对某一部门或承担某一职责的人员进行的专门培训，如财务会计培训、营销培训、生产技术培训等。横向培训则是指跨部门之间的培训，由于公司的运作是各部门之间协同合作进行的，一个部门的员工也需要了解其他部门的工作，如产品推广人员也必须了解产品的技术优势等。管理培训是企业培训的重要部分，目的是为了提高公司中、高层管理人员的管理水平、管理能力和管理效果。

（三）培训方式

培训的方式有许多种，有在职培训、脱产培训和半脱产培训，培训的方法更是多种多样。要灵活选择培训方法，适应各种需要，同时使受训者具有新鲜感，而不至于感到乏味。培训方法包括：授课法、视听技术法、案例研究法、角色扮演、游戏法、工作轮换、网上培训、研讨法和自学等。

（四）培训课程设计

培训课程的设计是十分重要的环节，可以采用专家意见法，向有经验的专家和权威人士征求意见，请他们做顾问。课程的深度和广度应根据受训者类别和培训目标确定。

（五）实施培训

培训方案设计之后，最重要的是具备良好的软硬件环境来保证其实施。所谓硬件环境是指培训所需要的场所、食宿、设备（如计算机、投影仪、音像制品和计算机网络等）、资料（讲义、书籍）等。软件环境是指公司领导层的支持和受训部门管理者及员工的合作。

四、评估培训效果

培训效果评估是一次培训的收尾工作，也是下一次培训的开始，为以后的培训奠定基础，提供参考。效果评估既是对培训组织部门业绩的评估，也是了解受训者培训后情况的途径。效果的评估是基于培训需求和培训目标，考察培训在多大程度上达到了预期的目标。

许多公司在培训项目上投入了大量经费，想以此赢得竞争优势，所以他们不仅重视培训需求的评估和培训内容的设计，还非常注重培训项目的评估。培训评估包括事前评估、试验性测试、事后评估。

（一）事前评估

事前评估指改进评估过程的评估。事前评估有助于保证：①培训项目组织合理且运行顺利；②受训者能够学习并对培训项目满意。事前评估通常用于收集培训项目的定性数据，包括对培训项目的看法、信任和感受。这些信息可以通过调查问卷及访谈的方法来进行。

（二）试验性测试

试验性测试是指与潜在的受训者、管理者或其他顾客（购买培训项目的人）预先试行一项培训项目的过程。例如，要求他们预演或试验性测试一项网络培训计划。当他们结束这项计划后，让受训者和管理者就项目中使用的图表、录像或声音是否有助于（或干扰）学习发表意见。通过培训理解计划内容，完成练习，评估反馈质量的难易程度。从预演中获得的信息可由项目开发人员用于在向全体雇员推行项目前对项目进行改进。

（三）事后评估

事后评估是指以衡量受训者参加培训项目后改变程度的评估，即受训者事后是否掌握了培训目标中确定的知识、技能、态度、行为方式或其他成果。事后评估还包括对公司从培训中获得的货币收益的测量。事后评估通常应用测试、行为打分或绩效的客观评价标准，如销售额、事故发生次数或开发专利项目等来收集定量数据。

第四节　人力资源培训方法

为了达到良好的人力资源培训目的，使人力资源质量不断提升，使企业能在培训之后有明显的培训效果，企业家们都在寻找良好的培训方法。实际上，当今的培训方法一般可分传统的培训方法和新技术培训方法两种。

一、传统的培训方法

传统的培训方法体现在它们不需要新技术来传递信息。传统的培训方法分为演示法、传递法和团体建设法三大类。

（一）演示法

演示法是指将受训者作为信息的被动接受者的一些培训方法。这些信息包括事实、过程及解决问题的方法。演示法包括讲座法和视听法。

1. 讲座法

讲座法是指培训者用语言表达他（她）想传授给受训者的内容。这样的学习沟通是单向的——从培训者到观众，见表9-4。

表 9-4 不同的讲座方法

方法	具 体 描 述
标准讲座	培训者讲，受训者听并汲取知识
团体教学	两个或两个以上的培训者讲不同的专题，或对同一专题讲不同的看法
客座发言	客座发言人按事前约定的时间出席并介绍、讲解主要内容
座谈小组	两个或更多发言人进行信息交流并提问
学生发言	各受训小组在班上轮流发言

无论是否采纳互动式视频和计算机辅助培训，讲座法一直是较受欢迎的培训方法。讲座法是成本最低、最节省时间，又是按一定组织形式可以有效传递大量信息的培训方法之一。讲座法还可以作为其他培训方法的辅助手段，如行为模拟和技术培训。

讲座法的缺点在于缺少受训者的参与、反馈及与工作实际环境的密切联系——这些会阻碍学习和培训成果的转化。另外，讲座法很难吸引受训者的注意，因为它强调的是信息的聆听，忽略了信息的反馈。为了弥补这些缺点，讲座法常常会附加问答、讨论和案例研究等内容。

2. 视听教学法

视听教学包括投影胶片、幻灯片和视频。视频是最常用的方法之一，它可以用来提高学员的沟通技能、谈话技能和顾客服务技能，并能详细阐明一道程序（如焊接）的要领，但视频方法很少单独采用，通常与讲座一起向员工展示实际的生活经验和例子。

视听教学法有很多优点：第一，培训者可以重播、慢放或快放课程内容，这使得他可以根据受训者的专业水平来灵活地调整培训内容；第二，可以让受训者接触到不易解释说明的设备、难题和事件，如设备故障、顾客投诉或者其他紧急情况；第三，受训者可以受到前后连贯一致的指导，使项目内容不会受到培训者兴趣和目标的影响；第四，通过现场摄像可以让受训者亲眼目睹自己的绩效而无需培训者过多的解释。

（二）传递法

传递法指要求受训者积极参与学习的培训方法。这类培训方法包括在职培训、仿真模拟法、案例研究、商业游戏、角色扮演和行为示范。这些方法有利于开发特定技能，理解技能和行为如何能应用于工作当中，可使学员亲身经历一次任务完成的全过程，或学会处理工作中发生的人际关系问题。

1. 在职培训

在职培训是指新员工或没有经验的员工通过观察并效仿同事及管理人员执行工作的行为而进行的学习。在职培训适用于培训新员工及因为新技术的引入导致需要技术升级的有经验员工。在职培训可以采用多种多样的形式，包括师带徒和自我指导学习。

在职培训是一种很受欢迎的方法，因为与其他方法相比，它在材料、培训人员工资或指导方案上投入的时间或资金相对较少。在职培训的不足在于管理者和同事完成这一项任务的过程不一定相同，他们在对新员工传授有用技能的同时也传授了不良习惯。还有，他们也不了解演示、实践和反馈是进行有效在职培训的重要条件，没有组织的在职培训可能导致培训出不良员工。为了保证在职培训的有效性，组织在职培训的具体步骤如下。

（1）指导前的准备：①将工作分解成几个重要的步骤。②准备必要的设备、材料和其他用品。③说明你将花多少时间用于在职培训及希望员工何时熟练掌握这一技能。

（2）实际指导过程：①演示受训者任务目标。②阐明关键点或关键行为。③再次为受训者演示一遍如何操作。④让受训者完成任务的某一部分或更多独立的部分，并表扬他所做的正确部分。⑤让受训者完成整个任务并表扬他正确的操作。⑥若有错误，一直让受训者重复练习直至完成正确的操作。⑦表扬受训者完成任务获得的成功。

2. 自我指导学习

自我指导学习是指由员工自己全权负责的学习——什么时候学习及谁将参与到学习过程中来。受训者不需要任何指导者，只需按自己的进度学习预定的培训内容。培训者只是作为一名辅助者而已，即他们只负责评估员工的学习情况并回答所提出的问题。培训者不控制或指导学习过程，而完全由受训者自己掌握。

开发有效的自我指导学习计划的必要步骤如下：

（1）进行工作分析以确认工作包括的主要任务。

（2）列出与任务直接相关的以受训者为中心的学习目标。

（3）开发学习内容详细计划。

（4）将内容分为若干部分，第一部分要以学习目标开始，并包括评估受训者学习行为的方法，每一部分还有实践练习。

（5）开发一份评估详细计划，包括对受训者的评估及对自我指导学习内容的评估。

3. 师带徒培训

师带徒是一种既有现场培训又有课堂培训并且兼顾工作与学习的培训方法。大部分师带徒培训项目被用于技能行业，如管道维修业、木工行业、电工行业及瓦工行业等。

师带徒培训的一个主要优点是可让学习者在学习的同时获得收入。因为师带徒培训会持续好几年，学习者的工资会随着他们技能水平的提高而自动增长。而且，师带徒培训还是一种有效的学习经历，因为它包括由地方商业学校、高中或社区大学提供的课堂指导，其中指出了为什么及如何执行一项任务。一般情况下，会在培训结束后将受训者吸纳为全职雇员。

4. 仿真模拟

仿真模拟是一种代表现实中真实生活情况的培训方法，受训者的决策结果能反映出如果他在那个工作岗位工作会发生的真实情况。模拟是指可以让受训者在一个人造的、没有风险的环境下看清他们所作的决策的影响，常被用来传授生产和加工技能及管理和人际关系技能培训。

5. 案例研究

案例研究是指员工或组织如何处理棘手事件的描述。要求受训者分析评价他们所采取的行动，指出正确的行为，并提出其他可能的处理方式。案例研究特别适合于开发高级智力技能，如分析、综合及评价能力。这些技能通常是管理者、医生和其他专业人员所必需的。案例还可使受训者在个人对情况进行分析的基础上，提高承担具有不确定结果风险的能力。

6. 商业游戏

商业游戏要求受训者收集信息并对其进行分析，然后做出决策。商业游戏主要用于管理技能的开发。游戏可以刺激学习，因为参与者会积极参与游戏并仿照商业的竞争规则。从游戏中学到的内容作为备忘录记录下来。游戏采取团队方式，有助于营造有凝聚力的团队。对有些群体（如高级执行人员），游戏相对于演示法是一种更有意义的培训活动，因为游戏更真实。

7. 角色扮演

角色扮演是指让受训者扮演分配给他们的角色，并给受训者提供有关背景信息（如工作或人际关系的问题），角色扮演和模拟的区别在于受训者可获得的反应类型及有关背景情况的详尽程度。角色扮演提供的情境信息十分有限，而模拟较为详尽。模拟方法注重物理反应（如接电话、搬运物品等），角色扮演注重人际关系反应（寻求更多信息，解决冲突等）。

8. 行为示范

行为示范是指向受训者提供一个演示关键行为的模型，然后给他们提供实践这些关键行为的机会。行为示范培训项目中的活动内容包括：

（1）介绍：①通过录像演示关键行为。②给出技能模型的理论基础。③受训者讨论应用这些技能的经历。

（2）技能准备与开发：①观看示范演示。②参与角色扮演和实践活动。③接受有关关键行为的执行状况的口头或录像反馈。

（3）应用规划：①设定改进目标。②明确可应用关键行为的情形。③承诺关键行为在实际工作中的应用。

（三）团体建设法

团体建设法是用以提高团队或群体绩效的培训方法，旨在提高受训者的技能和团队的有效性。团队建设法让受训者共享各种观点和经历，建立群体统一性，了解人际关系的力量，并审视自身缺点及同事们的优缺点。团队建设法注重于团体技能的提高以保证进行有效的团队合作。这种培训方法中的大多数培训技术都有助于提高工作小组或团队绩效，建立新的团队，或促进不同团队之间的联系。团队建设法包括冒险性学习、团队培训和行动学习。

二、新技术培训方法

新技术培训方法是指最新的多媒体培训（计算机培训、只读光盘、互动式录像、国际互联网）和一些正在逐渐运用于培训的更为尖端的技术（专家系统、虚拟现实、智能指导系统）。通过专家系统和订制会议软件，人们可以了解如何运用新技术来为培训提供支持，它们可以作为智力资本（信息和已经掌握的能力）的储存场所。

（一）多媒体培训

多媒体培训是将视听培训和计算机培训结合在一起的培训方法。这种培训综合了文本、图表、动画及录像等视听手段。由于多媒体培训以计算机为基础，受训者可以用互动的方式学习培训内容。在培训中还可以采用交互式录像、国际互联网、公司内部网等多种培训方式。

多媒体培训的优点有自我控制进度、互动性、内容具有连续性、传递方式具有连续性、不受地理位置限制、反馈及时、内置式指导系统、可利用多种知觉、可检验和证实掌握程度、可以不向外人公开等。缺点有开发费用昂贵、对某些培训内容并不适用、受训者对运用新技术有所顾虑而不能快速更新、对其效用缺乏统一认识等。

（二）计算机培训

用计算机开展的培训是指首先由计算机给出学习的要求，受训者必须做出回答，再由计算机分析这些答案并向受训者提供反馈的一种互动式培训方式。随着教学软件的发展和网络的日益广泛使用，计算机培训业更趋于先进，通过这些技术可以更好地运用视听手段。

网络培训项目的设计规则有：

1. 开发方面

（1）培训项目的目标是提高工作绩效。

（2）项目的开发应以面对受训者的需求、技能、知识和工作环境分析为基础。

（3）音乐、图表、画像、动画和录像应该促进学习而又不会产生副作用。

（4）培训内容要与现实紧密结合。

（5）要对终端用户进行检测。

（6）要通过员工和专家来提供与内容相关的案例、练习和作业。

2. 指导成效方面

（1）受训者拥有练习的机会并能对通过问题、练习、作业和测试来获得反馈。

（2）项目中加入对学习结果的评估。

（3）通过真实的案例阐明抽象的概念。

（4）要让受训者了解在工作中运用培训成果将会遇到的障碍，以及克服障碍的方法。

（5）要通过多种案例、练习和实践来达到培训目标。

3. 受训者自行控制方面

（1）要为受训者提供学习内容安排表，从而让受训者按照自身的需求自行控制培训进度，以便于了解其他资源。

（2）受训者可以就某些问题的答案、解答方法及反应与他人进行比较。

（3）在对受训者的知识、技能、相关经验评价的基础上，受训者可以选择在任何时间、地点开始培训。

（三）智能指导系统

智能指导系统是指运用人工智能进行指导的系统。智能指导系统有三种类型：指导、训练和授权。指导旨在提高受训者对某项内容的理解力。训练是指可以让受训者在人造环境中灵活运用技能。授权是指学员能自行开发培训项目内容的能力。

智能指导系统的构成包括使用者界面和系统支持两大部分。使用者界面让受训者和系统进行互动性沟通。系统支持包括：

（1）某领域专家提供如何完成任务的信息。

（2）受训者模型提供给学员有关知识信息。

（3）培训管理人员解释受训者行为、汇报结果并提供指导。

三、新技术培训方法的使用情景

新技术培训的方法需要高昂的研发费用，但是管理费用却十分低廉。传统培训方法的优势依然存在，但是在以下情景下，经理和培训人员可以考虑采用新技术培训方法：

（1）有充裕的资金用来开发和使用某项新技术。

（2）受训者分布于不同的地域，为此培训的交通费用相当昂贵。

（3）受训者乐于采用网络、个人计算机和光驱等新技术。

（4）新技术的利益推广是公司的一项经营战略，新技术可以运用于产品制造或服务过程中。

（5）员工的时间与培训项目日程安排发生冲突。

（6）现有的培训方法对实践、反馈和评估的实施时间有所限制。

习　题

一、复习思考题

1. 人力资源培训的目的和意义是什么？
2. 外部培训机构选择的注意事项有哪些？
3. 说明传统培训方式的优缺点。
4. 新技术培训方式适用于什么样的情景？

二、案例分析题

📖 **案例分析 1**

新员工培训计划

一、目标

（1）使新员工进入公司立即感受到公司的工作气氛及工作要求，为其未来的工作态度、思维方式及价值尺度进行定位。

（2）帮助员工熟悉公司环境。

二、规程

（1）新员工入职当天即由人力资源部进行两小时的简单培训。

（2）由其直接经理进行两小时岗位及部门职责的培训。

（3）由直接经理告知其工作计划及当前的工作安排。

（4）每月公司组织本月新加入的员工进行一次为时1天的全面入职培训，没有参加此项培训的员工不得转正。

三、培训课程及日程安排

培训课程及日程安排见表9-5。

表9-5　　　　　　　　　培训课程及日程安排

签到时间	负责人			时间长度
9：00～9：10	行政及人力资源文员			10分钟
10：00～10：15休息				
预计时间	培训者	培训项目	具体内容	时间长度
9：10～10：00	总经理	企业文化、远景	公司企业文化和远景概要	20分钟
10：15～11：15	人力资源经理	公司与公司组织结构	①公司大事记；②公司远景；③公司使命；④公司价值观；⑤企业文化描述；⑥强调融入企业文化里的突出表现（日常行为标准）；⑦组织结构简介及组织结构图	60分钟
11：15～12：00	外聘礼仪教师	公司礼仪及着装	①举止与工作着装；②工作伦理；③电话礼节（包括语言信箱的使用）；④接待与外访礼节	45分钟
12：00～13：30午餐				
13：30～14：30	部门经理	了解公司	介绍公司的业务流程	60分钟
14：30～15：30	部门经理	行业及市场状况	介绍公司所属的行业，分析目前市场状况	60分钟

续表

15：30～15：45 休息				
15：45～17：45	部门经理	产品介绍	公司各产品线及产品介绍	120 分钟
17：45～18：30	人力资源经理	培训总结	学员谈体会	45 分钟
18：30～20：30	晚餐	增进员工了解；振奋员工精神	颁发证书；总经理讲话	120 分钟

案例分析 2

培 训 需 求 问 卷 调 查

姓名：_____ 部门：_____ 职位：_____

1. 您在公司的工作时间：
2. 您在本职位已有的工作时间：
3. 请列出您的专业背景及工作经历：
4. 请列出您目前工作上觉得最困扰您或最想寻求帮助的问题。
5. 您希望在您工作的哪一方面有所改善？
6. 您以前参加过什么培训课程？
7. 您对这些培训课程有些什么意见？
8. 请顺序列出您对表 9-6 所列培训课程的兴趣程度。

表 9-6　　　　　　　培 训 课 程

备选课程	兴趣程度				
	很高	高	中	低	很低
（1）管理者角色					
（2）如何成为出色的中层管理者					
（3）时间管理					
（4）高效沟通					
（5）团队建设					
（6）项目管理					
（7）演讲技巧					
（8）高效会议					
（9）专业销售技巧					
（10）大客户管理					
（11）高绩效销售团队的建立发展					
（12）渠道及分销商管理					
（13）双赢的销售谈判					
（14）高级销售经理的管理技巧					

9. 您对一个好的培训课程有什么期望？
10. 请提出任何其他意见。

第十章　跨文化人力资源管理

学习重点和要点

(1) 知道文化和跨文化的定义，文化差异的五个辨别维度。

(2) 掌握跨文化人力资源管理的构成要素和特征。

(3) 了解人力资源跨文化管理的策略。

(4) 知道美国和日本价值观在人力资源管理中的具体表现。

导入案例

人力资源部经理的委屈

　　小李是某公司的人力资源部经理，她的新任老板是比利时人，才上任没多久，他们之间就出现了问题。起因是一个员工的父亲去世。该员工原是公司在广州的销售人员，刚被调到上海做销售。得知父亲病重的消息后，他向老板请假，要回家探望父亲。为了表示对员工的体贴和关照，老板不但准了他的假，还特地允诺给他报销回广州的机票。按公司规定，员工报销机票必须要经过人力资源部经理批准，出于对那个员工特殊情况的考虑，小李答应了。该员工回到广州后不久父亲就过世了，他又向老板请假，将丧假和年休假并在一起用，以料理父亲的后事。比利时老板也答应了，并且为了体现他的 nice，他更是再次找到小李，要求批准报销该员工给他父亲办丧事的费用，小李很配合地点头了。谁知道，比利时老板还有额外的要求。他让小李给所有中国区的员工发信，告诉他们那个员工父亲过世的消息，并将他批准员工休假、报销来回机票、丧葬费等"事迹"一并告诉大家。对此，小李理解为：告诉相关部门、相关人员该员工因事暂时离开，以及有关工作交接、协调的事宜。斟酌再三，她没有完全按比利时老板的意思行事。而是发信告诉主要部门的负责人，以及销售部门的人员该员工因为个人原因休假，他的工作暂时由谁接替，他什么时候回来工作。

　　信发出去的第二天，比利时老板就气冲冲地找到小李，质问她为什么没按他的意思写信，"我让你把他父亲去世的事，以及我对这件事的处理通过内部邮件告诉所有人，你为什么不听？"说完气冲冲地走了。小李愣了，她实在没料到比利时老板会对这事发如此大的脾气。小李左想右想，想不通这件事她哪里做得不对。员工的父亲过世，本身就不是好消息，为什么要告诉所有人？员工父亲过世是员工的家事，她有什么权利通知公司所有的人？员工的私事，为什么要以公示的形式通知所有的人？小李一肚子的问号。事后，倍感委屈的小李还不得不对比利时老板 say sorry。

　　这个案例告诉我们，随着全球经济一体化趋势的加强和跨国经营的蓬勃发展，各国企业在人力资源方面都配置了包括母国、驻地国、第三国公民组成的员工。这些来自不同国家的员工在文化背景、价值观念、需要、态度及行为方式等方面都存在着很大的差异。这些差异的存在给跨国企业的人力资源管理方式、管理制度和理念都带来了巨大的挑战。跨国企业必须找到一种能够协调和激励不同国家、不同文化背景下员工的一种人力资源管理模式。

第一节　跨文化人力资源管理概述

据管理学家的统计，大约有 35%～45% 的跨国企业是以失败而告终的，其中约有 30% 是由于技术、资金和政策方面的原因引起的，70% 是由于文化差异引起的。另有调查显示，目前有 1/3 的著名跨国企业因为跨文化管理不利而面临内部关系紧张的状况。美国著名管理学家德鲁克也认为，国际企业经营管理"基本上就是一个把政治上、文化上的多样性结合起来而进行统一管理的问题"。同时，这些文化上的差异性和多样性又都体现在来自不同国家的员工身上，因此人力资源的跨文化管理是各跨国企业进行跨文化管理的关键一环。

一、跨文化人力资源管理

（一）文化与跨文化的界定

1. 文化的定义

文化是一个非常广泛的概念。自 20 世纪初以来，不少哲学家、社会学家、人类学家、历史学家和语言学家一直在努力，试图从各自学科的角度来界定文化的概念。然而，迄今为止仍没有获得一个公认的、令人满意的定义。笼统地说，文化是一种社会现象，是人们长期创造形成的产物；同时又是一种历史现象，是社会历史的积淀物。确切地说，文化是指一个国家或民族的历史、地理、风土人情、传统习俗、生活方式、文学艺术、行为规范、思维方式、价值观念等。

李宗桂在《中国文化概论》一书中这样给文化下定义："文化是代表一定民族特点的，反映其理论思维水平的精神风貌、心理状态、思维方式和价值取向等精神成果的总和。"人类学的奠基者泰勒在《原始文化》中，给文化下了一个经典的定义："所谓文化，就其广泛的民族志的意义上来说，是知识、信仰、艺术、道德、法律风俗及任何人作为社会成员而获得的所有能力和习惯的复合总体。"在管理学上，文化被定义为："一类人群与其他人群相区别的心智程序的整体。"具有同一种文化的成员往往表现出同样的思维方式和行为方式，从而影响着特定的管理理念和组织行为的产生。

2. 跨文化的定义

跨文化（Inter‑Cultural）又称交叉文化（Cross‑Culture），是指具有两种以上不同文化背景的群体之间的交互作用和影响。当一种文化跨越了在价值观、宗教信仰、思维方式、语言、风俗习惯及心理状态等方面与之不同的另一种文化时，就称之为跨文化。

（二）跨文化人力资源管理的概念

所谓跨文化人力资源管理，就是由来自不同文化背景的、存在跨文化差异的员工组成的企业中的人力资源管理。这些企业往往也是跨越了地区、民族、政体、国家的跨文化经营管理的经济实体。跨文化人力资源管理的目的主要是对这些具有不同文化背景的人力资源进行获取、保持、评价、发展和调整等一系列管理的过程，从而提高企业的劳动生产率、工作质量和取得经济效益。

（三）跨文化的人力资源管理构成要素

（1）跨文化人力资源管理的主体是企业，可以是跨国企业，也可以是跨地区的企业。

（2）跨文化人力资源管理的对象是具有不同文化背景的群体，这些群体有可能来自企业外部，如驻地国政府部门、民族、人才中介机构、社区等，也可能来自企业内部，如管理者、员工等。

（3）跨文化人力资源管理的目的就是找到最有效的人力资源管理模式，在不同文化差异群体相互融合、相互影响的过程中出现矛盾和冲突时解决和协调矛盾，实现人力资源的最优配置。

二、跨文化人力资源管理的特征

由于管理对象文化背景、价值观念、行为方式等方面存在的差异，跨文化企业人力资源管理在人员组织结构、文化认同程度、管理难度及管理风险方面具有一些独有的特征。

（一）人员结构多元化

跨文化企业的雇员来自不同的国家或地区。那些由公司在其总部所在国雇用并派驻海外执行任务的人员，称为驻外人员；跨国公司在机构所在国当地招聘的本地雇员，称为当地雇员；对于那些既不是公司总部所在国也不是公司机构所在国身份的雇员，通常来自第三方国家，被称为第三国人员。一般说来，驻外和第三国海外雇员属于管理雇员和专业技术雇员，而当地雇员一般属于低层次的劳动力。由于文化背景的不同，这些外来的管理人员和技术人员的管理风格和价值取向与当地雇员之间存在着很大的差异，因此往往容易造成管理层和员工层之间矛盾、对立的局面。这种文化背景上的差异不是建立起一种全新的企业文化就能够消除的，而是根深蒂固于每个人思想深处的。所以，管理层和员工层文化背景差异越大，管理难度越大。因此，越来越多的全球化企业采用从机构所在地选拔管理人才，由同一文化背景下的人员来进行本土化管理，这样可以慢慢改善跨文化企业的多元化人才组织结构。

（二）文化认同的过程性

跨文化企业中存在着差异较大甚至冲突的文化模式。来自不同文化背景的人由于民族、价值观、宗教信仰、种族优越感和语言沟通障碍等方面因素的影响，无论是心理还是行为都有显著差异，这些差异只有逐渐被人们理解和认识，进而产生关心、认同心理，才能取得共识，建立全新的共同的企业文化。因此，跨文化企业形成自己的企业文化不是一朝一夕的事，需要一个很长的过程。在这一过程中，所有成员都要了解对方的文化模式，进行文化沟通以消除障碍，接受企业全新的特有文化。这个过程比较复杂。

（三）管理难度增加

当今世界处在一个前所未有的时代浪潮中，这个时代为跨国企业提供了自由的发展环境和空间，同时也向跨国企业的人力资源管理提出了巨大的挑战。在全球市场上，影响人力资源管理的主要因素包括文化、人力资本、政治法律制度和经济制度等各方面。这使得人力资源管理决策及政策的制订变得更加复杂。比如与亚洲工人相比，欧洲工人可以工作更短的时间、休更长的假期、享有更多的社会权利。西欧的很多国家，企业给予被解雇员工很高的补偿，而亚洲则没有。在一些发达国家，政府对就业的管制程度及工资水平要求很高。在法国，福利占工资的70%左右，在意大利，这一比例高达90%，而在美国大约只有40%。因此，对跨国企业来讲，应该招聘哪国人才，如何招聘到优秀的人才，如何培训和管理外派人员，如何激励具有不同文化背景的员工，如何协调分属不同国家的两家公司的人力资源政策等都是比较有难度的决策。

（四）管理风险加大

劳动关系问题是跨国企业经营的重要问题。跨国企业所面临的劳资关系与单纯的国内企业有很大的不同，因为各国的法律、管理体系、劳动关系、工会的背景都不同。比如在法国，工会的影响力非常大，甚至要求公司董事会中必须有工会或员工代表；而在一些国家，企业中工会的影响力非常小或者根本不存在，比如墨西哥，工人更信任管理当局非正式的协定而不是正式的劳动合同；在欧美国家，签订正式的劳动合同则是非常必要的。因此，管理人员在制订管理措施时，应该综合考虑企业中来自不同国家或地区员工的文化背景。当管理人员所采取的管理方式不为员工所接受时，就有可能导致管理失败的风险。另外，跨国经营的企业还有可能面临组织风险和沟通风险。组织风险是企业在开展国际化业务经营时，组织中子系统和各分支机构数量比较多，所面向的市场也比较复杂，具有分散性和独特性的特点，由此导致企业的管理、决策和协调变得复杂而带来的风险；尤其是企业采取多元化经营和市场差异较大时，决策更为困难。沟通风险是指管理人员面对不同文化、语言等沟通障碍，可能引起沟通误会，从而导致沟通失败所带来的风险。虽然，这种沟通风险在单纯的国内企业中也可能发生，但是比较起来跨国企业中这种沟通风险发生的概率要大得多。

第二节　人力资源管理的跨文化差异

一、文化差异的五个辨别维度

文化差异对跨国企业的人力资源管理来说是最棘手的问题之一。一个全球企业在一个国家或地区摸索总结出来的成功的管理方式、组织结构、规章制度、激励政策等在另外一个国家或地区中就可能会惨遭失败。这些跨国企业成功的经验不可能从一个地区直接复制到另外一个地区。究其原因，大多数都是因为企业进入一个新的文化环境时，原有的文化与之发生了冲突。这类冲突往往都是因为人们身处本国文化中而不能对其他文化进行辨别和理解，所以对不同于本国文化的方式和行为采取消极抵制的态度。

德国著名的跨文化管理学家哥瑞特·霍夫斯坦德通过对 IBM 公司全球 53 个国家 10 万名员工的研究，提出了不同国家或民族文化中差别最大的五个维度：权力差距、不确定性规避、个人主义与集体主义、男性主义与女性主义、长期导向与短期导向。

（一）权力差距

权力差距是指不同国家的人们在对待人与人不平等这一基本问题上的不同态度，包括员工是否敢表达与上级相反的意见，员工对上级决策方式的看法等。研究表明，这种权力差距在美国、欧洲等地较小，而在中国、日本等国家较大。

（二）不确定性规避

不确定性规避是指人们对确定情况和不确定情况的偏好。在这方面表现比较高的国家，如日本、俄罗斯等，倾向于抵制变化，因循守旧；而美国、法国等国家则表现较低，倾向于敢冒风险、鼓励创新。

（三）个人主义与集体主义

这一个维度主要指人们对待集体和个人的关系，也就是重视集体还是个人。在这方面，亚洲人表现得更加集体化，而美国人在个人主义方面表现得更明显。

（四）男性主义与女性主义

男性主义与女性主义又可以称为阳刚气概与阴柔气质，指的是在某种文化中所表现出来的类似于性别角色的社会特征。男性主义指自信、成就、竞争力、物质等方面占优势的价值观；而女性主义包括生活质量、良好的人际关系等方面占优势的价值观。来自日本的回答者在男性主义方面的分数最高，而来自荷兰的回答者则有更多的女性主义的观念。

（五）长期导向与短期导向

长期导向和短期导向是指一个国家或民族持有的对待长期利益或短期利益的价值观。持有长期利益导向的国家或民族注重对未来的考虑，表现为节俭和坚持；而短期利益导向的国家或民族注重眼前利益，重视对传统的尊重和对社会责任的承担。中国人长期利益导向表现最高，而俄罗斯、美国和法国人则更倾向于持有短期观念。

这五个维度为跨文化企业提供了分析不同文化背景员工、客户或其他相关群体文化取向的方法，使企业能够掌握不同文化群体的特点，从而在管理中尽量避免文化差异带来的矛盾。

二、人力资源跨文化管理的策略

对于跨国企业来说，不同文化的差异性是客观存在的，这些由价值取向、宗教信仰、风俗习惯或语言上的误解带来的文化差异必然导致企业内部的文化冲突，包括企业员工之间的文化冲突和企业员工与企业文化之间的冲突。跨文化人力资源管理要通过文化融合、本土化管理等一系列措施来规避和化解经营管理过程中可能出现的文化冲突，寻找超越文化冲突的公司目标，以维系不同文化背景下的行为准则，并据此创造出公司的独特文化。

（一）认识并协调文化差异，进行文化融合

跨文化的认识具有两层基本含义：第一，要认识他国文化，必须首先理解自己的文化及其发展与变化、优势与不足。这是更好地认识、理解他国文化，识别他国文化之间差异的基础，以便扬己所长，补己之短。第二，寻找文化之间的"切点"。这就要求管理者在一定程度上摆脱本土文化的约束，站在不同的立场反观自身文化，并从中寻求本土文化和他国文化之间的结合点。在这里，解决跨文化差异所带来的冲突和矛盾，一般有以下四种模式可供选择：

1. 凌越模式

所谓凌越是指组织内一种文化凌驾于其他文化之上而扮演着统治者的角色，这种文化往往支配着组织内的决策及行为，并且是继续按他们的规矩行事而压制了其他的文化。该种模式的好处是能够在比较短的时间内形成一种"统一"的组织文化，但其缺点是这种"统一"的组织文化是建立在压抑其他文化的基础之上的，因此比较容易使其他文化成员产生强烈的反感，最终只能是加剧冲突。

2. 折中模式

所谓折中是指不同文化间采取妥协与退让的方式，有意忽略、回避文化差异，从而做到求同存异，以实现组织内的和谐与稳定。但这种和谐与稳定通常只是暂时的，它们的背后往往暗藏着危机，只有当彼此之间文化差异较小时，才适应采用此种模式。

3. 融合模式

所谓融合是指将几种不同的文化进行有效的整合，通过各种渠道促进不同文化的相互了解、适应、融合，从而在此基础之上构建一种新型的企业文化，以这种新型文化作为管理基础。这种新型文化既保留着母公司企业文化的特点，又与当地的文化环境相适应；既不同于母公司的企业文化，又不同于当地的文化，而是两种文化的有机结合。这样不仅使全球化经营企业能适应不同国家的文化环境，而且还能大大增强竞争优势。

4. 移植模式

所谓移植是指简单的文化移植，也就是跨文化企业想当然地将带有母国文化的管理方式直接运用于合资企业中去，或者合资企业简单地照搬驻地国的管理模式，采取迎合驻地国文化的管理方式，这种跨文化人力资源管理通常是低效并且容易失败的。很多跨国企业的海外经营都不得不提前打道回府，原因就在这里。

总之，不论在什么文化背景之下，在文化融合过程中没有所谓对与错、先进与落后的概念，只有有效和无效的问题。但现实中往往是强势文化占主导地位，弱势文化背景下的员工个性、情感、意志、态度、兴趣等会产生挫折感并由此产生一些非理性行为，对于这些应事先予以充分重视。入乡随俗是文化融合中一个重要原则，本土文化不论是处于强势还是弱势，在本土地域内依然具有很强的影响力。外来文化尽管可能是强势文化，也不能咄咄逼人，处处以自己的原则和规范行事；将自己的意识形态当成天下的真理，威逼别人接受。面对冲突时，管理者需要以一份平和的心态、宽容的态度和理智的方式来处理；要相互理解，相互尊重；对不同的文化要进行仔细分析，尤其是他国文化，对其优秀部分采取学习态度，不可抱有成见，或一概排斥。

（二）实行管理本土化

近年来，本土化经营战略随着世界经济一体化的趋势越来越明显，跨国公司为了保持自己的优势，不断探求新的管理模式。许多跨国公司通过企业的重组、公司的合并，将自己定位于本土化经营战略。一些管理专家指出，最能适应异域文化、最能避免激烈文化冲突的跨文化管理模式便是本土化经营。跨国公司不可避免地会遇到驻地国政治、经济、文化等方面的制约，跨国公司在经营中采用"本土化战略"，即充分利用当地的资源和市场来壮大自己的实力，并与驻地国政府、企业结成战略联盟。

在人才使用上，除了包括尽可能雇佣本地员工，培养他们对公司的忠诚感之外，最重要的是聘用能够胜任的当地经理。由于本土的管理者对本土文化有深刻的了解，容易为员工所接受；同时为本土员工的晋升提供了明显的渠道，具有很强的激励作用。因此，使用本土化管理者进行管理成为跨文化人力资源管理中的明显特征。当然在挑选这样的管理者时，一般可以选用在企业母国有学习和工作背景的员工，或者选送他们到另一个文化背景的环境中进行学习。这样就可以很好地避免文化冲突，有利于公司开展各种业务。

（三）跨文化培训

跨文化培训被许多跨国公司视为消除文化冲突、实现文化整合的最有效手段。跨文化培训的主要内容有对对方民族文化及原公司文化的认识和了解、文化的敏感性、适应性训练、语言学习、跨文化沟通及冲突处理能力、地区环境模拟等。这类培训的主要目的有：

（1）缩小驻外经理可能遇到的文化距离，使之迅速适应当地的环境，发挥正常作用。

（2）保持企业内信息流的畅通及决策过程的效率。

（3）维持组织内良好稳定的人际关系。

（4）促进当地员工对公司经营理念及习惯做法的理解。

（5）提供员工培训，为员工的职业生涯规划做好基础。

跨文化培训的一个重要问题是如何进行培训。国际化经营的企业有两种基本的选择：一是通过企业内部的人力资源培训部门进行培训，这种培训方式的优点是节约成本，但缺点是没有外部培训机构专业；二是利用外部培训机构，如大学、科研机构、培训公司等进行培训，这种培训方式的优缺点和企业内部人力资源培训部门进行培训的优缺点正好相反。例如，日本富士通公司早在 1975 年就在美国檀香山设立培训中心，开设跨文化沟通课程，企业的员工可以在那里进行为期四个月的学习；韩国三星公司每年都会派出一些有潜力的年轻经理到其他国家学习，学习计划由员工自己安排，但是公司对学习计划进行严格控制和审核，员工不仅要学习语言还要深入了解所在国家的文化和风土人情等。通过这样的学习，跨国公司培养了大批熟悉其他国家文化和市场的国际化人才，但是这种培训的成本要明显高于企业内部进行的培训。

第三节 各国企业的人力资源管理模式

价值观作为一种比较持久的信念，是企业文化的重要组成部分，它可以确定一个人的行为模式、交往准则。之所以跨国企业中存在文化冲突，就是因为存在以价值文化为核心的社会文化的差异。因此，我们要尽可能地了解各国的民族文化，理解他们的价值观及表现出来的行为方式，并借此进一步地认识各国企业中不同的人力资源管理模式特点。

一、中国、美国、日本三国不同价值观的比较

中国是一个幅员辽阔、历史悠久、民族众多的泱泱大国，历来以"礼仪之邦"著称。中国文化受儒家思想影响较深，历来尊崇"中庸之道"，稳健保守、注重和谐。日本文化与中国文化同受儒家文化的影响，但是却又表现出不同的特点。日本基本上是一个单民族的国家，强调民族性和集体主义精神，荣辱感非常强烈，也具有很强的奋斗精神。美国是一个十分年轻的国家，只有 200 多年的历史，是由大批的拓荒者怀着淘金梦从世界各地聚集到那里，因此美国是一个多民族并且具有开拓精神的国家。由于美国是一个移民国家，各个民族相互交融，开放程度很高，人们欢迎外来的事物，没有传统观念的束缚，人人自由平等，所以美国是一个创新意识和竞争意识极强的民族，崇尚个人主义。表 10 - 1 是中国、美国、日本三国价值观的比较。

表 10 - 1 　　　　　　　　　　　　中、美、日价值观比较

项目	中国	美国	日本
对待个性	强调服从，控制自己的个性，不过分张扬，个人服从集体	个人主义，崇尚能力，极力张扬个性，先有个体后有整体	绝对服从国家和团体意志，不允许强调个人
对待竞争	追求平等稳定，尊重秩序	竞争意识强，追求效率	竞争意识强烈，但是代表的是团体，且不允许失败
人际关系	注重人际关系，追求和谐，强调情和公众空间，重视家庭	人际关系淡薄，强调法治，法、理之后才是情，注重个人空间	人际关系残存君臣、主仆观念，强调"理"、"公"大于私
对待忠诚	以情感为基础，全身心地忠诚于国家和某一组织或群体	以自我为中心，没有稳定的忠诚团体	对所属的所有团体均强调"忠"，小团体服从大团体
对待工作	提倡敬业勤奋，自觉纪律，个人自主创业精神不强	对个人范围内的工作极为认真，富有成就感	对工作兢兢业业，全力以赴，有一种狂热的执著
对待利益	义重于利，个人、集体和国家利益统一，关心权力和地位	以金钱作为衡量一切的标准，追求社会地位	个人利益服从整体利益，追求权力和地位
对待等级	等级代表着权力	等级观念淡薄，追求自由	等级代表着整体

二、美国、日本价值观在人力资源管理中的具体表现

（一）美国人力资源管理的特点

美国人价值体系的核心是"个人主义""英雄主义"、追求自由平等、崇尚个性开放，以金钱作为衡量标准，追求个人利益最大化，人际关系淡薄，不讲情面，注重法律，强调现实主义。这一系列的价值观也赋予美国企业人力资源管理独有的特点。

1. 人力资源的市场化配置

作为一个典型的信奉自由主义的国家，美国的劳动力市场也非常发达，企业组织具有很强的开放性，市场机制在人力资源配置中发挥着基础作用。企业中人人比较崇尚功利主义，为了实现这种功利，美国人往往有极强的学习欲望和自我展现的欲望。很多员工将企业仅仅看成是实现个人目标和自我价值的场所和手段。一旦所在企业不能够满足员工的要求，他们就会跳槽另谋高就，人员流动特别频繁。

2. 人力资源管理的高度专业化和制度化

美国人注重法律，看重合同。美国企业管理的基础是规章制度和契约，重视理性管理，不玩花样，不讲情面，不喜欢客套，不讲究排场。美国人的性格比较豪爽、直接，不会拐弯抹角，没有人情的因素干扰，因此各种规章制度容易得到执行。

3. 人才选拔推行能力主义

企业对职工的评价是基于能力主义原则，加薪和升职只看工作能力和工作业绩，而不考虑年龄、资历和学历等因素。美国的很多著名公司，大家都是直呼其名，而不会有头衔等级之分，公司会努力在工作环境与社会环境之间创造一种平衡，在关心员工工作环境和条件的同时，搭建充分展示个人才华的舞台，让员工在公平竞争中胜出，在成就个人理想和事业的同时实现企业的目标。这也正是美国企业文化的活力与竞争力之所在。

4. 激励方式以物质激励为主

美国人的价值观是以经济利益作为评价社会价值的主要标准。因此，企业主要的激励政策都体现在经济利益的提高方面。薪酬标准的制订也主要以该工作对公司所做出的贡献为评价指标。美国员工的报酬大部分是刚性的工资，因此，在经济不景气时企业只能解雇员工来消除剩余的生产能力，这也会导致员工对企业缺乏信任，形成对抗性的劳资关系。

（二）日本人力资源管理的特点

日本价值体系的核心是集体主义、团队精神、忠诚的伦理观及积极奋斗的工作态度。因此，在这种价值观的影响之下，日本的人力资源管理形成了以下三个鲜明的特点。

1. 终身雇用制

日本人的首要道德观就是要对自己所属的企业忠诚。为了达到企业的利益，日本人可以不择手段，甚至牺牲个人的道德观念。比如一些日本人为了实现企业的利益，不惜去做商业间谍，在被揭露之后，竟然毫无悔意。因为他们认为这是为了企业应该做的，而只有背叛自己的企业才是最耻辱的事情。当然，日本的企业也重视员工、相信员工，承认员工对企业的贡献，而终身雇佣制就是对员工最好的保证。

2. 年资序列制

根据年资序列制，员工的年龄越大，工龄越长，熟练程度越高，工资也越多，人们对此没有任何的怨言。在干部提拔和晋升制度中也都规定有必需的资历条件，工作能力和绩效的差别不会导致员工在薪资水平上出现较大的差别。年资序列制是终身雇佣制的真正支柱。但是，随着全球化经济的发展，日本企业的年资序列制正在向能力主义转变，年轻有为的员工可以被委以负责人的职务，工资水平也可以实行"基本工资加期间业绩工资"制。

3. 和谐式管理

日本的企业非常注重公司内部人际关系的和谐，鼓励团队精神，重视员工之间的精神交流，在决策制订之前，大家可以进行长时间的讨论，但付诸实施后人人有责。在人力资源考核方面，日本企业表现出很强的平均主义。他们多以集体为考核单位，不提倡鼓励个人也不批评个人；重视公司或集体的业绩，否定或低估个人的努力，个人也以获得集体荣誉而不是个人奖励而自豪。所以，日本企业整体上追求的并不是公平原则，而是企业中所有员工的安定团结。

从以上两个国家人力资源管理特点的分析中可以看出，不同文化背景下的人力资源管理模式存在着很大的差异性，我们必须承认这种差异的客观存在，同时也要研究在跨文化条件下如何克服不同文化的冲突，进行卓有成效的管理。跨国企业应在不同形态的文化氛围中设计出切实可行的组织结构和管理机制，最合理地配置企业资源，特别是最大限度地挖掘和利用企业人力资源的潜力和价值，从而最大化地提高企业的综合效益。

习　　题

一、复习思考题

1. 跨文化人力资源管理的特征有哪些？
2. 跨文化的冲突主要有哪些？应该如何处理这些冲突？
3. 跨国企业的本土化人力资源战略有什么优点和缺点？
4. 如果一家中国企业想在美国设立分公司，它的人力资源管理应该具备哪些特点？

二、案例分析题

案例分析 1

格格不入的日本设计师

上海天和实业有限公司是沪上一家民营企业，老板赵刚手下有不少日本人。赵刚在日本工作、学习、生活了6年，对日本的民族特征和文化都很熟悉。但是，老板单方面的熟悉并不代表合作与沟通就毫无问题。从日本招来的一名设计师就因为不适应而离开了公司。

赵刚的日语非常流利，和日本人交流不成问题，但其他员工大部分都不会日语。而且，企业所处的是中国这个大环境，他很自然地要求日本员工学习中文。半年后，那个日本设计师却连企业的中文名字都不会说，赵刚很不满意，认为设计师没有自觉、主动地融入中国社会的意识。设计师却觉得反正有翻译，没关系。

一次，赵刚把一个工程交给日本设计师负责。偶尔，他到工地查看，却发现设计师用完全日本的一套方法管理工人，效果很差。他当场指出设计师的工作方法不当。事后，设计师心里很不舒服。当赵刚再次提出要去工地时，本意是去探望，对大家的辛苦工作进行慰问，却被日本设计师理解为不放心他的工作，是去督工。日本设计师婉言拒绝老板去工地探视，认为这是对他的极度不信任，"既然把工程交给我，你就不该多管。"

最后，赵刚辞退了这个与企业文化和周围环境"格格不入"的设计师。设计师走的时候，公司为他开了欢送会。赵刚语重心长地告诫他，既然选择来到中国，就必须适应中国的文化，中国企业的风格，不能总是要求别人来迁就他。想到公司对自己的各种特别照顾，对比自己的做事方法和态度，设计师忍不住泪如泉涌。如今，这名设计师又回到了中国，在一所大学里学习中文。看来，他是下决心要真正融入中国社会了。

案例分析 2

美国老板的"热舞"

很多在中国的美资企业或中美合资企业的最高管理层几乎都是欧美人，这些来自欧美的管理者的管理风格一般是开放、直截了当的，然而许多中国员工会觉得这种风格很不舒服，难以接受。

小王在一家美资公司就职，他的老板是个50岁开外的美国人，非常幽默。有一天中午，小王和同事们吃完饭之后心满意足地回到办公室。这时远远看到老板向他们走来，大家都做好打招呼的准备。谁知，老板径直走到小王跟前，放在背后的手突然变出一顶牛仔帽，翻手戴在头上，随即模仿西部牛仔的样子，扭动着他不算灵活的腰肢，火辣、奔放的"桑巴"热舞上演了。那边老板跳得分外起劲，这边员工看得目瞪口呆。

小王看着眼前的老板，真不知道他要干吗！终于，老板停下了舞步，气喘吁吁地对小王说了句"Happy Birthday!"这时，愣在一边的员工和小王才明白，老板这是祝贺他生日。一时没反应过来的小王，只会对着老板傻笑，连"Thank you"都忘了说。机灵的同事鼓起了掌，向老板致意，这才打破了尴尬的场面。事后，小王对老板的此举很是感动，他怎么也没想到，这么忙的老板居然还记得他的生日，连他自己都快忘了。不过，提到老板"奇特"的祝贺方式——那段"热舞"，小王和同事们都连连摇头，感叹"吃不消，吃不消"。

美国人的开放是众所周知的。当街拥抱、热吻，对周遭的人几乎视而不见，我行我素。但中国人却素来以中规中矩出名，这"引人注目"的事能不做就不做。老板对着员工扮牛仔、跳热舞，这真是超乎中国员工的想象。面对这种场面，目瞪口呆也在所难免。美国老板若是换一种方式，更加大众化，更加中庸一些，或许效果会比跳段"桑巴"来得好，对中国员工而言，也更容易接受。

案例分析 3

迪斯尼乐园的跨国经营

自1955年在加州安那军市首次开业以来，迪斯尼乐园一直扮演着永不枯竭的造币机的角色，每年进入主题公园的旅游者数目甚至都超过了游览该国首都的人数。为了进一步扩大自己的经济收益和国际声望，迪斯尼的管理者们做了两次海外探险：东京迪斯尼在1983年开放，而欧洲迪斯尼乐园则于1992年4月在距离巴黎35公里的马奈山谷开放。然而，两次探险的收获是截然不同的：以1993年为例，在一年里面，有近1600万游客游览了东京迪斯尼乐园，每个人平均花去85美元，它的业主——东方土地公司取得了2.02亿美元的税前利润。而在欧洲迪斯尼乐园当年的财年报告中，共有10.4亿美元的亏损，母公司为此承担了

3.5 亿美元的责任；有鉴于此，一份西班牙的报纸登载了米奇在埃菲尔铁塔附近乞讨的漫画。那么，究竟是什么因素在期间发挥作用，导致了米老鼠在日本的火爆和在法国的举步维艰呢？

　　迪斯尼是一个情感商业，"幸福贸易"。正是这种所谓"幸福贸易"的特殊性，导致了迪斯尼在其经营过程中要依赖于一支精力充沛的劳动力队伍。无论何时何地，迪斯尼员工的服务素质和精神状态都是最重要的：迪斯尼乐园依靠员工来热切地问候客人、驾驶有轨电车、运送食物、装运垃圾、清洁街道和满足客人的其他愿望，我们无法想象昏昏欲睡的米老鼠或者是出口伤人的白雪公主。这也就对管理层的人力资源管理实践提出了相当大的挑战，而东京迪斯尼和法国迪斯尼的经营业绩之所以会迥然不同，相信在这方面也能找到部分答案。

　　1983 年，当日本的东方土地公司第一次把在日本建立一个"魔术王国"的想法带到迪斯尼的执行官面前时，纯粹是一次"硬性推销"。在经历了好几年的耽搁之后，迪斯尼选择了一个稳妥的方案：它控制了该乐园在设计和运营上的很多方面，但只按提成收费——大约是门票和游乐器具收入的 10% 和饮料、纪念品收入的 5%。而在法国，迪斯尼则做得更多：他们把欧洲迪斯尼建设成了欧洲第二大建设项目，在其中投入了大约 50 多亿美元，对其实行直接的管理控制，并拥有控制性的利益（大约为 70%）。不同的控制和利益分享机构使得两地乐园在战略设计层面的人力资源管理举措上存在重大差异，尤其体现在管理团队和员工队伍的构成上。

　　一方面，在管理团队本土化的问题上，东京迪斯尼的分权导致几乎所有高层和大部分员工都是日本人，美国人只留下了一个小型管理团队充当参谋和顾问，以保持该公园的原汁原味。而在法国，为了与治理结构相匹配，乐园几乎沿袭了整套美国管理体系：组织是一种相当陡峭的科层管理体制，管理团队是清一色的美国人。这种团队构成无疑是值得质疑的。只有当管理人员对企业运行的社会、经济和政治环境拥有相当知识的时候，他们才有可能具备管理的针对性和灵活性，根据市场需要做出正确决策。如果对周围环境缺乏起码的了解，实际管理行为恰如盲人摸象，只会让人觉得格格不入。从这个意义上来说，管理团队的本土化是必须也是必然；尤其是在对文化具有相当敏感性的法国，法国人显然更清楚他们究竟需要什么（所幸迪斯尼已经意识到这一点：自 1993 年始，原来的美国籍总经理已经由法国人菲力浦·布基尼担任，经理级有 2/3 以上是欧洲人，员工中间有 67% 是法国人，30% 为其他欧洲人，美国人只占 3%）。

　　另一方面，在员工队伍的构成方面，东京迪斯尼的正式员工只有 2500 人左右，此外的近 11 000 人都属于打工性质的"准社员"，这就在很大程度上保持了劳动力队伍的灵活性和弹性，降低了劳动力成本和管理成本。而在法国，为了实现给法国人民提供充分就业机会的承诺，它一开始就采用了 10 200 个工作人员的固定编制；事实上，仅从住房角度来说，如此庞大的劳动力队伍就意味着相当沉重的压力。更重要的，由于气候关系，法国几乎有 5 个月是寒冷的冬天，而乐园的游客是夏天人多，冬天人少，有明显的季节性，因此劳动力的闲置现象相当严重，这无疑进一步加重了欧洲迪斯尼的经济负担，而这无疑是日本和美国的管理者们不能理解的现象。事实上，在佛罗里达，迪斯尼已经习惯于对员工说"今天，我们不需要你。"而在法国，不给出合适的理由而随意让员工停止工作是为法律所禁止的。因此，为法国僵化的劳动日程所束缚，迪斯尼不得不对沉重的人力资源闲置成本听之任之。

　　从招募角度来看，迪斯尼一向以严格的招募标准著称。一般说来，典型的迪斯尼员工应该是：二十刚出头，单身，白色人种，脸上没有瑕疵，身高超出平均值，体重低于平均值，牙齿整齐，修饰保守，总是呈现出下巴前伸、肩膀后缩的姿势，看上去相当健康。同时，专门手册还要求：男子禁止蓄胡须，留长发，带飞行员的墨镜和耳环；妇女不必招人注目和戴时髦首饰，只需化淡妆。据说，这些要求都是为了避免萎靡精神或粗俗、艳丽在迪斯尼乐园中出现。

在日本，几乎从未有人对这些标准提出质疑，一向注重仪表整齐的日本人热切地遵从来自于迪斯尼的训令。而在法国，这种"全美国式的外貌"对于热衷独立主义和"文化纯粹性"的法国人而言无疑是一种极大的冒犯。自乐园公开其招募标准时开始，法国劳工工会就一直在抗议这些规定：他们在招募中心门前散发传单，提醒求职者们注意外貌准则，认为它们是"对个人自由的一种攻击"；而更主流的法国民主劳工联合会则投诉到劳动部，要求禁止迪斯尼"违背人类尊严"的事情。事实上，屈从于法国人如此顽强的"反抗"，迪斯尼已经做出了一些让步，例如女性员工与在美国相比，被允许抹上更红的指甲油。

从前面几个角度可以看出，当美国迪斯尼乐园只是把它的景点设置和员工管理方式简单照搬到东京和法国时，取决于两地乐园在经营控制机制、民族文化、"斗争"精神和管理传统等方面存在的巨大差异，同样的人力资源管理举措收到了截然不同的效果。在东京，原有的人力资源管理举措得以与乐园本身、与乐园身处的外部环境甚至与日本的民族文化实现了相当程度的契合，有效实现了这些举措的初衷。而在法国，由于法兰西民族的个人主义、反抗传统和文化敏感性的制约，以及不合理的经营控制机制的影响，整个人力资源管理体系失之于僵化，始终无法融入外界环境当中，自然也就无法准确把握员工需求、对变革中的管理环境做出正确反应，对经营业绩的负面影响也就在情理之中了。

第十一章 激 励 管 理

———— 学习重点和要点 ————

(1) 掌握激励的概念，了解激励的作用和原则。
(2) 掌握内容型激励理论的类型。
(3) 掌握过程型激励理论的类型。
(4) 了解综合型激励理论的类型。
(5) 了解激励常用的方法。

导入案例

海尔的激励制度——竞争聘任制

海尔集团的用人制度可用 4 句话来概括，即"在位要受控，升迁靠竞争，届满要轮换，末位要淘汰"。

"在位要受控"包括两层含义：一是干部主观上应自我控制，自我约束，具有自律意识；二是集团建立控制体系，以控制工作方向和目标，避免犯方向性错误。海尔集团对在职干部进行严格的考评，无论是集团公司到各职能部门，还是从各事业部到各车间，都在最明显处设置考评栏，进行打分表扬和批评。对受到表扬和批评的干部分别给予加分（加薪）和减分（减薪）。对在工作中不思进取，受批评不及时改正，或一年内受到 3 次书面批评的干部，将免去其职务。

"升迁靠竞争"即对干部的选拔实行公开招聘。海尔集团每月由干部处公布一次空岗情况和招聘条件，鼓励厂内有志者根据自身能力和特长选择岗位参加竞聘，经过严格的笔试、面试，挑选出好学上进和有实际经验的人员走上管理岗位。同时，海尔还设立干部人才库，将一些干部后备资源动态地收录库中，一旦哪个岗位空缺，进入人才库的人员将在公开竞聘中得到优先选择的机会。

"届满要轮换"对于任何届满的干部，企业有计划地组织岗位轮换。一方面，干部面对全新的工作环境、工作内容和要求，会产生一种新鲜和应付挑战的兴奋之情，从而提高工作积极性，以防止干部因长期任职于某部门而思路僵化，缺乏创造力与活力；另一方面，轮岗制对于年轻干部还可增加锻炼机会，利于他们全面熟悉业务，取得不同岗位的工作经验，迅速成长为业务技术骨干，为企业发展蓄存更多的人力资源。

"末位要淘汰"就是在一定的时间和范围内，必须有百分之几的人员被淘汰，这在某种意义上很残酷，但对企业长远发展很有好处。在海尔，无"没有功劳也有苦劳"的说法，无功便是过。可以说，在一定时期一定范围内，按一定比例实行定额淘汰，是海尔内部以竞争保持活力的一大法宝。海尔集团总裁说："在海尔，没有吹吹拍拍、拉势力范围、搞小圈子的现象。管事凭效果，管人凭考核。大家瞄准同一方向，共同努力，产生的合力就非常大。"

资料来源：www.gz3344.cn/soft/5/19246.htm18K

海尔集团非常重视员工激励，建立了相应的员工激励制度，如竞争聘任制、具有激励性的绩效考核制度与薪酬制度等。他们在先进理念的指导下，采用科学的激励方法以多种形式有效地调动了员工的工作积极性，使员工爱岗敬业，为集团做出重要贡献。

第一节 激 励 概 述

企业招聘员工之后，人力资源管理者面临的问题就是如何发挥每位员工的积极性。解决这一问题的关键就是对员工进行有效而积极的激励。本节将对激励的含义、作用和原则进行全面探讨。

一、什么是激励

从词义上看，激励就是激发鼓励的意思，激发就是通过某些刺激使人兴奋起来。激励原本是心理学的概念，是指持续激发人的动机的心理过程。在这一心理过程中，由于某种内部或外部刺激的作用，人就会处于兴奋状态。

心理学的研究表明，人的行为都是由动机决定和支配的，而动机则是在需要的基础上产生的。当人们产生了某种需要而这种需要又没有得到满足时就会产生一种紧张和不安的情绪，为了消除这种紧张和不安，人们会去寻找满足需要的对象，从而产生行为动机。在动机的支配下，自然会产生满足需要的行为，在需要不断得到满足的过程中，动机会逐渐减弱，当人们的需要完全得到满足时，紧张和不安的心理状态就会消除，然后就会产生新的需要，形成新的动机，引发新的行为，如图 11-1 所示。

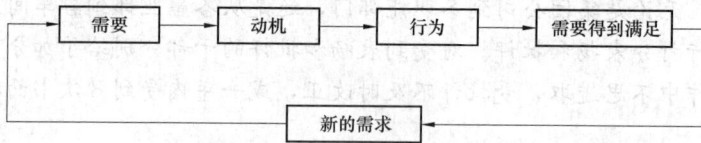

图 11-1 行为形成的过程

根据行为的形成过程，管理学家 A. D. 希拉季和 M. J. 华乐斯把激励的过程分为 7 个阶段，如图 11-2 所示。

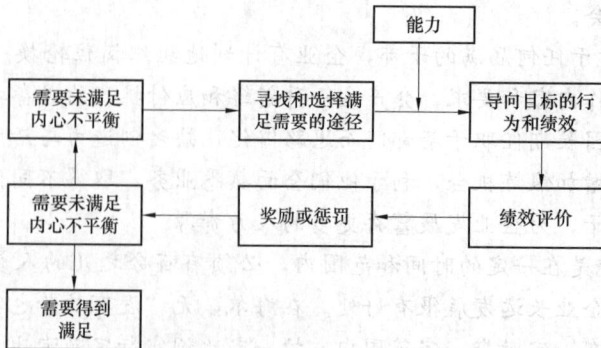

图 11-2 激励的基本过程

由图 11-2 可以看出，激励过程中的 7 个阶段如下所述。

一是需要的产生，在人的内心产生不平衡，引起心理上的紧张；二是个人寻找和选择满足需要的对象和方法，当然，选择满足需求的途径要以自身的能力为基础，不能选择那些不现实的方法；三是个人按照既定的目标去行动，为实现目标而努力；四是组织对个人在实现目标方面的绩效进行评价；五是根据绩效考核的结果进行奖励或惩罚；六是根据奖励和惩罚重新衡量和评估需要；七是如果这一激励过程满足了需要，个人就会产生满足感；如果需要没有得到满足，激励过程就会重复，可能要选择另一种不同的行为。

总之，激励是在结合个人需要和组织目标的基础上，形成强烈实现目标的意愿，并促使其付出努力行为的整个过程。

二、激励的作用

美国哈佛大学教授威廉·詹姆士曾做过一次实验，通过研究发现，在按时计酬的制度下，一个人如果没有受到激励，仅能发挥其能力的 $20\%\sim30\%$；如果受到正确的激励，就能发挥其能力的 $80\%\sim90\%$，甚至更高。激励的目的就在于寻求个人与组织在目标和行为上的一致性和协调性，引导员工发挥其最大的工作积极性。激励对企业的作用主要有以下几个方面。

（一）有助于员工充分发挥能力

激励可以提高员工的工作效率与业绩。在缺乏激励的岗位上，员工不可能充分发挥其实际工作能力。而受到充分激励的员工，其潜能才可能充分地发挥出来。所以，通过激励，可以激发员工的创造性与创新精神，提高员工努力程度，从而取得更好的业绩。

（二）防止员工的负面行为

面向员工的组织激励能够提高员工工作的努力程度，防止负面行为的产生。员工的工作努力程度关系到组织的生存与发展。员工的负面行为主要有两种情况：一种是员工的怠工、不思进取等消极行为；另一种是员工有意损害公司利益的行为。在设计激励制度的时候，应采取各种有效措施，以积极的态度引导和激励员工采取正面行为，为组织努力工作，提高工作效率。

（三）降低监控员工行为的成本

有些工作是不可测的，比如，软件程序设计师工作的时候，谁也无法排除他会在系统程序里埋下今后可能导致系统瘫痪的逻辑炸弹。要解决这些问题，不能依靠对员工进行严密监控，因为这样需要相当高的监控成本。只能靠有效的激励方法，才能够真正激励发员工内在的热情，唤起他们主动工作的使命感和责任感。有效的方法可以最大限度地降低监控成本，保证员工努力工作产生相应的工作绩效。

（四）有助于员工素质的提高

有效的组织激励能够确保引进高素质员工。低素质员工一旦进入组织，很可能发生所谓劣币驱逐良币的行为，导致组织整体工作人员素质低下，工作效率下滑，严重的可能威胁到组织的生存。只有建立合理的激励制度才能够对组织成员起到筛选作用，才能将不合格员工拒之门外。

（五）有助于组织吸引并真正留住人才

在关键人才日益短缺、培训成本不断上升、人才对组织的影响力不断加深的情况下，优秀员工的流失对组织来说可能是致命的损失。而在当前人力资源可以自由流动的前提下，只有有效的激励制度才能吸引并留住真正的人才。为了保证组织绩效，组织需要运用各种激励手段吸引和留住人才，才能降低他们的流动意愿和实际流失率，从而吸引并真正留住人才。

（六）有助于实现组织目标

激励是对员工行为有目的的引导。根据实际情况，企业的人力资源管理部门针对企业所制定的目标，采取措施，使员工自觉地发挥潜能，为完成任务而努力工作。制定激励措施的目的在于调动员工积极性，使员工更快、更好地完成工作任务，创造优良绩效，实现组织目标。

三、激励的原则

（一）公平公正原则

管理者在激励下属时，要做到公平、公正、一视同仁。特别是在涉及下属的切身利益的问题上，如工资、奖金、职称、晋级、提升等方面，必须做到公平、公正，不能因人的地位、家庭背景以及与领导关系的亲疏等而有所不同，否则就起不到激励的积极作用，而且还会产生消极作用。

（二）目标导向性原则

激励作为管理的有效手段，目的是更好地实现管理目标，提高效率和增强效果。因此，管理者在激励下属时，要做到激励手段同管理目标相互统一、相互结合。这样既能满足下属的需要，又能保证管理目标的实现。

（三）物质激励和精神激励相结合的原则

物质激励是基础，精神激励是根本。在两者结合的基础上，逐步过渡到以精神激励为主。

（四）合理性原则

激励的合理性原则包括两层含义：其一，激励的措施要适度，要根据所实现目标本身的价值大小确定适当的激励量；其二，奖惩要公平。

（五）明确性原则

激励的明确性原则包括三层含义：其一，明确，激励的目的是需要做什么和必须怎么做；其二，公开，特别是分配奖金等员工非常关注的问题时，更为重要；其三，直观，实施物质奖励和精神奖励时都需要直观地表达它们的指标，总结和授予奖励和惩罚的方式。直观性与激励影响的心理效应成正比。

（六）时效性原则

要把握激励的时机，"雪中送炭"和"雨后送伞"的效果是不一样的。激励越及时，越有利于将人们的激情推向高潮，将创造力连续有效地发挥出来。

（七）正激励与负激励相结合的原则

正激励就是对员工符合组织目标期望的行为进行奖励。负激励就是对员工违背组织目标的非期望行为进行惩罚。正负激励都是必要而有效的，不仅会作用于当事人，还会间接地影响周围其他人。

（八）按需激励的原则

按需的起点是满足员工的需要，但员工的需要因人而异、因时而异，并且只有满足最迫切需要的措施，其效价才高，激励强度才大。因此，领导者必须深入地进行调查研究，不断了解员工需要的层次和结构的变化趋势，有针对性地采取激励措施。

第二节 激励行为理论

激励理论是许多专家从多年的工作实践中总结出来的经验，是进行员工激励所要遵循的原则。激励理论可以分为内容型激励理论、过程型激励理论和行为改造型激励理论。

一、内容型激励理论

内容型激励理论是研究"需要"激励的基础理论，它是对激励的原因与影响激励作用的因素的研究。内容型理论中，比较著名的是马斯洛的需要层次理论、赫茨伯格的双因素理论、奥尔德弗的 ERG 理论、麦克利兰的成就需要理论等。

（一）马斯洛的需要层次理论

马斯洛（A. Maslow）是美国的人本主义心理学家，对动机持整体的看法。他认为人的各种动机是彼此关联的，各种动机间关系的变化又与个体生长发展的社会环境有密切关系。他强调人的所有行为均由"需要"所引起。1943 年出版著作《人的动机理论》，他初次提出"需要层次理论"，并将需要分成 5 个层次，由低至高地排成一列。

1. 需要层次理论的主要内容

马斯洛的需要层次理论把人的需要分成 5 个层次，即生理的需要、安全的需要、爱与归属的需要、尊重的需要、自我实现。这些需要层次的主要内容如下。

（1）生理的需要。生理需要是指为了生存而不可缺少的需要，是所有其他需要的基础，其中，以衣、食、住、行的需要为主。马斯洛认为，生理需要在人类各种需要中占有最强的优势。如果一个人被生理需要控制时，那么，其他的需要就会被放到次要的地位。例如，一个十分饥饿的人，只会对食物产生兴趣，而不会有兴趣去写诗作画。如果同时缺乏食物、安全和爱情，则缺乏食物的饥饿需要占有最大的优势。

（2）安全的需要。人的生理需要获得基本满足后，注意力就会集中到高一层次的需要上去，产生新的需要，即安全需要。人们希望保护自己的安全，免受外界的伤害、威胁，希望自己的生活和工作稳定、有保障，尽量减少不确定因素，减少风险。马斯洛认为，对健康的成人来说，其安全需要得到充分满足后，他们就不再有任何安全需要来作为他们活动的动机。例如，一个人的人身安全、工作安全、免受失业、年老或受到伤害时的生活保障等需要得到满足时，就会产生新的更高一层的需要。这些安全需要可以通过强健身体、医疗保险、安全施工、失业保险、退休福利等措施来满足。

（3）爱与归属的需要。上述需要得到满足后，人们就会产生社会性的需要，即爱与归属的需要。爱的需要包括给予和接受爱。归属的需要就是参加一定的组织，归属于某一团队，与人交往、建立友谊，希望得到关心、支持和友爱等。当然爱与归属的需要比生理和安全需要细致得多，不同的人对爱与归属的需要差别也很大，主要与个人的性格、经历，所受的教育、信仰等因素密切相关。马斯洛认为，爱的需要主要是指情感方面的需要，实质上也是一种归属。例如，人作为社会人都希望与别人交往，保持一定关系，工作单位不仅仅是工作场所，也是人们进行交往活动、建立友谊，从而获得归属的场所。

（4）尊重的需要。一个人的爱与归属感得到满足后，通常还会产生自我尊重和尊重别人的需要。尊重的需要主要包括两个方面：一是渴望成就、独立与自由等；二是渴望名誉、地位，即希望受到别人的尊重、受人赏识等。例如，一个人在某一群体中，希望人们承认自己的重要性，对自己的成绩、人品、才能等给予较高的评价，并发挥一定的影响力。这种需要得到满足后，可使人们产生自信、价值、能力等方面的感觉。如果这些需要得不到满足后，人们便会产生自卑、虚弱和无能等感觉。显然，尊重的需要很少得到完全的满足，但这种需要一旦成为推动力，人们就会具有较持久的积极性。

（5）自我实现的需要。上述4种需要得到满足后，还会产生一种最高形态的需要，即自我实现。自我实现就是人们追求自我理想的实现，充分发挥个人潜能，做一些自己认为有意义、有价值的事情，是人生追求的最高境界。音乐家要演奏音乐，画家要绘画，诗人要写诗，教师要教书育人，这样才能发挥其才能，使其感受到最大的快乐。马斯洛认为，满足自我实现需要的途径是因人而异的。有人希望成为一名出色的管理者，有人希望成为优秀的建筑师，还有人希望在艺术上有所造诣。同时这也是一种创造性的需要。例如，一个工程师竭力发明一种新仪器，通过对这种挑战性工作的胜任感和在创造性活动中得到的成就感来满足自我实现的需要。

2. 需要层次理论在管理上的应用

马斯洛的需要层次理论虽然自问世以来，一直有很大的争议，有一定的局限性，但在世界上流传很广。在许多国家和地区的管理、教育和培训等工作中有一定应用价值，也是企业普遍应用的激励理论之一。

将需要层次理论应用于组织管理中，应注意以下几个问题。

（1）满足员工不同层次水平的需要。作为管理者需要了解员工目前的需要处于哪一个层次水平，找出相应的激励因素，采取相应的管理措施，来满足员工的需要。从而引导和控制其行为，调动积极性，实现组织的目标。不同层次的需要，要有相应的激励因素和组织管理措施。

表 11-1　　　　　　　5种需要层次相应的激励因素和组织管理措施

需要层次	激励因素	组织管理措施
自我实现的需要	成就、成长、理想	有创造性的工作；有挑战性的工作；工作中的成就；才能的充分发挥；理想的实现
尊重的需要	影响力、认可、地位、自尊	享有一定的声望；职位的提升；人事考核；奖励；表彰；领导和同事的认可
爱与归属的需要	友谊、爱	和谐的工作团队；同事的友爱；管理者的关心和与支持；爱情和家庭
安全的需要	安全、稳定、保障	安全的工作条件；稳定的收入；医疗保险；失业保险；退休福利
生理的需要	衣、食、住、行	工资；住房；交通

（2）满足员工不同个性的需要。管理者应注意到，不同个性的人选择工作时也会表现出很大的差异性。曾有一项研究发现，具有较高自我实现需要的人常常会选择具有挑战性的工作。具有冒险性和挑战性的工作及工作成就感对他们有极大的激励作用。相反，一些有较高交往动机和成就动机的人则尽量回避困难的工作，喜欢竞争性和风险性较弱的工作。作为管理者应设计个性化的激励措施。

（3）员工的需要不是一成不变的。由于生产力水平的变化，生活水平的提高，员工的主导需求也是在不断发展变化的。学者戴维斯（K. Davis）曾就美国的情况进行了估计，见表11-2所示。

表11-2   戴维斯对美国工人主导需求变化的估计

主导需求	1935年（%）	1995（%）
生理的需要	35	5
安全的需要	45	15
归属与爱的需要	10	24
尊重的需要	7	30
自我实现的需要	3	26

总之，在组织管理中运用需要层次理论，要具体问题具体分析，针对不同的情况灵活对待。不能简单地根据层次顺序来激励员工，应把员工的需要引向更高层次，这样才能产生持久的激励作用。

（二）赫茨伯格的双因素理论

双因素理论是由美国行为科学家费雷德里克·赫茨伯格（Frederick Herzberg）于1959年提出的一种激励理论。赫茨伯格及其同事对匹兹堡地区9家工业企业的200多名工程师和会计师进行了访谈，调查被访者对工作感到满意和不满意的原因分别是什么，在调查研究的基础上，他提出了这一理论。

调查结果显示，使员工感到满意的因素往往与工作本身或工作的内容有关，赫茨伯格将其称为"激励因素"，包括成就、认可、工作本身、责任、晋升和成长6个方面。使员工感到不满意的因素则大多与工作环境和工作条件有关，赫茨伯格将其称为"保健因素"，主要体现在公司政策和行政管理、监督、与主管的关系、工作条件、薪金、同事关系、个人生活、与下属的关系、地位以及安全保障这10个方面。

研究发现，使员工对工作感到满意的因素和不满意的因素是各不相同的。当员工对工作感到满意时，往往归因于一些使员工感到满意的因素，这些因素对员工产生直接激励作用，与工作本身所具有的内在激励感联系在一起，能够促使人们产生工作满意感，能激发、鼓励人的积极性。它包括工作的成就感，自己的努力获得承认，工作内容和性质本身，责任感，晋升，个人成长，激励人们去完成任务，如责任、成就等。

对于保健因素，如果不具备时往往会引起员工的不满意或消极情绪，对这些因素进行改进以后则会消除员工的不满，但却并不能使员工感到满意；而对于激励因素，如果员工得到满足以后，往往会使员工感到满意，使他们具有较高的工作积极性和主动性。当这些因素缺乏时，员工的满意度会降低或消失，但是并不会出现不满意的情况。也就是说，保健因素只会导致不满，却不会产生满意；而激励因素则只会产生满意，却不会导致不满，这两个因素是彼此独立的。

据此，赫茨伯格认为，传统的"满意—不满意"的观点是不正确的。满意的对立面是没有满意，而不是不满意；同样不满意的对立面是没有不满意，而不是满意，如图11-3所示。

赫茨伯格的双因素理论与马斯洛的需要层次理论有相似之处，他提出的保健因素就相当

```
        满意 ◄──────────────► 不满意
               传统观点

      激励因素                          保健因素
  满意 ◄─────────► 没有满意  没有不满意 ◄─────────► 不满意
```

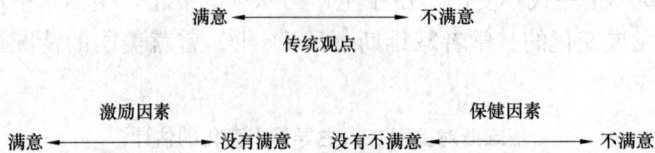

图 11-3　赫茨伯格的双因素理论

于马斯洛提出的生理需要、社交需要等低级的需要；激励因素则相当于受人尊敬的需要、自我实现的需要等高级的需要，但这两个理论解释问题的目标更加明确，也更有针对性。

赫茨伯格的双因素理论对于人力资源管理的指导意义是管理者在激励员工时必须区分激励因素和保健因素，要调动和保持员工的积极性，必须首先具备必要的保健因素，防止员工不满意情绪的产生；但只是如此还不够，更重要的是要针对激励因素，努力创造条件，使员工在激励因素方面得到满足，为此，要重视工作内容的设计、人物的分配等。需要注意的是，对于哪些是激励因素，哪些是保健因素，该理论的内容不一定适合各国的实际。对于每个人来说，不仅需要因人而异，而且激励因素和保健因素也各不相同。

（三）ERG 理论

耶鲁大学的心理学家克雷顿·阿尔德佛提出了 ERG 理论。他根据对工人进行的大量调研，对马斯洛的需要层次理论进行了修正，认为人的需要可以归结为三种：生存需要（existence）、关系需要（relatedness）、成长需要（growth），由于这三个词的第一个英文字母分别是 E、R、G，因此又被称为 ERG 理论。

1. ERG 理论的主要内容

（1）生存需要。这是人类最基本的需要，包括生理上和物质上的需要，这类需要相当于马斯洛提出的生理需要和安全需要。

（2）关系需要。指与他人进行交往和联系的需要，这相当于需要层次理论中的社交需要和尊重需要中的他人尊重部分。

（3）成长需要。指人们希望在事业上有所成就，在能力上有所提高。不断发展、完善自己的需要，这可以与需要层次理论中的自我实现需要以及尊重需要中的自我尊重部分相对应。

2. 三种需要的相互关系

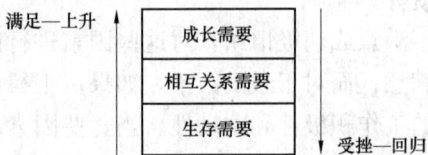

```
满足—上升  ↑ ┌──────────┐
            │  成长需要  │
            ├──────────┤
            │ 相互关系需要│
            ├──────────┤
            │  生存需要  │
            └──────────┘
            ↓ 受挫—回归
```

图 11-4　ERG 理论的三种需要的相互关系

（1）需要并存。ERG 理论认为，人在同一时间可能有不止一种需要起作用，有时三种需要可以同时起作用。例如，在生存和相互关系需要没有得到满足的情况下，一个人也可以为成长的需要而工作。

（2）需要升级。马斯洛的需要层次是一个严格的台阶式上升序列，即认为较低层次的需要得到满足后，才能上升到更高层次的需要。而 ERG 理论却并不认为各层次需要必须是逐级上升的，而是可以跳跃的。

（3）需要受挫。马斯洛的需要层次理论是基于"满足—上升"的逻辑，认为一个人的某一层次需要未得到满足时，他可能会停留在这一需要层次上直到获得满足为止。而 ERG 理论不仅是"满足—上升",还提出了一种"受挫—回归"的观点 ERG 理论认为当一个人在某一更高等级的需要层次受到挫折时,那么作为替代,他的某一低层次的需要会有所增强。例如,一个人的相互关系需要得不到满足后,他对更多金钱的欲望或更好的工作条件的愿望可能会更强烈。所以说,高层次的需要受挫会导致向较低层次需要的回归。

3. ERG 理论在管理中的应用

(1) 了解员工的真实需要。阿尔德佛将人的需要分为 3 类,每个人有各自不同的需要,这种不同的需要导致他们在工作中有不同的行为表现,影响他们的工作绩效。如对于不同教育、家庭背景和文化环境的人,某类需要的重要程度和产生的驱动力强弱也是不同的。

(2) 防止"受挫—回归"现象的发生。管理者应特别注意满足员工较高层次的需要,使员工需要的发展朝向更高层次的方向,避免"受挫—回归"现象的发生。

(四) 麦克利兰的成就需要理论

麦克利兰 (D. Meclelland) 是美国哈佛大学的心理学家,20 世纪 50 年代经过大量的调查研究提出了成就需要理论:人的基本需要有三种,即归属需要、权利需要、成就需要。这三种需要是在生理需要基本得到满足的前提下提出来的,且都与组织管理中的激励工作有特别的联系。

1. 成就需要理论的主要内容

(1) 归属需要。具有归属需要的人通常喜欢与别人建立友善、亲和的人际关系,并从中得到快乐和满足。他们比较注重保持一种融洽的社会关系,渴望他人的喜爱和接纳,希望与周围的人保持亲密关系和相互的沟通与理解。他们充分享受其中的乐趣,随时愿意安慰和帮助危难中的伙伴,并喜欢与他们保持友善的关系。高归属需要的人通常喜欢合作性而不是竞争性的工作岗位。

(2) 权利需要。权利是管理成功的基本要素之一,人在不同的发展阶段会有不同的权利需要,一般的发展过程是:依靠他人——相信自己——控制别人——自我隐退。在这个过程中,主要包括个人权利和社会权利等。具有高权利的人喜欢承担责任,乐于影响和控制他人,重视自己的地位,倾向于寻求竞争性和领导性地位取向的工作环境。他们常表现出健谈、好争辩、直率、头脑冷静、善于提出问题和要求、喜欢教训别人、乐于演讲等特点。

(3) 成就需要。成就需要者对胜任和成功有强烈的要求。他们追求卓越、争取成功,热衷于接受挑战;常为自己设定有一定难度而又不是高不可攀的目标,并去努力实现;敢于冒风险,又能以现实的态度对待风险,不存侥幸心理,善于分析和估计问题;愿意承担责任;追求的不是报酬本身,而是个人成就;想把事情做得比以前更好、更有效率。

2. 成就需要理论在管理中的应用

麦克利兰的动机理论在企业管理中很有应用价值。首先在人员的选拔和安置上,通过测量和评价一个人动机体系的特征,对于如何分派工作和安排职位有重要的意义。其次由于具有不同需要的人需要不同的激励方式,了解员工的需要与动机有利于合理建立激励机制。再次麦克利兰认为动机是可以训练和激发的,因此可以训练和提高员工的成就动机,以提高生产率。

二、过程型激励理论

过程型激励理论研究的重点是激励行为发生的过程,研究人们的行为如何被激发、引导和延续，试图识别激励行为发生过程中各种动态变量之间的关系。

过程型激励理论中具有代表性的理论主要有弗鲁姆的期望理论、亚当斯的公平理论、洛克的目标设置理论和斯金纳的强化理论。

（一）弗鲁姆的期望理论

1. 期望理论的基本内容

期望理论的基本假设是：人之所以能够从事某项工作并达成组织目标，是因为这些工作和组织目标会帮助他们实现自己的目标，满足自己某方面的需要。

期望理论认为某一目标对人的激励力量取决于该目标的期望程度（效价）以及实现该目标的可能性的大小（期望值）。用公式可以表示为

$$M = V \times E$$

其中，M 代表激励力量，V 代表效价，E 代表期望值。

效价是个体对某一目标效用价值的评价和期望程度。效价越高，其激励作用也就越大。效价的范围在 1 和 -1 之间，有三种情况：①目标对自己重要时，效价为正值，最大效价为 1；②目标对自己无意义时，效价为 0；③目标对自己不利时，效价为负值。只有效价为正值，才对个体产生激励作用。

2. 期望理论在激励中的应用

期望理论提出，要真正调动人们工作的积极性，在进行激励时要处理好以下三方面的关系。

（1）处理好努力与绩效目标的关系。在管理激励行为时，要认真考虑个人努力与绩效目标的关系，绩效目标的制定要切合实际，以能够有效调动员工的积极努力工作为标准。

（2）处理好绩效与回报的关系。当员工认为取得绩效后能得到合理的回报，就可能产生新的工作热情；当员工认为取得绩效后没有得到合理的回报，就可能降低工作积极性。

（3）处理好回报与需要的关系。管理者在激励管理中，不要泛泛地采用一般的激励措施，而应当采用多数组织成员认为效价最大的激励措施，而且在设置某一激励目标时应尽可能加大其效价的综合值。

（二）亚当斯的激励公平理论

1. 激励公平理论的基本观点

激励公平理论的基本观点是：员工的工作动机不仅受到其所得绝对报酬的影响，还受到相对报酬的影响。

激励公平理论指出：当一个人做出了成绩并取得了报酬以后，他不仅关心自己所得报酬的绝对量，而且关心自己所得报酬的相对量，即与他人所得报酬的比较。他要与他人进行比较来确定自己所获报酬是否合理，比较的结果将直接影响他今后工作的积极性。

这种公平比较有两个角度：一是横向比较。把自己付出的劳动和所得的报酬与他人付出的劳动和所得报酬进行社会比较。二是纵向比较。对自己现在付出的劳动和所得报酬与自己过去劳动和所得报酬进行历史比较。

这种公平比较有三种可能的结果：一是双方的报酬与贡献的比值相当，个人感到待遇公平；二是自己的报酬与贡献的比值，比别人的报酬与贡献的比值高，这是一种自己占了便宜的不公平待遇；三是自己的报酬与贡献的比值，比别人的报酬与贡献的比值低，这是一种自己吃亏的不公平待遇。

当感到比较结果不公平的时候，特别是自己得到吃亏的不公平待遇时，个人会产生不安或不满的情绪，因此会想办法使不公平待遇变得较为公平。包括曲解自己或别人的报酬或贡献，采取某种行为使别人的报酬或贡献发生改变，采取行动改变自己的报酬或贡献，改变比较对象，辞去工作等。

2. 激励公平理论的应用

管理者在进行激励时应考虑到以下几点：

（1）影响激励效果的不仅有报酬的绝对值，还有报酬的相对值。在实践中为了达到较好的激励效果，在报酬的绝对值方面，要注意报酬的刚性增长，也要注意对人们期望心理的疏导；而在报酬的相对值方面，要注意报酬在组织范围内同类岗位之间以及不同岗位之间的相对公平。

（2）公平与人们的主观感受有关，在激励过程中应注意对激励对象的引导和沟通，使激励对象树立正确的公平观。正确的公平观包括三个内容：第一，要认识到"绝对的公平是不存在的"；第二，不要盲目攀比；第三，不应"按酬付劳"，造成恶性循环。

（3）激励应务求公平，力求提高和完善组织的管理水平，使比较存在客观上相等从而在组织中营造一种公平合理的气氛，促使员工产生公平感。

（三）洛克的目标设置理论

1. 目标设置理论的主要观点

目标设置理论认为：设置目标是激励管理中的重要方法。目标设置理论的具体观点如下。具体的目标比笼统的目标效果更好，更能够影响个人对目标的感知价值和可接受性。

（1）如果能力目标的可接受性等因素保持不变，则目标越困难，绩效水平越高。

（2）反馈能引导行为的改变。

（3）员工参与设置的目标往往会激发员工更加努力地工作，参与能提高目标本身作为努力方向的可接受性，也会增强员工在内心对目标的承诺。

2. 目标设置理论的应用

进行目标设置时，管理者应注意的问题：一是个人目标与组织目标一致；二是目标设置既有挑战性又有现实性；三是目标体系要方向明确、内容具体、时间界限清晰；四是目标可以由管理者设置，也可以由员工自己设置，或者由管理者和员工共同设置；目标设置必须要有反馈环节。

（四）斯金纳的强化理论

强化理论是由美国心理学家斯金纳提出来的，强化理论认为人的行为是由外部因素的刺激引起的。

1. 强化理论的主要内容

（1）强化理论的基本观点。强化理论是以斯金纳的操作条件反射理论为基础的，它着眼于行为的结果。在形成操作条件反射过程中，个体的行为是主动的，个体为了获得某种奖励或回避不好的刺激，主动地选择自己的行为。无论行为的结果是奖还是罚，行为结果作为一个刺激物对个体行为都具有强化作用。操作条件反射也称为工具性条件反射。斯金纳认为，人类的大部分行为都是条件反射，行为取决于行为的结果。人为了达到某一目的而做出行动时，会得到一定的结果。这一结果便强化了先前的类型。

（2）强化的类型。

1）正强化。正强化是通过积极的行为结果，使员工的某种行为得到巩固和加强。当员工做出了所期望的行为后，应给予物质和精神上的奖励，对其行为加以肯定，从而使这种行为能力保持下去，这是一种积极的强化。在组织管理中，如发奖金、对成绩的认可、表扬、改善工作条件以及人际关系、晋升、安排担任挑战性工作、给予学习和成长的机会等都能起到正强化作用。

2）负强化。负强化是通过消极的结果，使员工的某种行为减少和终止。负强化分为以下 3 类。

① 回避。是为了避免惩罚，预防不希望的刺激发生，从而促进所希望的行为发生。

② 惩罚。是通过某种带有强制性、威胁性的结果，使员工的某种行为终止。

③ 消退。指撤消对某种行为结果的强化，以表示对该行为的轻视或否定，使这种行为出现的频率逐渐减少，最后消失。

经过比较研究，结果发现：不同的强化所起的作用也是不一样的。例如，连续强化比间歇强化反应速度快，但一旦停止强化后，其行为将很快消失；间歇强化的效果虽不如连续强化的速度快，但保持时间长。所以，在管理中，不仅要注意强化刺激的内容，还应注意强化的方法和手段。

2. 强化理论在组织管理中的应用

（1）针对不同的员工采用不同的强化方式。员工的年龄、性别、职业和文化背景不同，他们的需要就不同，强化方式也应不同。同一种强化方式对一部分人有效，而对另一部分人则不一定有效。

（2）及时反馈、及时强化。及时反馈就是通过某种途径，及时将工作结果告诉员工。无论结果好与坏，对行为都有强化作用。好的结果可以激励员工继续努力；坏的结果则能促使员工分析原因，及时矫正行为。

（3）分阶段制订目标，小步子强化奖励。在激励员工时，不仅要设置一个总目标，还要根据总目标设置诸多分目标。每完成一个分目标都及时给予强化激励，通过不断的激励逐渐增强信心，有易于最终实现总目标。

（4）奖惩结合，以奖为主。强化理论认为，正强化和负强化都有激励作用。在实践中，应以奖励为主，惩罚为辅，两者结合，收到的效果才会更好。

三、综合型激励理论

综合型激励理论是在内容型激励理论和过程型激励理论研究的基础上，将各种理论整合并形成一种新的激励模型理论。综合型激励理论综合说明各种理论的作用，充分体现出激励行为受多种因素影响，并产生复杂行为反应的过程。

1. 波特—劳勒综合型激励模型

波特（L. W. Porter）和劳勒（E. E. Lawler）在期望理论的基础上，探讨了努力、绩效和满足感三者之间的关系，提出了更完善的综合激励模式，较好地说明了整个激励过程，如图 11-5 所示。

该模式图指出：

（1）人的动机性行为的进程是由激励导致努力，努力导致绩效，绩效导致奖惩，奖惩需要的满足；

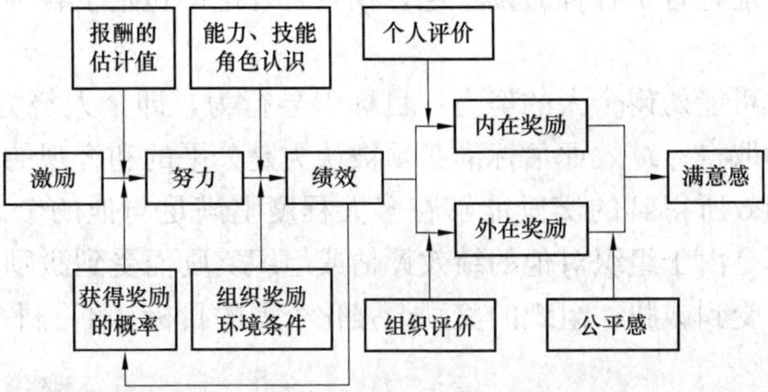

图 11 - 5　综合型激励模型

（2）个人的努力程度不仅依据期望理论、取决于期望值和目标效价，而且随着行为的进程，还受绩效的期望概率和报酬的估计值的影响；

（3）绩效不仅取决于努力程度，还取决于个人的能力、技能和角色认知程度，以及组织的帮助和外部条件；

（4）奖酬即奖励和报酬，包括内在奖酬和外在奖酬。奖酬不仅取决于绩效，还取决于对绩效的评价。绩效的评价包括个人评价和组织评价两个方面；

（5）满意感不仅取决于奖酬，还取决于奖酬是否合理、公平；

（6）获得满足感后，行为并没有结束，它反过来又会借助于对报酬的估计来影响努力的程度。波特和劳勒的综合激励理论认为，激励并不是一个简单的因果关系。在整个激励过程中，经历了奖酬目标、努力、绩效、奖酬、满意感以及从满意感反馈回努力等多个阶段，整个过程的良性循环受奖酬制度、组织分工、目标设置、管理水平、公平的考核和领导作风等多种因素的综合影响。

　　2. 罗宾斯的整合理论

罗宾斯从各种理论的主要观点出发，以期望理论为基础，将关于激励的知识整合起来，得到整合激励理论，如图 11 - 6 所示。

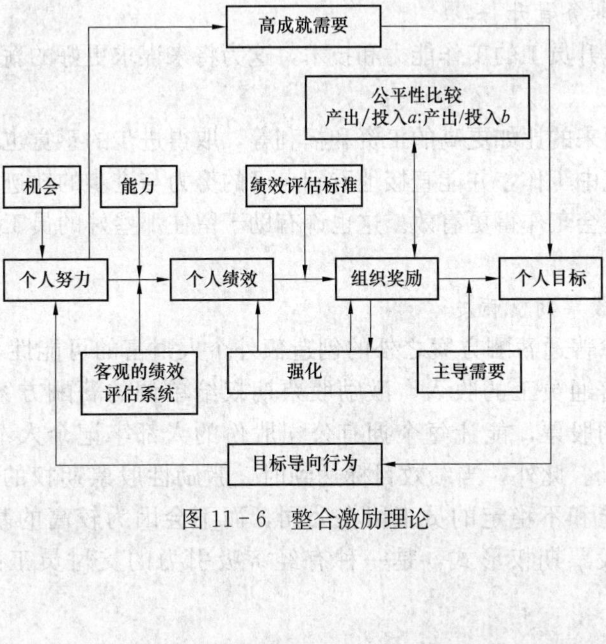

图 11 - 6　整合激励理论

　　该理论最大限度地整合了各种激励理论，在整合理论中包括了各种影响个人努力程度的因素，包括：

　　机会可能促进也可能妨碍个人的努力；目标引导行为，即个人努力受个人的目标影响；能力保证个人绩效的取得；绩效评估标准必须被认为是公平的和客观的；激励水平的高低取决于一个人由于高绩效所得到的奖励能够在多大程度上满足与他的个人目标一致的主导需要；高成就需要者不是由于组织对他的绩效评估或组织奖励而受到激励，而是在通过个人努力来实现个人目标中受到威胁；组织的奖励会强化个人的目标；不公平会影响员工付出努力的程度。

第三节　激　励　艺　术

　　在人力资源管理工作中，要想使激励收到一定的效果，仅仅通晓激励理论是不可能做到的。更重要的是如何在实践中进行有效的激励，这就需要讲究激励的艺术。只有恰当而正确的激励，才会使员工更积极地为企业工作。

一、物质激励

1. 加薪、奖金、津贴

　　工资、奖金以及津贴等以金钱形式表现出来的薪酬待遇能满足员工的多种需要，是一种最常用的激励员工的形式和手段，在经济方面，它可以直接满足员工生理需要及其他一些物质需要。在非经济方面，它既是成绩的象征、安全的保障，又是地位的标志、自尊的依据，它的微妙之处在于它是一种力量的象征。如果员工在获得组织报酬时感到不公平的话，员工就会偷懒，士气低下，流动率和缺勤率随之提升。当工资很低的时候，人们就会偷懒，降低绩效，能少干就少干。因此，适当的工作评估方案，重视有员工代表参与评估工作和科学的薪酬制度是非常重要的。合理的薪酬是建立在公平公正的基础上的，激励人的最好办法就是将两者结合起来：固定工资和浮动工资。固定工资确保员工的基本生存需要，而浮动工资则根据员工的工作表现与贡献而变动，这样会激励员工努力工作。

2. 技能培训、职务晋升

　　技能培训可以提升员工的工作能力和技术，这为将来谋求更好的薪酬提升和职位晋升提供了有力保障。

　　伴随职务晋升而来的比如更高的工资和福利等，取得进步的感觉也具有激励性。让员工在一个有变化的环境中工作，并能直接地看到自己的努力与进步的轨迹，员工就会在一个职位上做更长时间，也会工作得更有效。这也许有助于留住那些好的员工，也构成了一种承认员工绩效的方式。

3. 员工持股和股票期权满足

　　所有权增加了除普通薪酬方案之外的创造额外个人财富的可能性，只靠用常规的工资增长无法显著增加普通员工的收入，激励股票期权给单调的薪酬方案带来令人兴奋的元素。关注公司每天的股票，能让每个拥有公司股份的人都牢记个人奉献对公司绩效的重要性，尤其在股价上。此外，当绩效目标达到时，激励性股票期权的收益是立竿见影的；所有权能吸引有才能和不稳定的员工留在公司，而不会因为较高的基本薪酬跳槽；所有权，特别是激励性股票期权形式，是一种有经济吸引力的支付员工高绩效报酬的方法。

利益是永恒的激励，员工持股是一种长期的激励方式，以近期满足的不断积累来达到长期满足。这种满足建立在员工与企业长期合作的基础之上，所以对企业也相当有利。因为员工与企业的利益休戚相关，员工不会有短期行为。所以越来越多的现代企业正在引入、运用并发展这种方法。

4. 社会保障和其他企业的附加福利

包括医疗、养老、失业、工伤、生育等重要内容的社会保障来保障员工在遇到不可测的事件时的基本生活，不至于陷入困境。企业年金计划等附加福利可以使员工在退休后享受更高的生活质量。

5. 福利性娱乐设施、带薪休假、交通补贴、员工餐厅等

由企业斥资提供的娱乐性福利措施主要目的，在于进行一些增进组织内员工交往与锻炼机会的活动，以促进员工身心健康，增加员工和睦的氛围与合作意识，最基本的目的还是在于通过这类活动，加强员工对公司的认同感和归属感。

带薪休假既维护职工休息休假权利，以保证劳动力的再生产，又调动职工工作积极性，有利于实现绩效的提升。还有适当的交通补贴、通过员工餐厅向员工提供低廉的美味餐饮等一些福利形式，也是重要的间接激励方式。这些方式可以弥补直接满足的不足，是员工重要的动力来源，它能提高员工的积极性，增强向心力，加强归属感。

二、非物质手段

某种程度上，非物质奖励不但有效，而且比物质奖励来得更为有效。

1. 信任、区别对待与关怀

管理人员采取信任的态度能让员工知道自己得到重视。中国古语云："用人不疑，疑人不用。"给下属充分的信任，放得开手让员工按照自己的思路去做事，让下属觉得自己也很重要，这样才能充分发挥其潜力，调动其积极性。管理者亲自公开赞扬出色完成任务的员工，员工因赞扬受到激励，对于交付的工作就能愉快地完成。

每个人激励的原动力都不同，应尊重每个人的尊严和价值。关心每个员工的情况，给予处于困难或弱势的员工适当的帮助，这是一种情感激励，也是一种投资，被帮助的员工会心存感激，他会以热情和努力来回报企业。

2. 参与决策，共同设置目标

人们越是高度参与到制订和他们相关的任务的目标中，越是可以激发他们完成这些任务的积极性，通过让他们参与到决策中，领导们也可以提高自身的诚信度。培养员工的主人翁意识，激起员工对工作的自豪感和责任感会更起激励作用。不同程度地让员工参加组织的重大问题，可以让员工感受到与管理者有关的问题而受到激励。

3. 自我激励的组织文化

合理定位并积极宣传组织文化，让员工体会到归属感，确保员工有大量的机会在非正式场合与同事认识，比如野餐会和日常工作之外的活动，让他们自己去建立和谐友善的关系，使他们感到自己是组织的重要一员来激励他们。

4. 公正和工作稳定性

员工对公平的感知不仅局限于那些明显的经济因素，大多数员工的公平和公正观念中一个关键的心理因素在于是否受尊重。在组织中，尊重不仅仅是被当作一个有责任的个体，而且把它们看成是重要和独特的，而不是基于对性别、收入或是对组织的贡献这些

因素的考虑。日常组织工作中，管理者的基本礼仪和礼貌对于员工来说是尊重的一个标志，比如像"早上好"之类的简单问候，比起冷漠的态度来说，对员工士气的振奋就有明显的作用。

工作的稳定性以及它对员工士气和绩效的重要性并不意味着可以提升终身雇用的保障。当员工对他们的工作稳定性感到焦虑时，尽量避免不当的裁员，因为这样会对员工的士气产生消极的影响，从而影响经营绩效。但是，如果不得不裁员时，应该与员工进行诚恳和全面的交流，提供慷慨的解雇金，并承诺当公司再次招聘时一定会优先考虑他们。同时还要让余留的员工明白裁员是为了帮助公司解决当前的困难。

习　　题

一、复习思考题

1. 什么是激励？
2. 激励有哪些类型？
3. 内容型激励有哪几种？
4. 过程型激励有哪几种？
5. 激励应注意的原则有哪些？

二、案例分析题

📖 **案例分析 1**

雅芳薪酬福利与激励

雅芳是生产与销售护肤品、彩妆品、身体护理品与护发品等产品的知名企业，该企业认为：要想吸引、保留和激励高绩效员工，充分发挥员工的工作积极性，就必须给予有竞争力的薪酬福利。

公司依据国家和政府政策，结合公司环境的变化，不断调整薪酬福利，使薪酬具有市场竞争力。同时公司也给员工提供了优厚的福利保障，如全球公务出差保险、医疗福利、假期、社会保险、购物折扣等。

全球公务出差保险。这是全球雅芳员工享有的一项福利，全部保险费由雅芳支付，员工为雅芳公务出差时自动受保。如员工在公务期间发生意外事故，此保险计划将根据员工的受伤或损失程度为员工的家人提供不超过 5 年年薪的公务出差保险补偿。

医疗福利。雅芳会按政府要求及外部环境变化，及时调整员工政策以确保雅芳员工的医疗福利。

假期。假期包括法定节假日、公司年假、探亲假、病假、婚丧产假等。

社会保险。社会保险包括退休养老保险、工伤、生育、失业保险等。

购物折扣。全体雅芳员工在购买供个人和家庭使用的雅芳产品时可享有低于顾客价值的优惠。此外，雅芳还会分享新婚员工的快乐，为生育第一个孩子的员工发放适当的贺金；遇到员工生日，部门同事也会为其庆祝。

讨论：你认为雅芳使用了何种激励理论来调动员工的工作积极性？

案例分析②

对员工短缺的反映：尼桑汽车公司与美国卡车公司

尼桑汽车公司面临一个问题：它在日本的工厂找不到足够的工人。

日本的青年人抵制装配线工作。他们认为这种工作单调乏味、节奏太快、令人厌倦。他们宁愿从事工作环境清洁和安全的服务工作。甚至在那些想尝试汽车业工作的年轻人中，也有30%在第一年辞职。

劳工短缺意味着工作大量超过员工承受能力，许多员工每天工作12个小时，周六也工作。不仅员工不喜欢工作时间太长，管理层也因为工作时间太长带来的高成本和雇用临时工而受到挫折。

尼桑公司的管理层能做些什么呢？不论提出什么解决方法，他们都认识到这不是一个短期问题。日本人口日趋老化，低人口出生率意味着18岁的年轻人会从现在的200万人急速下降到10年后的150万人。而且，汽车制造商被日本政府强迫缩短平均工作时间，以便和其他工业化国家保持一致。

美国卡车公司面临着与尼桑公司类似的问题。阿肯色的长途货车公司为固特异、通用汽车等公司运输轮胎显微和汽车部件。由于高流动率也面临卡车司机短缺的问题，当新的管理层在1989年接手公司时，他们决定勇敢地面对这个问题。他们直接去找他们的600名司机，征求他们对降低流动率的建议。这成为公司管理层和资深司机之间固定的第一次季节性会议。

美国卡车公司的新管理层从司机那里得到大量信息。当工资高时，司机抱怨工作时间长——每周70个小时是很正常的，每次都要在路上花费2~4周。司机要求反锁刹车和气动装置时，公司安装了。当公司在阿肯色州的西孟菲斯市终点建造了司机住宅区，员工建议每家配置私人浴室而不要公共浴池，公司也照办了。司机要求在漫长和横跨全国的长途运输中能有更多的时间回家，于是，公司增加了司机在路上的时间，把出差时间从每星期6次减为2次。

美国卡车公司的这些变革极大地提高了员工的士气，也降低了司机的流动率，但工作依旧是艰苦的。管理层要求按时送货，因为不像大多数运输公司，美国卡车公司对送货时间的承诺是准确到小时而不是到天。所以在管理层表现出对员工的尊重日益增加的同时，并没有减少对司机的期望，例如，一年内迟到两次的司机会失去工作。

（资料来源：http://www.sinohrm.com/）

讨论：用双因素理论来分析尼桑公司的问题。

第十二章 沟 通 管 理

—— 学习重点和要点 ——

（1）了解沟通的含义和类型。

（2）掌握沟通的基本过程。

（3）了解人际关系以及情商的含义。

（4）掌握构成和影响人际关系的因素。

（5）掌握管理的沟通策略与沟通模式。

导入案例

他 该 怎 么 办?

张越自述：我于2002年毕业于国内一所重点大学，所学专业是比较冷门的商品检验检疫。毕业后直接到国内一家大型国有企业工作，被分到技术部门从事对口专业。由于我出色的表现，三个月的见习期刚满，就被安排到机关从事行政管理工作；六个月后，我被公司总经理相中，调到公司办公室从事综合管理工作。同事们都说我就像三级跳，上班不到一年的时间就进入核心部门，据说在公司里像我这样的可以说是前无古人。当然，这些完全凭借我的工作表现，因为我是农村长大的，父母都是地道的农民，的确没有任何背景。这次工作调动完全符合我的个人职业生涯规划（自己设定的从事管理工作），当时感觉前途一片光明，只要工作一满三年就可通过竞聘走上领导岗位。

2007年我获得了国内知名大学的工商管理硕士学位，这也是我们同龄人当中获得MBA学位的第一人。在工作的六年多时间里，我参与了很多大型项目，组织了一些大大小小的活动，积累了比较丰富的经验，尽管遇到许多困难，但都被我一一化解，工作也得到了领导和同事的认可。

我待人真诚，乐于助人，甘于奉献，不争名利，而且与周围同事关系融洽。可以说，在工作的六年多时间里大家对我的评价很高。

论及综合能力，在同龄人中我觉得自己应该是数一数二的，但我的写作能力及演讲能力属于中等。两年前，在一次闲谈中，总经理曾希望我能够提高写作能力、交际能力，以及工作魄力。当时我正在读MBA，觉得通过学习这些方面的能力应该能够有所提高。说实话，对总经理的提醒我虽然感激，但至今我感到自己在这三方面依然没有多少提高。比如，由于我在办公室工作的原因，所以，与高层领导接触的机会比较多，但与领导的沟通仅限于工作范畴，没有更深入的交往。而且本人与董事长几乎没有接触，与大多数同事属于泛泛之交。

最近，我很苦恼，也很困惑。眨眼间，我已经工作六年多了，但仍然还是一名普通员工。机会不是没有，2008年初，本人所在部门一位科长移民美国了，科长的位置至今空缺。很多人都认为我应该是最佳人选，我的部门领导也想极力促成此事，可是公司领导就是默不作声。你知道，在国有企业，人力资源管理体制相对落后，干部聘任基本上是董事长和总经理的意见起决定性作用。过去我一直认为总经理对我还算认可。但不知为什么对于此事，他的态度很不明朗，也许是对董事长的意见有所顾虑吧。

我非常希望能够得到提升，原因有三：一是经济收入的提高。提职后工资水平将比现在增加一倍，由于家里经济状况一般，一倍的工资对我来说还是比较重要的。二是自身价值的体现。如果现在提职的话，我将成为当前公司最年轻的管理人员，今后的发展空间会进一步加大。三是具有更大的发展平台，能施展自身的能力，为公司的管理工作出谋划策。

一直想找总经理谈谈自己的想法，可是总是有所顾虑。我该怎么办？

第一节 沟 通 概 述

一、沟通的含义

古希腊哲学家亚里士多德曾说："一个生活在社会之外的人，同人不发生关系的人，不是动物就是神。如果人完全脱离了人际交往、脱离了社会，人就不再是人，而成为动物。"

国外有的学者估计，人们在日常生活中，每天除了 8 小时的睡眠时间以外，其余 16 个小时中约 70%（11 个小时左右）都在进行着人际沟通；高层领导者 80% 左右的时间用于沟通；中层管理者 70% 左右的时间用于沟通；基层管理者 50% 左右的时间用于沟通。

"沟通"在英文中叫做"communication"。据考证，这个单词源于拉丁语的"communication"和"communis"，14 世纪在英语中写作"comynycacion"，15 世纪以后逐渐演变成现代词形，其含义包括"交流、交际、通信、传播、沟通"，也就是纯粹的信息交流。美国学者贝克认为，沟通是一个涉及思想、信息、情感、态度或印象的互动过程，沟通是组织的生命线，传递组织的发展方向、期望、过程、产物和态度。我国学者苏勇、罗殿军认为：沟通是信息通过一定符号载体，在个人和群体间从发送者到接收者进行传递，并获取理解的过程。

简而言之，沟通就是个人或组织信息、知识、思想和情感等的交流与反馈的过程。

二、沟通的类型

根据不同的划分标准，可以把沟通划分为不同的类型：浅层沟通和深层沟通，双向沟通和单向沟通，正式沟通和非正式沟通，言语沟通和非言语沟通，人际沟通、群体沟通、团队沟通、组织沟通和跨文化沟通。

1. 浅层沟通和深层沟通

根据沟通时信息涉及人的情感、态度、价值观领域的程度深浅，可以把沟通分为两种：浅层沟通和深层沟通。

（1）浅层沟通。是指在管理工作中必要的行为信息的传递和交换，如管理者将工作安排传达给下属，下属将工作建议告诉主管等。企业的上情下达和下情上达都属于浅层沟通。

浅层沟通的特点是：浅层沟通是企业内部传递工作的重要内容。如果缺乏浅层沟通，管理工作势必会遇到很大的障碍。浅层沟通的内容一般仅限于管理工作表面上的必要部分和基本部分。如果仅靠浅层沟通，则管理者无法深知下属的情感态度等。浅层沟通一般较容易进行，因为它本身已成为员工工作的一部分。

（2）深层沟通。是指管理者和下属为了有更深的相互了解，在个人情感、态度、价值观等方面较深入地相互交流。有价值的随便聊天或者交心都属于深层沟通。深层沟通的作用主要是使管理者对下属有更多的认识和了解，便于依据适应性原则满足他们的需要，激发员工的积极性。

深层沟通的特点是：深层沟通不属于企业管理工作的必要内容，但它有助于管理者更加有效地管理好本部门或本企业的员工。深层沟通一般不在企业员工的工作时间进行，通常在两人之间进行。深层沟通与浅层沟通相比，更难以进行。这是因为深层沟通必然要占用沟通者和接收者双方大量的时间，也要求相互投入大量的情感，深层沟通的效果严重地影响着沟通过程本身。

2. 双向沟通和单向沟通

根据沟通时是否出现信息反馈，可以把沟通分为两种：双向沟通和单向沟通。

（1）双向沟通。是指有反馈的信息沟通，如讨论、面谈等。在双向沟通中，沟通者可以检验信息接收者是如何理解信息的，也可以使接收者明白其所理解的信息是否正确，并可要求沟通者进一步传递信息。

（2）单向沟通。是指没有反馈的信息沟通，如电话通知、书面指示等。对于当面沟通，有人认为其属于双向沟通，也有人认为其属于单向沟通，如下达指示、做报告等。严格来说，当面沟通信息，总是双向沟通。因为，虽然沟通者有时没有听到接收者的语言反馈，但从接收者的面部表情、聆听态度等方面就可以获得部分反馈信息。

在企业管理中，双向沟通和单向沟通各有不同的作用。一般情况下，在要求接收者接收的信息准确无误时，或处理执行例行公事时，宜用单向沟通。

双向沟通与单向沟通相比，前者在处理人际关系和加强双方紧密合作方面有着更为重要的作用。因此，现代企业的沟通也越来越多地从单向沟通转为双向沟通。因为双向沟通更能激发员工参与管理的热情，有利于企业的发展。

3. 正式沟通和非正式沟通

在正式组织中，成员间所进行的沟通，因其途径的不同，可分为正式沟通和非正式沟通两种。

（1）正式沟通。是指组织中依据规章制度明文规定的原则进行的沟通，如国家之间的公函来往、组织内部的文件传达、召开会议等。按照信息流向的不同，正式沟通又可细分为下向沟通、上向沟通、横向沟通、斜向沟通、外向沟通等几种形式。

（2）非正式沟通。非正式沟通和正式沟通不同，它的沟通对象、沟通时间及沟通内容等各方面，都是未经计划和难以辨认的。其沟通途径通过组织成员的关系，这种社会关系超越了单位、部门以及级别层次等。

4. 言语沟通和非言语沟通

根据信息载体的不同，沟通可分为言语沟通和非言语沟通。

（1）言语沟通。是指人们为了达到一定的目的，运用口头语言和书面语言传递信息与接收信息、交流思想感情的一种言语活动。言语沟通建立在语言文字的基础上，其又可细分为口头沟通和书面沟通两种形式。人们之间最常见的交流方式是交谈，也就是口头沟通。常见的口头沟通包括演说、正式的一对一讨论或小组讨论、非正式的讨论以及传闻或小道消息传播。书面沟通包括备忘录、信件、组织内发行的期刊、布告及其他任何传递的书面文字或符号的手段。

（2）非言语沟通。是指通过身体语言来传递信息。美国心理学家艾伯特·梅拉比安经过研究认为：在人们的沟通中所发送的全部信息中仅有 7％是由语言来表达的，而 93％的信息是由非言语来表达的。非言语沟通内涵十分丰富，主要包括体态语和符号语等。

　　5. 其他沟通方式

　　沟通按照主体的不同，可以分为人际沟通、群体沟通、组织沟通和跨文化沟通等不同类型。

　　（1）人际沟通。是指人和人之间的信息和情感相互传递的过程。它是群体沟通、组织沟通乃至管理沟通的基础。

　　（2）群体沟通。当沟通发生在具有特定关系的人群中时，就是群体沟通。

　　（3）团队沟通。是指在特定的环境中，两个或两个以上的人利用言语、非言语的手段进行协商谈判成一致意见的过程。

　　（4）组织沟通。是指涉及组织特质的各种类型的沟通。它不同于人际沟通，但包括组织内的人际沟通，是以人际沟通为基础的。一般来说，组织沟通又分为组织内部沟通和组织外部沟通。其中，组织内部沟通又可以细分为正式沟通和非正式沟通；组织外部沟通可以细分为组织与顾客、股东、上下游企业、社区、新闻媒体等之间的沟通。

　　（5）跨文化沟通。是指发生在不同文化背景下的人们之间信息和情感的相互传递过程。它是同文化沟通的变体。相对于同文化沟通而言，跨文化沟通要逾越更多的障碍。

三、沟通的基本过程

　　任何沟通都必须有沟通的主体和渠道，信息的发送者和信息的接受者是沟通的主体。沟通的双方在沟通过程中需要通过一定的渠道，按照图 12-1 所示的步骤去实现信息的交换和思想的交流。

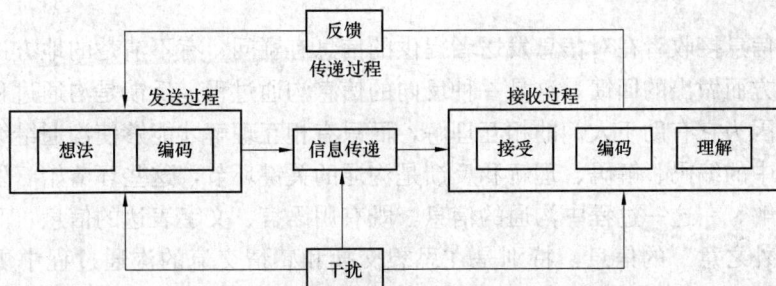

图 12-1　沟通过程示意图

　　1. 确定想法

　　沟通过程中的信息发送者首先要确定沟通的信息内容和思想想法，这些是沟通过程中要努力使对方接受和理解的东西，是实际要发出的信息或思想的核心内容。但是，这些真实的想法和信息并不是直接发送出去的，而是原材料，还需要经过编码进行加工处理。

　　2. 编码

　　编码是指由信息发送者根据信息接收者的个性、知识水平和理解能力等因素，努力设法找到一种信息接收方能够理解的语言和表达方式，将自己要发送的信息或想法进行加工处理的工作。只有完成了编码工作以后，信息发送者才能够把自己的信息或思想发送或传递出去。

　　3. 选择渠道

　　信息发送者在完成信息编码以后还需要选择合适的沟通渠道，以便将信息通过该渠道传递给信息接收者。沟通渠道的选择要根据所传递信息的特性、信息接收者的具体情况和沟通渠道的噪声干扰等情况来确定。特别是要考虑信息渠道是否畅通、是否噪音干扰过大、是否有利于信息反馈等方面的因素。

4. 传送信息

在选定沟通渠道以后就可以使用选定的渠道将信息传送给信息接收者了。信息的传送过程有时是由机器设备来完成的，有时是人们面对面谈话实现的。一般情况下，电子型信息的传送靠各种信息网络，书面型信息的传送可以通过邮局或快递公司，而思想型信息的传送多数是以面谈的形式完成的。

5. 接收信息

此时，信息从发送者手中转到了信息接收者一方，并被信息接收者所接受。在这一步骤中，信息接收者必须全面关注并认真接收对方送来的信息，特别是在面对面的沟通过程中，仔细倾听对方的讲述，全面接受对方用口头语言和肢体语言传递的信息是非常重要的。

6. 解码

解码是指信息的接收者对已经接收到的信息进行从初始形式转化为可以理解形式的一项信息加工工作。例如，将各种机器码转换成自然语言的过程，将外语翻译成中文的过程，将方言或者暗语、手势转化成能够理解的语言的过程都属于解码的过程。

7. 理解

理解是指通过汇总、整理和推理的过程，全面理解那些已经完成解码的信息或数据所表示的思想和要求。例如，全面认识一件事物的特性、真正知道对方的意图和想法、完全明白对方的想法和感情等。

8. 反馈

反馈是指信息接收者在对信息发送者提供的信息有疑问、有不清楚的地方进行回应或者是为了回应对方而做出的回馈，这是一种反向的信息沟通过程。反馈是沟通过程中必不可少的一个环节，因为它有助于人们的相互理解，而只有相互理解才能够使沟通继续下去。

沟通过程中的编码、解码、理解和反馈是沟通的关键环节，这些环节始于发出信息，终于得到全面理解。在这一过程中沟通的信息，既有用语言、文字表达的信息，又包含"字里行间"和"言外之意"的信息，特别是在思想交换和感情交流的沟通过程中更是如此。因此，必须充分使用反馈和非语言沟通等手段，否则甚至会造成沟通中断或"言者无意，听者有心"等各种误解的结果。

四、沟通的意义

沟通交换了有意义、有价值的各种信息，交换了知识、思想、意见、想法和科技，通过保持社会内部的联系与协调，收集、整理和传达系统内部和外部环境变化的信息，来保证社会的正常运行和发展。沟通的重要性具体表现在以下两个方面：

（一）实现整体优化的需要

首先，沟通是通过协调组织中的个人、各要素之间的关系，使组织成为一个整体的凝聚剂。为了要实现组织的目标，各部门、各成员之间必须有密切的配合与协调。只有各部门、各成员之间存在良好的沟通意识、机制和行为，各部门、各成员间才能彼此了解、互相协作，进而促进团体意识的形成，增强组织目标的导向性和凝聚力，使整个组织体系合作无间、同心同德，完成组织的使命及实现组织的目标。

其次，沟通也是企业与外部环境之间建立联系的桥梁。企业是一个开放的系统，必然要与外部环境进行有效的沟通，通过沟通来实现与外部环境的良性互动。在环境日趋复杂、瞬息万变的情况下，与外界保持良好的沟通状态，及时捕捉商机，避免危机，是关系到企业兴衰的重要工作。

（二）激励的需要

信息沟通是领导者激励下属，实现领导职能和提高员工满意度的基本途径。

领导者要引导追随者为实现组织目标而共同努力，追随者要在领导者的带领下，在完成组织目标的同时实现自己的愿望，而这些都离不开相互之间良好的沟通，尤其是畅通无阻的上向、下向沟通。

第二节　人　际　关　系

一、人际关系的本质

所谓人际关系，是在人类社会生活实践活动中，作为个体的人为了满足自身生存和发展的需要，通过一定的交往媒介而与他人建立和发展起来的、以心理关系为主的一种显在的社会关系。

人际关系是"关系"事物。要把握人际关系的本质，就应该理解它与"关系"的关系；人际关系是一种特殊的社会关系。要把握人际关系的本质，就应当理解它在社会关系中的地位；人际关系是一种心理关系，要把握人际关系的本质，就应当理解它的个性心理特征。人际关系是一种特殊的社会关系，这种特殊性，不仅表现在它在社会关系系统中处于特殊的地位，还表现在它具有明显的心理特征，是人与人之间的心理关系或个性关系。从一定意义上说，人际关系与其他社会关系的本质区别在于它具有个性，在于它是个性关系。

二、人际吸引

人际吸引是个体双方心理互动的基础，个体的魅力是人际吸引的根本，这种互动力的大小和持续时间的长短，决定着友谊的深浅和长短。人际吸引有时候像昙花一现，有时候像常绿的"万年青"，这就是一种人际吸引的层次，包括程度的深浅与时间持续的长短。

20 世纪 60 年代，美国心理学家奥尔伯特对一群素不相识的人的集会进行了人际吸引的研究，发现人际吸引是受很多因素影响而形成的一种动力。这些因素包括个体内在的涵养、礼貌，身体的高矮、外表、服饰，行为动作的和谐、地位、角色等。每一种因素的差异以及交往个体是否能巧妙地、灵活地运用这些因素，都会直接影响交往程度，甚至产生意想不到的效果。

1. 人际吸引理论

一位社会心理学家说过："在现代社会里，如果你想成功地生活，那么你必须有成功的人际交往。"人际吸引在人际交往和人际决策中具有重要的作用，个人获得成就、工作取得成效都与人际吸引有关。对人际吸引的研究主要有三个理论。

（1）认知理论。认知理论强调寻求人际关系中和谐的认知结构，这种理论以美国心理学家纽科姆（NewComb）的认知平衡理论为代表，他把人际之间的认知结构区分为平衡的、不平衡的和无平衡的三种关系，从而决定人际吸引力。例如，当某人（P）对另一个人（O）有肯定评价，并且双方对某事或某人（X）的态度一致时，就是认知平衡的关系，他们之间的吸引力会增强；当他们对 X 的意见不一致时，就是不平衡关系，这种关系会引起不愉快，并影响他们的活动动机；当 P 和 O 互不喜爱时，产生淡漠的感情，这就构成了无平衡的关系。

(2) 强化理论。强化理论在历史上根源于学习理论和经典的条件反射学说，把人际吸引看成是另一种学习反应。这个学说还强调情感和吸引力之间的关系，这种理论可以用伯恩 D. A. 和 G. L. 克劳尔的强化情感理论来说明。他们认为，评价任何事物乃是基于其所引起的肯定或否定的情感的程度，这个理论还认为，吸引力的大小与奖励和惩罚有相应的关系。对于一个作为中性刺激的人来说，如果他同奖励相联系，就会引起人喜爱；如果和惩罚相联系，则会使人厌烦。

(3) 相互作用理论。相互作用理论着重探讨两人之间的相互作用对吸引力的影响。当两个个体相处经常感到情绪上的满意时，他们就建立了良好的相互关系，我注意听你讲话，你也注意听我讲话；我尊重你，你也尊重我；当任何一方感到不满意时，关系就会遭到损害……

2. 构成人际吸引的因素

(1) 接近因素。社会心理学家认为，人与人之间，由于时空距离接近，如同座位、办公室邻座的同事、居住的邻居等，或由于工作的需要，相互接触交往的频率高，如医生与护士、主任与秘书等，一方面容易形成共同的经验、话题、感受，另一方面容易获得有关对方的某些信息，了解对方，进而预测对方的某些行为，相处安全，所以人际关系密切，相互吸引力增强。尤其是在陌生人交往的早期阶段，更是如此。然而，现实生活中也的确存在这样的情况，人际关系最紧张时，往往也出现在彼此时空距离接近时，所谓"以邻为壑"。

这是因为双方的关系主要取决于双方的第一印象。第一印象良好，往往也出现在彼此时空距离接近时，反而关系越消极。

可见，接近性因素只是人际吸引的必要条件，但不是充分条件，也不能说是主要条件。只有在其他因素等同的情况下，才能再现出时空距离与交往频率的作用。

(2) 相似因素。社会心理学认为，人际吸引相似是一个重要的因素，它包括年龄与性别、社会地位、经济状况、教育水平、职业、籍贯、兴趣、信念、价值观、态度等的相似，其中以态度、信念和价值观最为主要，所谓"志同道合"者。

(3) 互补因素。有人对人际吸引进行展开研究，发现相互吸引的恰好是彼此的需要、性格或期望的相异甚至相反。这种现象在日常生活中屡见不鲜，我们常看到：脾气暴躁的人和耐心随和的人友好相处；喜欢主使他人者与期待别人主使成了好朋友；活泼健谈的人和沉默寡言的人结为亲密伙伴，乃至夫妻。这些表明，彼此特点取长补短，互相满足。

(4) 才能因素。民间流传着这么一句话："宁可给智者背包袱，也不给愚者当军师。"相对而言，一个人越有才华，越有能力，人们就越喜欢他。因为人们有一种要使自己正确的需要，如果与他打交道的你是一个有能力、有才华的人，他就会感到有利于他正确而不犯错误、有利于得到提高而不至于退步。因此，你在能力、才华方面比较突出，就会产生一种人际吸引力，使他人对你产生钦佩并欣赏你的才能，愿意与你接近。

(5) 仪表因素。虽说大家都知道"人不可貌相，海水不可斗量"，而且嘴上也经常这样说，但在人际吸引中却往往掉进"以貌取人"的泥坑还不自知。为什么美丽的外貌容易受到人们的喜欢？首先，爱美是人的本质力量的一种表现，人类就是在不断地追求美、探索美、创造美的过程中发展起来的。其次，外貌可以使人产生光晕效应，某人的长相漂亮，容易使人以为他还具有一系列好的内涵品质，如优雅的风度、高尚的情操、良好的性格等。据研究，除了长相，人的穿着、体态、风度等外在因素，同样影响着人际吸引。此外，开朗的性格与幽默、风趣等，也是增强人际吸引的因素。

（6）对等因素。人际交往中应以平等态度对人，如果动辄摆出一副居高临下之势，以"三娘教子"的态度教训别人，那就"互动"不起来，很难叫人喜欢你、接近你。

平等待人必须真诚，叫人一看就知道你是发自内心的。如果虚情假意，皮笑肉不笑，人家就会把你视做"阴险"，对你敬而远之。

（7）诱发因素。能引起人们注意的客观刺激，一般具有如下特点：刺激的强烈、刺激的变化、刺激的对比、刺激的突发等。

（8）强迫因素。社会心理学家做了一项实验：让被试者试看一些人的照片，其中有的照片让被试者看了 25 次之多，而有的只给看一两次。然后，问被试者对每一张照片上的人的喜欢程度。结果被试者看到某照片的次数越多，就越觉得照片上的人讨人喜欢。对此，心理学家的解释雷同"接近因素"，认为是服从"强迫吸引律"，大家同居一室或相邻隔壁，空间距离的接近既提供了比其他对象更优越的交往机会，同时也在接近双方的心理上产生一种"连续互相作用期望"。

"他乡遇故知"就是这样，在陌生的环境中，只有一个人是熟悉的，你不管情况如何，肯定会不由自主地对此人表示出比平时更多的好感。可见，这种吸引力的强迫因素并非词典上的强迫，应加上引号，可与不由自主近似看待。

3. 影响人际吸引的因素

（1）光晕效应。光晕效应是社会认知的偏见。在人际交往中，应如何对待光晕效应呢？一方面，利用光晕效应，增加自己的被吸引力。增加被吸引力，美化外表固然重要，但更重要的是优化自己的内涵本质，因为只有它才是持久吸引力的关键。另一方面，防备光晕效应的副作用。记住：认识一个人要冷静；要全面，不要片面；要重内涵品质，不要重外表；要持发展观点，不要僵化静止；要实事求是，细致分析，全面综合，透过繁冗的现象去捕捉本质。

（2）刻板效应。刻板效应是社会认知中的偏见，它普遍存在于人们的意识深层。我们应该怎样防止克服刻板效应的消极影响以拨正人际吸引？一是防止简单化。对人的处理必须慎重，依据常理做一定的概括是必要的，但更重要的是掌握全面的感性材料，具体问题具体分析，留意个别差异。二是克服群体感情。群体感情容易走向极端，不是偏好，就是偏坏。况且，群体与成员是有距离的，好群体有差成员，差群体有好成员，一概而论不符合实际。

（3）首因效应。首因效应，也称第一印象，指两个素不相识的人第一次见面时彼此留下的印象。首因效应是双方以后交往的依据。正性的、良好的印象，希望继续交往，增进关系；负性的，不好的印象，则拒绝继续交往，使关系了结。在人际关系中，一方面，利用首因效应，为人际吸引创造条件。与人首次见面，穿着应整洁，打扮入时，态度应大方，谈吐应自然，既不要给对方以不舒服的感觉，也不要给人过分修饰、雕琢、矫揉的感觉。另一方面，防备首因效应，免得交际的本末倒置，受骗上当。我们交友，要交的是"直、谅、多闻"的朋友，这些文化素养、道德品质并不表露于外，与其仪表、音容笑貌等并不存在必然的联系。因此，防备首因效应，就是把直接可见的或间接所获的资料作为现象，通过它去看本质，择其善者而从之，其不善者而改之。

（4）近因效应。在人与人之间的长期交往中，最近了解的东西往往占优势，掩盖着对该人的一贯了解。这种现象，心理学上叫"近因效应"。

心理学的研究还表明，在人与人的交往中，交往的初期，即在彼此还生疏的阶段，首因效应的影响重要；而在交往的后期，就是在彼此已经相当熟悉的时期，近因效应的影响也同样重要。对待人际关系中的近因效应，一是应该沉着冷静，二是开诚布公；三是宽宏大量。

（5）投射作用。人际吸引的投射作用表明，人们对他人的认识包含着自己的东西，人们在反映别人的时候也在反映自己。

三、情商

丹尼尔·戈尔曼称情商是理解他人及与他人相处的能力。这种能力是由五种特征构成的：自我意识、控制情绪、自我激励、认知他人情绪和处理相互关系。

1. 自我意识

在你处理与他人的情感之前，重要的是要通过自我感觉来认识自己的情感。这要求在一定程度上从情绪中脱离出来的能力，这样才能不被它左右，或对它的反应不过激。

2. 控制情绪

控制情绪意味着用一种针对具体情况的恰当方式来表达它们。控制情绪不是说我们不应该感到气愤、焦虑或抑郁，这些情绪都是人之常情，如果找不到合适的表达方式，它们可能会导致情绪低落或反社会行为。对于情绪，重要的是我们控制它们而不是让它们控制我们。

3. 自我激励

自我激励是树立目标并努力去实现它。很多自我激励包含抵制冲动。影响激励的其他因素有积极思考和乐观主义。那些有强烈自我感觉的人在经历挫折后，能迅速从挫折中恢复过来。他们不是凝思失败，而是考虑改进的方式。

4. 认知他人情绪

情感移入，即了解和分享他人情感的能力，对人们之间的相互关系是非常必要的。它来自于倾听人们的真正意思，并且很多是通过理解如手势和面部表情这样的肢体语言以及由一种特定的单调所意味的内容来感知的。受爱戴、外向和敏感的人都能做到情感移入。情感移入有强烈的道德含义。能够认知和分享他人的痛苦意味着你不会去伤害他。例如，打扰和干涉孩子的人就是缺乏情感移入的人。与他人相互之间进行情感移入，也意味着你能伸出手来帮助他们。

5. 处理相互关系

情商高的人充满自信、精神饱满，与他们在一起，我们也感到积极向上。他们也是组织人，遇到需要解决的问题时需要探讨解决方法，以及满怀激情地与他人建立联系。

第三节　管理沟通策略

管理沟通策略是指基于管理沟通的目标而制定的实现该目标的各种行动方案或具体的计划、措施、方法和技巧等。管理沟通策略包括沟通者策略、受众策略、信息策略、渠道选择策略和文化策略。

一、沟通者策略

沟通者策略，又称主体策略，是指作为沟通主体在沟通之前必须思考或制定的沟通方案或具体的计划、措施、方法和技巧等。通常，沟通主体在沟通前主要需要思考并理清四个问题：一是沟通的目标是什么；二是我是谁；三是你选择的沟通风格是什么；四是你的可信度如何。

1. 管理者沟通目标

管理者沟通目标是在组织总目标之下的一种具体的目标。任何沟通目标总是源于一定的沟通目标或动机。明确沟通目标有助于明确前进的方向，避免盲目、随意沟通造成的沟通无效；有了明确的目标，才有可能清晰地表达自己的目标，确保沟通对象正确地理解你的真实意图。

2. 沟通者的自我剖析

进行自我剖析，关键是分析个人的竞争能力或个人的核心竞争能力，即能够集中体现个人最突出、最内在、最具代表性、最具实力的能力。

3. 沟通风格的选择

在完成了沟通目标定位和自我剖析之后，就应该考虑选择一种适合于自己的沟通风格去实现目标。人不应该在任何时间范围内都采用一种沟通风格。当你想让受众向你了解信息时，可采用告知和推销策略；而你想要向受众了解信息时，可采用征询和参与策略。

4. 可信度分析

可信度是指受众心目中沟通者可以依赖的程度。可信度可分为初始可信度和后天可信度。沟通者可信度分析是沟通者在策略制定时分析受众对自己的看法，从受众需求角度在对方心目中的可信度进行分析的过程。

初始可信度是指在沟通发生之前或之初受众对沟通者的看法。后天可度度是指沟通者在与受众沟通之后，受众对沟通者形成的看法。

二、受众策略

受众策略又可称为客体策略，或沟通对象策略。制定受众策略是管理沟通策略的第二个重要环节。《孙子兵法》曰：知己知彼，百战不殆。受众策略就是要在"知彼"的基础上采取有针对性的沟通方法、对策措施。受众策略主要解决以下三个问题：一是沟通对象有哪些，关键是谁；二是分析沟通对象，了解他们已知什么、需知什么、感觉如何等；三是怎样激发受众，以求达成共识。

三、信息策略

管理沟通的信息策略是指沟通者在进行自我分析和沟通对象分析之后，进一步思考如何将信息有效地传达给受众而定的相关对策、措施。在这一过程中，着重解决三个问题：一是如何筛选和过滤信息；二是怎样强调信息；三是如何组织信息。

四、渠道策略

渠道策略是指对沟通活动中信息传递的渠道选择，即通过自我沟通和换位思考，选择最有效的沟通渠道以实现沟通的目标。渠道策略要解决的是有哪些可供选择的沟通渠道，如何选择正确的沟通渠道。

在管理沟通活动中可供使用的沟通渠道很多。从形式上，沟通渠道可划分为印刷媒介渠道和电子媒介渠道；从表达方式上，沟通渠道可划分为书面语言沟通渠道和口头语言沟通渠道；从沟通范围上，沟通渠道可划分为人际沟通渠道和大众沟通渠道；从沟通方式上，沟通渠道可划分为正式沟通渠道和非正式沟通渠道。

可供选择的沟通渠道包括电话、面谈、书信、文件、会议、报刊、广播、电视、互联网等。每一种渠道又可划分为多种具体形式。如面谈，可以是一对一面谈、一对多面谈、多人座谈、两方或多方谈判等；互联网又可细分为即时通信工具 MSN/QQ 等、E-mail、音频、视频、文字聊天、电子商务、即时新闻或消息、广告、博客、播客、论坛等渠道；会议可划分为小组会议、全体会议、行业会议、国际会议、博览会、订货会、电视电话会议、茶话会、联欢会、报告会等。

五、文化策略

文化策略就是要根据沟通对象的文化背景制定有效的沟通方法、措施。文化背景是影响沟通效果的一个不可忽视的重要因素，主要包括沟通双方的价值观、风俗习惯差异，所在国家、地区、行业、组织、性别、民族、团队之间的不同文化背景，组织环境、人际关系状况等。文化影响沟通目标的确定、渠道的选择、沟通风格、沟通语言的选择，并且影响沟通主体策略、客体策略、信息策略、渠道策略的制定。因此，在制定具体的沟通策略时，必须考虑文化背景的影响。

第四节　管理沟通模式

管理沟通模式就是在管理沟通实践中形成的沟通活动的标准样式。在长期的组织实践和个人实践中，形成了众多的管理沟通模式。总的来说，管理沟通模式可分为传统管理沟通模式和现代管理沟通模式两大类。

传统管理沟通模式主要是根据组织结构和信息交流需要逐步形成的沟通模式。其方式主要有链式、轮式、环式、Y 式与倒 Y 式、全通道式、金字塔式、扁平式等。现代管理沟通模式主要是通过互联网和通信工具进行沟通而形成的沟通模式。其方式主要有信息群发式、视听会议式、新闻发布式、ERP 式、网上即时交流式、电子商务式等。

一、链式沟通

链式沟通又称为直线沟通，如图 12-2。顾名思义，链式沟通就是若干沟通参与者依次传递信息，形成信息沟通的链条。其特点是：机制比较简单，信息传递速度比较快；有明确领导人，适合等级结构；传递过程中任一环节出现问题，就会导致沟通失败，因此满意度低，失真度高。

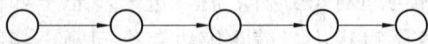

图 12-2　链式沟通

在一个组织系统中，链式沟通相当于一个系统过于庞大、需要实行分层授权管理的正式组织，链式沟通就是一种行之有效的方法。

链式沟通的优点是：信息传递的速度最快；解决简单问题的时效最高。其缺点是：信息经过层层传递，容易出现遗漏、失真等现象，造成沟通无效；单向直线沟通缺乏反馈机制，使沟通者无法了解沟通对象的接受程度和沟通效果，受众满意程度有很大的差距；缺乏互动，难以形成凝聚力。

二、轮式沟通

轮式沟通是指沟通者直接将信息同步辐射发送到沟通对象（图 12-3）。在轮式沟通过程中，沟通者是核心、主导者，起着一种领导、支配与协调的作用。只有沟通者能够知晓信息传递的效果，受众之间没有沟通。

在企业中，轮式沟通就是一个主管领导直接负责管理几个部门，凸显领导权威。它是加强组织控制、争时间、抢速度的一种有效方法。一般生产机构多采用这种沟通模式，以便于管理。在某一组织接受了紧急攻关任务、要求进行严格控制时，也可采用这种沟通模式。

轮式沟通的优点是：信息高度集中，解决问题的速度快、精确度高；对沟通者的信息处理能力、组织领导能力要求较高。其缺点是：信息的过度集中容易形成真空，一旦沟通者无法担任该角色，整个沟通过程便会中断，或瘫痪；沟通对象之间的信息闭塞，容易形成重复信息，浪费时间与资源，影响工作效率等。

三、环式沟通

环式沟通是指沟通者与沟通对象经过依次信息传递后，最终将信息反馈给沟通者，信息链首尾相连，形成一个封闭的信息沟通的环。环式沟通可能产生于一个多层次的组织系统之中（图 12-4）。

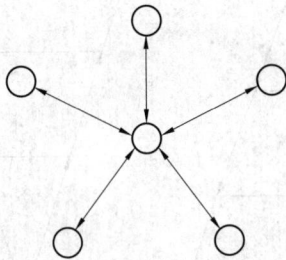

图 12-3　轮式沟通　　　　　图 12-4　环式沟通

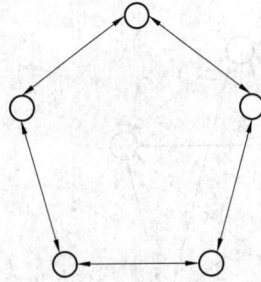

环式沟通的优点是：沟通者能够了解沟通效果；沟通对象拥有一定的信息知晓权，组织内民主气氛较浓，团体的成员具有一定的满意度。其缺点是：难以避免信息失真，即使沟通者了解沟通结果，但亡羊补牢必然会降低工作效率。

四、Y 式沟通与倒 Y 式沟通

Y 式沟通是指沟通核心居于中间层级，分别与两个或两个以上的上级进行沟通，同时又与下级存在链式沟通（图 12-5）。Y 式沟通优点是集中化程度比较高，比较有组织性，传递和解决问题的速度较快，全体成员的沟通满意程度较低，组织气氛可能会不太和谐，而且信息都汇总于中间环节，可能会导致信息被沟通中心操作、控制的危险，影响组织的正常动作。

倒 Y 式沟通是 Y 式沟通的一特殊形式，只是沟通核心发生转移（图 12-5）。其优点是：信息有集中也有扩散，比较适合于一些具有阶段性保密的信息传递，通过一个中间层级沟通信息，可减轻沟通者的负担等。其缺点是：沟

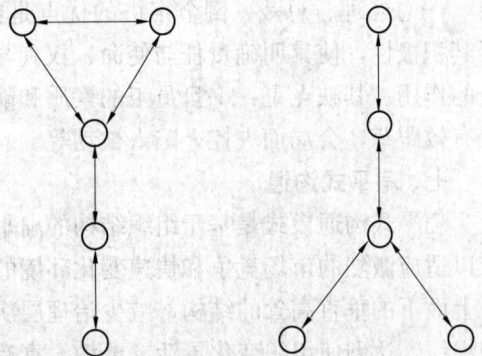

图 12-5　Y 式沟通和倒 Y 式沟通

通效果受到沟通核心信息处理能力的影响。

五、全通道式沟通

全通道式沟通是指所有沟通参与者之间实行全方位沟通，实现信息共享（图12-6）。这是一种无等级式、开放式沟通，信息传递范围广，参与者满意度高，失真度低。

全通道式沟通的优点是：信息的精确度最高，士气最高，沟通参与者之间实行无障碍沟通；成员之间满意度高，有利于正确决策。其缺点是：信息沟通占用时间长，导致工作效果降低，解决问题的速度最慢；沟通渠道过多，信息的整合难度增加，思想难以统一，工作难度增大等。

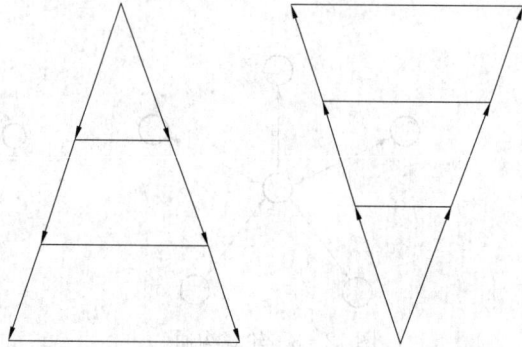

六、金字塔式沟通与倒金字塔式沟通

金字塔式沟通就是按照传统的组织管理构架，自上而下进行层级沟通，即最上层的决策者、总经理向中间层——中层管理者传递信息、发布指令，中层管理者再向最下层——一线工作员工传达上司的指令或信息（图12-7）。

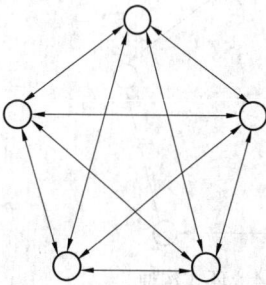

图12-6　全通道式沟通　　　　图12-7　金字塔式沟通与倒金字塔式沟通

金字塔式沟通的优点是：层层负责，职责相对明确，沟通对象比较明确。其缺点是：信息沟通需要逐级进行，一方面效率低，容易误事；另一方面最下层往往没有自主权，完全处于被动状态。

倒金字塔的管理结构是：最上层——一线工作人员、中间层——中层管理者、最下层——总经理、总裁。倒金字塔的优点是：给了一线员工更大的自主权，最大限度地调动了其积极性，使其明确责任与使命、权利与义务，而最高管理者则起到一个观察、监督、推进的作用。其缺点是：一旦员工的素质和能力欠缺，容易陷入沟通误区；高层管理者如果缺乏有效跟踪，会局面失控，陷入被动等。

七、扁平式沟通

扁平式沟通模式是基于组织结构的扁平化而产生的。扁平化组织是由于科层式组织模式难以适应激烈的市场竞争和快速变化环境的要求而出现的。组织扁平化，就是通过破除公司自上而下的垂直高耸的结构，减少治理层次，增加治理幅度，裁减冗员来建立一种紧凑的横向组织，达到使组织变化灵活、灵敏，富有柔性、创造性的目的。它强调系统、治理层次的简化、治理幅度的增加与分权。

扁平式管理沟通模式又可分矩阵式、团队式、虚拟网络式等。由于扁平化组织需要员工打破原有的部门界限，绕过原来的中间治理层次，直接面对顾客和向公司总体目标负责，因此是一种以群体和协作优势赢得市场主导地位的组织。

扁平式管理沟通模式的优点是：沟通层次减少，沟通效率提高，尤其是现代网络技术使扁平式管理沟通效率大为提高；基层的员工与顾客直接接触，使他们拥有部分决策权，能够避免顾客反馈信息向上级传达过程中的失真与滞后，大大改善服务质量，快速地响应市场的变化，提高顾客的满意度。

扁平式管理沟通模式的缺点是：沟通系统复杂，系统开发程度较高，沟通管理难度大；信息传递快捷导致决策行为常常滞后，容易使沟通对象产生不满等。

八、信息群发式沟通

信息群发式管理沟通模式就是利用现代信息技术通过手机、电子邮件和网络平台将公共信息或共享信息以最快捷的方式传递给受众的一种方式。其优点是：快捷、方便、成本低。其缺点是：难以了解受众的真实需求和是否接收到信息，也受到部分沟通对象经济条件的限制，使信息难以全部到达目的。

九、视听会议式沟通

视听会议式管理沟通模式又称为电视电话会议式管理沟通模式，就是利用现代通信技术传递信息的一种方式。其优点是：信息传递速度快，可以立即反馈信息，具有身临其境的感觉等。其缺点是：沟通效果受到通信设备、传输技术、场地等的影响。

十、ERP 式沟通

ERP 式管理沟通模式也称为信息系统化管理沟通模式。ERP 是指建立在信息技术基础上，以系统化的管理思想为企业决策层及员工提供决策运行手段的管理平台。ERP 系统集信息技术与先进的管理思想于一体，成为现代企业的运行模式，反映时代对企业合理调配资源、最大化地创造社会财富的要求，成为企业在信息时代生存、发展的基石。

ERP 式管理沟通模式是现代管理沟通理念与企业资源管理、信息技术开发相结合的产物。其优点是：将组织的战略、文化、制度、业务以及人、财、物、信息资源等管理实行一体化，实现全方位信息整合与共享，能够最大限度地使信息得到整合和利用；信息管理规范化、科学化；信息提取方便、快捷；信息实现共享等。其缺点是：信息的筛选、过滤难度大，信息的准确性、完整性、及时性等难以保证；信息的管理和使用受到制度、技术、人为因素的影响较大，需要较长时间的优化与适应。

十一、网上即时交流沟通

网上即时交流式管理沟通模式是目前最流行的一种沟通方式，即利用网络平台和技术，实现即时通信。即时通信的工具种类越来越多，如 BBS、MSN、QQ 等。

网上即时交流式管理沟通模式的优点是，沟通的即时性、方便、快捷、功能齐全。其缺点是，由于信息泛滥，管理有一定难度。

十二、电子商务沟通

电子商务式管理沟通模式就是利用计算机技术、网络技术和远程通信技术，实现整个商务过程中的电子化、数字化和网络化的一种方式。通过网络发布或获取商品信息，通过物流配送系统发货和取货，通过网上银行资金结算系统进行交易，极大地方便了人们的生活和工作。

电子商务式管理沟通模式的优点是，满足了人们各种不同的需求，节约了宝贵的时间等。其缺点是，沟通效果受到社会诚信程度和管理制度的影响。

习　题

一、复习思考题

1. 什么是沟通？
2. 沟通有哪些类型？
3. 什么是情商？
4. 沟通有哪些策略？
5. 沟通有哪些模式？

二、案例分析题

📖 **案例分析 1**

杨 瑞 的 困 惑

杨瑞是一个典型的北方姑娘，在她身上可以明显地感受到北方人的热情和直率。她喜欢坦诚，有什么说什么，总是愿意把自己的想法说出来和大家一起讨论，正是因为这个特点她在上学期间很受老师和同学的欢迎。今年，杨瑞从西安某大学的人力资源管理专业毕业，她认为，经过四年的学习自己不但掌握了扎实的人力资源管理专业知识而且具备了较强的人际沟通技能，因此她对自己的未来期望很高。为了实现自己的梦想，她毅然只身去广州求职。

经过将近一个月的反复投简历和面试，在权衡了多种因素的情况下，杨瑞最终选定了东莞市的一家研究生产食品添加剂的公司。她之所以选择这家公司是因为该公司规模适中、发展速度很快，最重要的是该公司的人力资源管理工作还处于尝试阶段。如果杨瑞加入，她将是人力资源部的第一个人，因此她认为自己施展能力的空间很大。但是到公司实习一个星期后，杨瑞就陷入了困境中。

原来该公司是一个典型的小型家族企业，企业中的关键职位基本上都由老板的亲属担任，其中充满了各种裙带关系。尤其是老板给杨瑞安排了他的大儿子做杨瑞的临时上级，而这个人主要负责公司研发工作，根本没有管理理念更不用说人力资源管理理念。在老板儿子的眼里，只有技术最重要，公司只要能赚钱其他的一切都无所谓。但是杨瑞认为越是这样就越有自己发挥能力的空间，因此在到公司的第五天杨瑞拿着自己的建议书走向了直接上级的办公室。

"王经理，我到公司已经快一个星期了，我有一些想法想和您谈谈，您有时间吗？"杨瑞走到经理办公桌前说。"来来来，小杨，本来早就应该和你谈谈了，只是最近一直扎在实验室里就把这件事忘了。"

"王经理，对于一个企业尤其是处于上升阶段的企业来说，要持续企业的发展必须在管理上狠下功夫。我来公司已经快一个星期了，据我目前对公司的了解，我认为公司主要的问题在于职责界定不清；雇员的自主权力太小致使员工觉得公司对他们缺乏信任；员工薪酬结构和水平的制定随意性较强，缺乏科学合理的基础，因此薪酬的公平性和激励性都较低。"杨瑞按照自己事先所列的提纲开始逐条向王经理叙述。

王经理微微皱了一下眉头说："你说的这些问题我们公司也确实存在，但是你必须承认一个事实——我们公司在赢利，这就说明我们公司目前实行的体制有它的合理性。""可是，眼前的发展并不等于将来也可以发展，许多家族企业都是败在管理上。""好了，那你有具体方案吗？""目前还没有，这些还只是我的一点想法而已，但是如果得到了您的支持，我想方案只是时间问题。""那你先回去做方案，把你的材料放这儿，我先看看然后给你答复。"说完王经理的注意力又回到了研究报告上。

杨瑞此时真切地感受到了不被认可的失落，她似乎已经预测到了自己第一次提建议的结局。

果然，杨瑞的建议书石沉大海，王经理好像完全不记得建议书的事。杨瑞陷入了困惑之中，她不知道自己是应该继续和上级沟通还是干脆放弃这份工作，另找一个发展空间。

（资料来源：http://www.vsharing.com/k/career/2006-8/529379.html）

讨论：你认为杨瑞和王经理的沟通存在哪些问题？

案例分析2

盖茨的公司沟通管理

在20世纪30年代，罗伯特·盖茨（Robert Gates）于底特律创办了一家收音机制造小厂。就是这家小厂后来发迹成为雄踞全国的一家最大的收音机、电视机和同类产品公司，1965年它的销售额达3亿美元，雇员1.5万人，10个加工制造点。在该公司整个成长过程中，创始人保持了公司积极的、富有想象力的和主动进取的风格。公司在创办初期，每个主管和工人都认识盖茨，而盖茨也能叫出其中大多数人的名字。即使公司壮大到具有相当规模以后，人们也觉得他们了解公司创始人和最高层主管。这家公司从未有过工会组织，这个事实说明：公司的员工对公司怀有强烈的忠诚感。

但是，随着公司的繁荣和发展壮大，盖茨先生却担心公司正在丧失"小公司"精神；他也担心公司的信息沟通受到妨碍；公司员工不理解他的目标和哲学，因对公司其他部门从事的工作无知，而造成了大量无效的重复劳动，其结果是新产品的开发和市场营销活动都受到损失。同样，他还担心自己失去了同员工的接触联系。

为了解决信息沟通问题，他聘用了一个信息沟通主任并让他报告有关情况。在这两个人中，他们找到了其他公司正在使用的各个信息沟通手段并加以运用：如在每个办公室和分布全国的工厂安装公告栏；办了一份刊载大量影响各个经营点的公司新闻和个人新闻的生机勃勃的公司报；发给每个员工"公司实况"一书，提供关于公司的重要信息；公布定期的利润分配书；公司出面主办讲授信息沟通课程；在公司总部每个月举行一次由100名高层主管人员参加的例会；在名胜地区每年举行为期3天的、由1200名各层次主管参加的例会；以及为讨论公司事务而召开的大量特别委员会会议。

在付出了大量时间、精力和费用以后，盖茨先生感到失望了。他发现在公司的信息沟通中的问题和小公司的感情依然存在着，而且他的计划执行结果看来并不足道。

讨论：你认为公司在信息沟通方面真正的问题是什么？

（资料来源：http://bbs.vsharing.com/Promotion/EQ/238178-1.html）

第十三章 团队管理

——学习重点和要点——

（1）了解团队的含义和类型。

（2）了解团队冲突的含义及分类。

（3）了解团队冲突产生的原因及影响。

（4）掌握团队冲突处理的策略。

（5）了解团队凝聚力的概念和特征。

（6）掌握团队凝聚力的影响因素。

（7）了解高绩效团队的含义和类型。

（8）了解高绩效团队的含义和类型。

导入案例

北美红杉——依靠团队精神壮大的植物之王?

在美国加利福尼亚州生长着一种令人称奇的植物——红杉，它被誉为"植物界的巨人"。红杉不仅是美国加州最雄伟的树种，也是世界上最高大的植物，它长成的高度少则八九十米，其高度相当于30层楼，更有创世界吉尼斯纪录者，单株身高达120米以上，是名副其实的参天大树!

北美红杉树干端直，气势雄伟，是自然光合效率最高的植物之一，也是世界著名的速生珍贵用材树种，适应环境能力非常强，生长特别快，寿命极长。北美红杉在我国云南、贵州、上海、南京、浙江、福建等地都相继引种成功，其中，云南、贵州和福建沿海一带生长良好。红杉树干通直，出材率高，材质好，是巨大的锯木工业的主要原料，也是世界五大园林木之一。它含有天然萃取物，无须再做防腐和压力处理，不受昆虫及真菌、白蚁的侵袭和腐蚀，稳定性极佳，使用期限长，不易变形。

通常而言，按照人类的认识，一般是长得越高大的植物，它的根扎入土中越深，以确保其不受风雨的侵袭而愈加坚固。出乎人们意料的却是，加州红杉的根，却只是散布在土地的浅表层之中，根扎得并不深。那么，如此巨大的树木为何能抵挡狂风暴雨的袭击而不会倾倒呢?专家经过仔细研究发现，红杉属群生木本植物，总是成群相伴而生。从目前来看，还没有单独生长的红杉。成片的红杉彼此之间的根系纵横交错，盘根错节，紧密相连，像亲如手足的兄弟姐妹一样，组成一个唇齿相依、和睦团结的大家庭。

它们一株连着一株，形成一大片壮观的红杉林。除非狂风大到能够掀起地皮，才能将它们集体连根拔起，否则是无法撼动它们的。红杉这样浅根密布的生长方式，正是它生长得如此高大的秘密。它的根大范围密布于大地的浅表层，方便快速吸收赖以生长的水分与营养，并将向下扎根的能量全部用上以便向上生长，向广袤的天空扩展。

加州红杉就这样打破了一般植物的生长方式，根部相连、血脉相连、命运相连、彼此相系，如此才经得住暴风骤雨的侵袭，才生长得如此高大伟岸，才如此奋发向上，成为大片屹立不倒的红杉木。

这让我想起一位名人曾说经这样说过：那些不肯扶别人一把的人没有人会愿意扶他一把。自己的强大并不能保证获得成功，唯有依靠团队的力量，才能抵达成功的峰顶；也唯有帮助更多的人获得成功，我们才能凝聚更多成功攀升的能量。而北美红杉，之所以根扎得如此浅却能昂然屹立，正是因为它的团队精神。

第一节 团 队 概 述

一、团队的含义

团队是指所有成员聚集于一个共同的工作目标，一同并主动地工作，同时，成员之间能够很好地分工与协作，注重分享、责任和相互尊重。这样的一个有机的组成才能称为真正意义上的团队。

团队不是一些人聚在一起工作那么简单，更不是一些人认为的群体性的形式主义。团队和群体有着本质的区别，二者最大的差别就是团队具有创造性，而群体只具有制造性，群体永远不能追及团队的工作效果。群体与团队的区别，其具体内容如表 13-1 所示。

表 13-1　　　　　　　　　　　　　　　群体与团队的区别

区别	具体说明
领导差异	作为群体应该有明确的领导管理人员；团队在成长初期阶段可以有专业领导进行决策，在成熟阶段，成员可以共享决策权
目标差异	群体目标必做和组织目标保持一致；团队的目标除了应与组织目标保持一致外，还可以产生自己的目标
协作差异	群体的协作性可以是中等程度，有些成员之间还可能消极或者对立；团队成员之间必须齐心协力。协作性是群体与团队的根本性差异
责任差异	群体中主管领导在一定程度上要负很大责任；团队中的每个成员之间应该一起相互作用，共同负责
技能差异	群体成员之间技能可以相同，也可以不同；团队成员之间技能可以相互补充，可以使个体向团队整体有效整合
结果差异	群体绩效结果是群体中每个成员绩效结果的相加之和；团队绩效结果是大家共同完成的产品或者工作

二、团队的类型

根据团队存在的目的和团队拥有自主权的大小，一般可以将团队分为四种基本类型，即自我管理型团队、多功能型团队、跨职能型团队和问题解决型团队。

1. 自我管理型团队

真正意义上的团队一般都具有自我管理的特征。企业中，团队一般享有较大的自我管理权。自我管理型团队可以进行自我激励、自我评估和自我改进，这样，就可以在很大程度上降低团队的管理成本。自我管理型团队的 3 种基本类型，如表 13-2 所示。

表 13-2   自我管理型团队的 3 种基本类型

自我管理型团队特征	高度自我管理团队	中度自我管理团队	低度自我管理团队
团队采用目标管理，团队对目标负责	几乎全部	很多	部分
团队自我进行监督工作的过程和结果	几乎全部	很多	部分
团队对自己工作业务流程及事项负责	几乎全部	很多	部分
团队自身独有的创新精神和创新机会	强、多	中等或较多	较低或较少
团队中成员受到团队伙伴的影响程度	很大	中等	偏小
团队领导适度使用职权强调上下沟通	是	经常	有时

2. 多功能型团队

多功能型团队，是指由来自同一种等级的不同领域的人组成的团队。多功能型团队中的成员能够走到一起，其唯一的目的就是要完成某项任务。

多功能型团队的优点是：团队成员之间可以交换信息，激发新的观点和思路，协调复杂的项目，以解决团队所面临的一些问题。

多功能型团队的缺点是：多功能型团队在早期阶段需要耗费大量时间；团队成员在知识、经验、背景和观点方面不甚相同，建立起信任并合作需要一定时间。

3. 跨职能型团队

跨职能型团队，其在实现团队中隐性知识共享的过程中扮演着核心的角色。跨职能型团队可以使团队中的每一名成员在进行交流与沟通的同时，增长跨专业化、跨职能化的知识和技能。

4. 问题解决型团队

问题解决型团队的核心特点是提高生产质量、生产效率、改善企业工作环境等。团队成员就如何改变工作程序和工作方法相互交流，提出建议。但是，团队成员几乎没有实际权利来根据建议采取行动。

第二节 团 队 冲 突

团队成员之间由于性格、经历等方面的差异，必然会有意见分歧，分歧发展到一定程度就会导致冲突。冲突对一个团队既具有建设性又具有破坏性，团队管理者及时、有效地化解团队冲突，可以维护团队稳定，增强团队凝聚力。

一、团队冲突的含义及分类

1. 冲突的定义

个人或团队之间由于对同一事物持有不同的态度与处理方法而产生矛盾，这种矛盾的激化就称为冲突。

2. 冲突的分类

冲突根据双方发生的目的的一致性与否，分为建设性冲突和破坏性冲突。前者是指由于双方目的一致，而解决途径不同所产生的冲突；后者是指由于双方目的不一致所引起的冲突。但两者的划分不是绝对的，往往是综合交叉，也可相互转化。团队领导要提倡建设性的冲突，激发员工工作积极性，减少对抗性冲突。见表13-3。

表13-3 两种不同性质的冲突比较

序号	建设性冲突	破坏性冲突
1	双方对实现共同的目标的关心	双方对赢得自己观点胜利十分关心
2	乐于了解对方的观点、意见	不愿听取对方的观点、意见
3	大家以争议问题为中心	双方由问题的争论，转为人身攻击
4	互相交换情况不断增加	互相交换情况不断减少，以致完全停止

二、冲突产生的根源

团队总存在着许多导致冲突的潜在根源，一旦有了冲突的起因，冲突就会出现。概括起来，冲突的原因有以下几种：

1. 价值观和利益的冲突

价值观深受信念影响。不同价值体系的人想要一起工作时，通常会发生冲突。在一个团队中老年人和青年人之间的冲突，经常是由于价值观不一致引起的，这就是人们通常所说的"代沟"。冲突涉及到价值观时，人们就很难改变立场，因为人们投注了强烈的情绪和信念在里面。

2. 有限资源的争夺

相对员工的需求，团队所拥有的资源总是有限的，为了提高这些资源的使用效率，必将按照公平和效率而不是平均分配的方式来进行，这就会引起部分员工的心理失衡，特别是团队中的资金、名誉、人员、地位、时间、权力等越是稀缺，越容易导致一部分人的心理失衡。如评奖，一方面是名额的有限性，另一方面又有众多的需求者，二者之间必然产生矛盾。

3. 分歧的目标

许多时候，团队冲突都是因为各自之间的行为目标存在差异。生产部门乐于接受定型的生产任务，而销售部门则希望产品的多样化。同一团队内的不同员工由于对市场调查的信息掌握不同，而对开发市场有不同看法，有的从改进产品质量来帮助公司获得利益，有的从价格降低来使公司获得更多好处。这必然引起冲突。

4. 职责不清

由于对出现的任务应该由谁负责，存在着不同的看法而出现的冲突，是团队内经常发生的事。由于职责规定不清，使得两名或多名员工对工作相互推诿或者争着插手，引起冲突。

5. 个人的素质和经历

团队是由不同的成员组成的，这些成员在知识、态度、经验和观点等方面都存在差异。

差异就是矛盾，差异的存在必然导致团队成员之间不可避免地发生这样或那样的冲突。

　　6. 沟通差异

　　沟通不畅是冲突产生的原因之一，很多团队的内部冲突都是由于沟通不畅导致的。团队成员由于文化背景和历史背景不同，在知识水平、工作能力、实践经验等方面存在很大差异，这些差异导致他们对同一项工作持有不同的态度和观点。此时，如果不进行及时、有效的沟通，就很容易产生误解，继而引发冲突。

　　7. 组织结构差异

　　团队成员立场和观点上的差异一般是由团队的管理层次、职位造成的，因此，团队组织结构差异是产生冲突的重要原因。

　　随着团队规模的壮大，团队成员的分工变得细致，每位团队成员都有自己的工作范围，发生冲突的可能性也加大了。

　　三、冲突对团队的影响

　　冲突的根源的客观存在使冲突的存在成为一种必然，如何确认冲突，对于有效的团队管理具有重要意义。

　　1. 适量的冲突有利于工作绩效的提高

　　适量的冲突有利于促进创新。由于不同意见、观点的交锋，使人们的认识逐步取得一致，同时不同观点的交锋有利于引发创造性思想的产生。由于公开的冲突，使问题显露出来，促进双方意见交流，增进了解，从而紧张的情绪得到宣泄，使冲突者感到互相接近，有助于消除分歧，增进团结。

　　经过冲突，管理者为了解决团队内外之间的矛盾，会采取吸引、合并的方法，对团队结构进行调整。如果原领导不胜任工作，还可能使领导者发生变动，这种变动将使团队发生有益的变化。

　　2. 太多或太少的冲突会造成绩效水平的下降

　　如果冲突水平低，员工只顾因循守旧，不思进取，对改革没有反应，缺乏创意，那么工作效率就会降低；过多或无法控制的冲突则破坏了团队活动的和谐，各人集中注意力攻击对方，钩心斗角，互不合作，无秩序，工作效率自然下降。如表13-4所示。

表13-4　　　　　　　　　　　　　　　冲突与绩效的关系

情境	冲突水平	冲突类型	部门的内部特征	部门的绩效水平
A	低或无	功能失调	冷漠迟钝对变化反映慢缺乏新观念	低
B	最佳	功能正常	生命力强自我批评不断革新	高
C	高	功能失调	分裂混乱无秩序不合作	低

　　3. 冲突与精神压力

　　冲突会造成很大的精神压力，往往会影响冲突双方的精神健康。尖锐的矛盾冲突常常造成时间和金钱的浪费，决策错误更会造成资源的错误分配，给团队造成损失。有时冲突双方各抒己见，容易歪曲团队目标，使团队行为偏离团队任务。

　　四、管理者经常面对的几种冲突

　　1. 自身的冲突

　　通常指个人生活与公事之间的冲突，或是个人价值与团队目标之间的冲突。另外一种个人的冲突是个人的价值观与团队的目标无法吻合。如当公司进行非法生产时，你或许会睁一只眼闭一只眼地继续工作，让你的正义与公理暂时平息，直到有一天你能离开此地；你或许会对公司继续效忠下去，只要求你自己的团队能够"出淤泥而不染"。

2. 和属下之间的冲突

和下属之间的冲突通常发生在和属下之间有不同的标准与不同的期望之下。你希望他们能尽快地完成他们的工作，而他们却认为你的要求太严苛了，也太不合理了，因此你就会变得很沮丧，也十分恼火，觉得莫名其妙。另一方面，员工们的需求是丰富多彩的，而你能够满足的是有限的。

3. 和上司间的冲突

这个冲突的角色和上一种刚好相反，这个时候，你会觉得上司对你有不合理的期望与企求，或者你自己的要求，上司不理不睬，你肯定会觉得十分沮丧，这些都会为冲突埋下隐患。

4. 属下之间的冲突

由于不同的期望、角色，个人的经历，对目标、任务的理解不同，资源的有限性等因素的制约，属下之间的冲突是大量存在的，但管理者切不可"视而不见，听而不闻"，不可用掉以轻心的态度去对待这些冲突。

五、识别冲突的发展阶段

管理者只有充分了解冲突的发展过程，才能更好地把握冲突，进而妥善处理。一般来讲，冲突的发展过程分为潜伏、被认识、被感知、被处理和结束五个阶段。

1. 潜伏阶段

潜伏阶段也就是冲突的萌芽期，在这一阶段，团队内已经存在了冲突的必要条件，潜伏阶段的冲突具有以下两个特点。

(1) 潜伏阶段的冲突属于次要矛盾，冲突可能还未被认知，因此很容易被忽略。

(2) 由于冲突已经存在，随着外界环境的变化，冲突可能被激化，也可能会消失。

2. 被认识阶段

在这一阶段，潜伏的冲突已经被人们所感知，并给对方造成了情感上的压力。管理者如果此时能够采取措施，有可能避免冲突的发生。

3. 被感觉阶段

在这个阶段，冲突已给双方情绪造成了较严重的影响，并产生以某种特定的方式从事活动和处理冲突的行为意向。冲突中不同的人对冲突的感觉会不同，这与当事人的个性、价值观等因素密切相关。

4. 被处理阶段

在这一阶段，冲突双方采取不同的处理方式，如逃避、妥协、合作等，以实现各自的愿望。不同的冲突有不同的处理方式。即便面对同样的冲突，不同的人也会采取不同的处理措施。

5. 结束阶段

当冲突双方所采取的处理方式相互作用后，便产生了最后的结果。最后的结果通常有两种，一种是组织正常运行，工作绩效提高，另一种是组织功能失调，组织的工作绩效降低。当冲突被彻底解决时，任何结果产生的作用都将继续发挥影响。

在管理活动中，团队管理者要对员工进行多方面、多角度的观察，及时发现潜在的冲突，并采取措施预防冲突的发生。

六、处理冲突的策略

当团队发生冲突时，首先要对冲突的性质进行全面细致的分析，然后根据冲突的不同性质，采用适当的方法，有针对性地加以解决。

托马斯认为，有五种典型的冲突解决方式。图 13 - 1 是托马斯的两维空间模式。

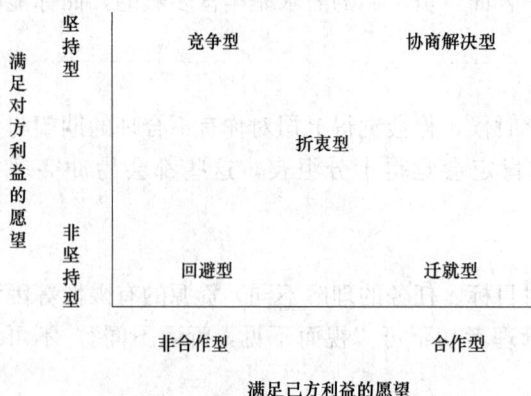

图 13 - 1　处理冲突的典型策略

1. 协商解决型

协商解决型又叫交涉与谈判型。主要由双方派出代表通过协商解决冲突，双方的意图是澄清差异，求同存异，以谋求共同的解决方法。在以下情形下运用这种方法较为有效：卷入冲突的双方接受过解决问题的技巧培训；冲突双方有着共同的目标；冲突原因是双方缺乏交流或仅仅是因为有误解。这种方法的缺点是：对价值观不同或目标各异的人不灵。

2. 回避型

指的是一个人可能意识到了冲突的存在，但希望逃避它或抵制它，使其不了了之。这种方法的有效范围是：冲突起因不过是些琐碎小事；冲突缺乏双赢协商的技巧；冲突带来的潜在利害关系得不偿失；没有足够的时间。这种方法的不足之处是只能暂缓人们直接的面对面冲突，而无法主动化解。

3. 竞争型

指的是一个人在冲突中寻求自我利益的满足，而不考虑他人的影响。即唯我是图，试图以牺牲他人的目标为代价而达到自己的目标，从而向别人证实自己的决策是正确的，而他人的则是错误的，出现问题时试图让别人承担责任。这种处理手法适合以下情形：需要迅速行动和当机立断；冲突双方均认可强权关系。采取这一策略的弊端是：冲突的真正起因得不到解决；另外，还须考虑输家的情感，他们一有时机就可能报复。

4. 迁就型

做出自我牺牲，迁就对方。常见的情况有：牺牲自己的目标使对方达到目标、尽管自己不同意，但综合考虑还是支持他人的意见。这种方法的有效范围是：不关痛痒的问题；关系的损害会伤及冲突各方的利益；有必要暂且缓和冲突以便取得更多信息；冲突双方情绪太过激动，根本不可能取得进展。采取这种方法的缺点是：它只是权宜之计，有点像杯水车薪一样，无济于事。

5. 折衷型

双方都放弃一些应得利益，以求共同承担冲突问题。折衷法的有效范围：如果妥协能使双方都获益；无需理想的解决方案；只想为复杂的问题找个暂时的解决方案；双方力量旗鼓相当。此方案的缺点是：大家都有所损失；不大可能通过妥协达成最佳解决问题的方案。

第三节　团队凝聚力与团队士气

在日常工作中、生活中，我们常常会看到这样一些现象：有的团队内部，人与人之间钩心斗角，矛盾重重，干的不如看的，捣蛋的整肯干的，这个团队的目标再宏伟，再有吸引力，人们也不想多呆一天；而另一些团队相反，成员间和睦相处，互相帮助，关系和谐，能很好地完成工作任务。有的团队活力旺盛，处处充满生机，有的团队如一潭死水，没有一点生机，这就是一个凝聚力和士气的问题。

一、团队凝聚力的概念与特征

1. 凝聚力的概念

团队的凝聚力即指团队对每个成员的吸引力和向心力，以及团队成员之间人际关系的程度和力量。它是维持群体行为有效性的一种合力。它可以通过团队成员对团队的向心力、归属感、荣誉感、责任感等来表示；也可以用团体成员之间的人际关系融洽、众志成城、齐心协力、友谊和志趣等态度来说明。团体凝聚力是衡量一个团体是否有战斗力，是否成功的重要标志。它对团队的存在和发展、团体行为和团体效能的发挥都有重要作用。

2. 高凝聚力团体的特征

一个高凝聚力的团队，主要有以下特征：

（1）成员间意见沟通快，信息交流频繁，而不是互不理睬，老死不相往来。

（2）有良好的团体气氛，民主意识深厚，关系和谐，成员没有压抑感。

（3）团体成员有强烈的归属感，并为成为该团队的一分子感到骄傲和自豪。而不是"孔雀东南飞"，跳槽现象不断。

（4）团队成员之间互相关心，互相尊重。

（5）团队成员有较强的事业心与责任感，愿意承担团体的任务，维护团体的利益和荣誉，集体主义精神盛行。

（6）团队为成员的成长与发展，自我价值的实现提供了良好的条件。

管理实践证明：有的团体，关系融洽，凝聚力强，意见一致，团结合作，能顺利完成组织任务；有的团体成员之间，意见分歧，关系紧张，相互摩擦，凝聚力差，个人顾个人，一盘散沙，不利于任务的完成。

二、影响团队凝聚力的因素

（一）外部影响因素

在受到外部威胁时群体通常会变得凝聚力更强，但这种现象是有条件的。如果团队成员认为实力悬殊，他们的团队根本无力应付外部的威胁和攻击，那么，团队作为成员安全之源的重要性就会下降，团队凝聚力就很难提高。另外，如果团队成员认为外部攻击仅仅是因为团队的存在而不是个人的原因引起的，只要团队放弃或解体就能终止外部的威胁或进攻，团队凝聚力也可能降低。

（二）内部影响因素

1. 领导方式

领导是团队行为的导向和核心，领导采取什么样的领导方式会直接影响团队的内聚力。美国心理学家温勒等曾做过这方面的实验研究，比较了民主、专制和放任三种领导方式下的实验小组的团队气氛。结果表明：开放、民主型领导方式下的小组，成员有充分表达自己意见的机会，有较强的参政意识，成员之间团结协作、互助友爱，活动交往积极性高，因而有较高的凝聚力；而专制型领导方式下的则不同，领导独裁、武断，一人说了算，成员没有参与团队活动的机会，包括集体活动，甚至决策，所以成员内心里对这个团队非常不满意，牢骚满腹，彼此之间推卸责任，甚至进行人身攻击，其攻击性言论明显高于民主型领导方式下的团队。至于放任的领导方式，团队本身就如一盘散沙，人心涣散，凝聚力肯定高不了。

　　2. 团队规模

　　团队规模大小是影响团队凝聚力的一个重要因素。规模过大，一方面容易造成团队成员意见分歧，信息交流与信息沟通受阻，另一方面成员之间相互接触相对减少，关系淡薄。再者，过大的团队容易产生人浮于事、互相扯皮、不负责任、办事托拉等现象，更有甚者，随着团队规模的增大，团队内部产生小集团的可能性相应增大。如果团队人数过少，内部压力太小，会失去平衡，影响工作任务的完成，造成团队成员心理不平衡，有了矛盾难以调解与解决，从而降低凝聚力。

　　3. 团队目标

　　团队目标是团队奋斗的方向，是团队成员的共同行为导向，一个吸引力、号召力强的团队目标，如果能与个人目标相一致，使成员通力合作才能完成，团队的凝聚力就会增强；反之，如果团队成员的任务目标互不关联，成员间交往合作少，团队成员间的感情就会冷漠，从而降低团队的凝聚力。

　　4. 奖励方式

　　管理心理学的研究与实践表明，个人奖励与集体奖励方式有不同的作用。西方管理心理学的研究一般认为集体奖励方式可能增强团体的凝聚力，因为团队奖励会使成员意识到个人的利益和荣誉与他们所在的团队是不可分割的。为了争得团队的奖励，他们必须紧密地团结奋斗。团队奖励将促进团队间的竞争，而团队间的竞争，会导致团队凝聚力的增强；而个人奖励方式可能增强团队成员之间的竞争力，各人顾各人，从而使相互协作的成员形成利益对立关系，弱化团队的凝聚力。把个人奖励和团队奖励结合起来，既能调动个人的积极性，又能增强团队的凝聚力。

　　5. 团队成员对团队的依赖性

　　人们参加一个团队，总希望满足一定的需求，包括物质的和精神的。在这个团队里，他喜欢它，可能仅仅是由于他喜欢这个团队所从事的活动或所做的事情。如果团队成员的多种需求在团队中得不到满足，或满足很少，团队也就失去其聚合的魅力。

　　6. 人际关系

　　在一个团队中，如果彼此间存有较强的人际吸引力，无疑是一种聚合的力量，特别是团队中能够形成一个人际聚合中心时，团队比较容易规划团队成员的行为。

　　7. 团队以往达成目标的状况

　　如果团队一贯有成功的表现，团队在过去总是能够按照团队目标的导向很好地运行，它就会增强团队成员的信心，容易建立起团队合作精神来吸引和团结群体成员。在这样的团队中，内聚力的提高是为了取得共同的目标利益，使个人利益和团队目标直接联系在一起。成功的企业更容易招聘到优秀的员工就是一个很好的例子。

8. 个性特质与技能

团队成员个性之间的共同性是团队行为一致性和建立共同观念、需求的出发点，共同性越多，越容易形成内聚力。尤其是在态度和价值标准方面的相似性，在团队环境中可能起到重大作用。

三、团队凝聚力的效果

团队凝聚力是团队活性的重要标志，提高凝聚力必然能够增强团队行为的效果，主要体现在以下几个方面：

1. 团队的凝聚力与团队的生产率

社会心理学家沙克特做了一个关于凝聚力、诱导关系与生产效率的研究。他用一个控制组和四个实验组进行对照，即高凝聚力和积极与消极诱导组；低凝聚力和积极与消极诱导组。通过实验，得出如下结论。四种不同的条件，对生产效率的影响是不同的。无论凝聚力高低，积极诱导都能提高劳动生产率，其中高凝聚力组的生产率更高；而消极诱导则明显降低了劳动生产率，高凝聚力组的生产率更低。

沙克特的研究告诉我们，团队凝聚力是影响生产效率高低的决定性因素，但不是唯一因素，也不是有了凝聚力，生产效率就自然高。管理者必须在提高凝聚力的同时，提高团队的生产指标的规范标准，使团队目标与组织目标保持一致，加强对团队成员的思想教育和指导。克服团队中的消极因素，这样才能使团队凝聚力真正成为提高生产效率的动力，使团队向正确的方向发展。

2. 提高团队成员的工作满意度

凝聚力较高的团队其成员对工作的责任感也较强。共同的利益价值观使他们能够在达成目标之后，获得一定的工作满足感。同样，这样的团队中，成员之间彼此容易接纳、相容，因此而增强了友谊和吸引力。

3. 团队对个人的成长与发展

高凝聚力的团队中，个人的成长会再现出积极和消极两个方面的特征。一方面，高凝聚力的团队可以提高人际吸引力，在共同分担的基础上提高生产率，使个人从中得到成长的机会。另一方面，高凝聚力有较强烈的团队限制特性，已形成的规范、行为准则可能会限制个人潜能及能力的发挥。

4. 加强对团队行为的指导和控制

凝聚力是团队行为表现一致的反映。利用形成的团队规范、人际吸引力和聚合的力量，指导团队行为是一种有利的管理手段。当然，这种手段也可能被消极力量所控制，从而对团队的发展产生不利的影响。

总之，高凝聚力团队是在共同目标下，使成员的价值观相互联结在一起，促成和推动凝聚力的增长，是生产率、提高工作绩效、工作满意度、发展个人和团队的重要管理手段。

四、团队士气的概念与特征

士气的本义指军队作战时的精神状态，其含义延伸到现代企业和组织中表示团队的工作精神和服务精神。概括地说，就是团队精神。即团队成员愿意为实现团队目标而奋斗的精神状态和工作风气。

高士气的团队的特征：

（1）团队的团结来自于团队内部的凝聚力，而非由于外部情境决定；

（2）团队中的成员之间没有分裂为相互对立的小团队的倾向，没有离心倾向；

（3）团队本身具有解决内部矛盾，处理内部冲突和适应外部环境变化的能力；

（4）成员之间彼此理解，对团队具有强烈的认同感，成员对团队有较强的归属感；

（5）团队成员都明确地掌握和理解团队目标；

（6）团队成员对团队的目标及领导者抱信任和支持的态度；

（7）团队成员承认团队的存在价值，并且有维护团队继续存在与发展的愿望。

五、影响团队士气高低的原因

影响士气高低的原因。

1. 对团队目标的认同

如果团队成员赞成、拥护、接受团队的目标，认识到团队目标反映了自己的要求和愿望，具有较高的价值，个人就愿意为达到团队目标而努力，则团队士气高涨。

2. 利益分配的合理性

人们奋斗所争取的一切，都同他们的利益有关，这是马克思的至理名言。人们为团队工作，总要获得利益，或物质的，或精神的。利益的分配，代表着一个人的贡献和成就。必须公平合理，同工同酬，论功行赏，这样才能可以调动职工的积极性，提高团队士气；反之，引起职工的不满，挫伤职工的积极性，降低团队的士气。

3. 团队成员对工作产生满足感

对工作感到满足就能够提高士气，什么是满足，个人对工作非常热爱、感兴趣；而且工作适合个人的能力与特长，有用武之地；因此，要提高士气，就应根据职工的智力、才能、兴趣、技术特长安排每个人的工作。如果个人的能力超过了工作的要求，个人就不会有什么满足感，觉得没劲。反之如果个人的能力不及工作的要求，则个人就会生活在一种痛苦的压力中。所以工作的安排必须以能够施展他的抱负且具有挑战性为宜。

4. 优秀的领导者及领导集团

研究表明，领导者和领导集团作风民主，广开言路，乐于接纳意见；办事公道，遇事能同大家商量；善于体谅和关怀下级，则团队士气高涨，反之遇事独断专行、压抑成员积极性创造性的领导者和领导集团可能降低团队的士气。

5. 团队内部团结和谐

团队成员之间人际关系和谐，相互赞许，认同，信任，体谅和通力合作，凝聚力强，很少有敌对冲突现象，则士气较高。反之，搞"窝里斗"，本来想好好干，有点生机的团队也会慢慢地变为没有了生机和活力。

6. 良好的信息沟通

领导与下级，下级与上级，以及同仁之间的意见沟通受阻，会引起职工的不满情绪而影响士气。单向沟通，没有反馈信息，容易使人陷入不安并产生抗拒心理，从而降低团队的士气。所以要让员工参与决策，进行双向沟通，方可提高员工的工作精神和状态。

六、团队士气与生产效率

高士气是提高生产效率和工作效率的必要条件之一，但不是充分条件。提高职工的素质、技术水平与工作能力，提供充分的设备、科学管理、原材料、信息等都是重要条件。

戴维斯于1962年曾研究职工的士气与生产效率之间的关系，得出的结论见图13-2。

图13-2中，A表示士气高，生产率低。如果管理者只关心职工的需要，协调团队成员

之间的关系，不注意生产任务与目标；职工只关心自己心理需要的满足，而不顾及组织目标的关联性，这种情况下，尽管团队士气高涨，但是也创造不出高效率来，当然也可能是由于团队生产技术水平低造成的。

B 表示士气高，生产效率高。组织的生产目标与职工需要趋向协调一致时，团队能接受组织的生产目标，则可能出现士气高，生产效率高的状况。这种状况的管理者一般是非常能干的。

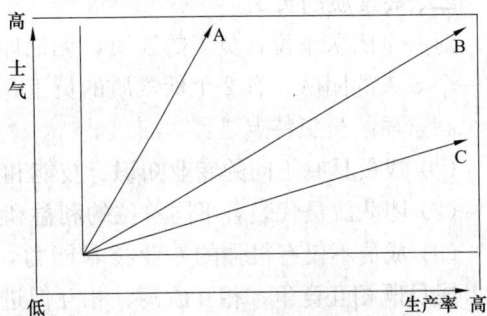

图 13-2 士气与生产率的关系

C 表示士气低，生产效率高。原因是某铁腕和强制性的管理方式，可能出现这种状况。它迫使大家好好工作，否则要受到纪律制裁，因而生产效率较高。但是，由于士气低，职工反感逐渐增加，这种高效率不会维持很长时间。

一般来说，管理分为对人的管理和对工作的管理，如果管理偏重于工作，忽视对人的心理需求，就会出现片面追求高效率的做法，其结果是很难实现。泰勒的传统科学管理方法就是一个典型的例子，他采用动作与时间分析、任务管理与职能化分工管理等指导工作程序，以严格控制的方式管理职工时，可能会出现生产效率高，士气低的状况；但是这种高效率不会太持久，效率也会逐渐降低。这就是 C 线所反映出来的情况；反之，管理者如果侧重于人而忽视工作，士气高涨而生产效率未必高，这是 A 线所反映出来的情况，所以要取得高效率，必须既能关心团队成员的需要，调动职工的积极性，又能把这种积极性导向生产和服务，这样才能出现 B 线所反映的情况。这是最佳状态。

第四节 塑造高绩效的团队

团队绩效，是指团队为实现预定目标而产生的实际工作结果。团队绩效一般包括 3 个方面，即团队生产的效率（数量、质量、速率、顾客满意度等）；团队对其成员的影响；团队工作能力提升。

团队管理的落脚点就是塑造高绩效的团队。从团队建设的角度来看，高绩效的团队有以下四个最基本的要素：高效的领导、高素质的员工、共同目标与具体目标以及团队精神。

一、高效的领导

（1）团队领导者在知识、智力、素质、能力，尤其在态度和觉悟上要特别突出，遇事以团队利益为重、以身作则、身先士卒。

（2）在领导风格上既重团队绩效，又重人际关系，能在实现团队目标和满足成员的个人需要之间取得有机的动态协调。对团队成员充分信任，善当教练，积极促成队员的迅速成长。

（3）领导者乐意授权，充分调动队员的积极性、主动性、创造性，能把活力与热忱传播到整个团队之中，积极地鼓励队员在团队会议中参与讨论、共同决策。多数成员有较大的自由度。

二、高素质的员工

对一个团队来说，员工的素质，无论如何强调也不过分。因为团队规模一般都较小，如果一个 5 人的团队，有 2 个低素质的员工，那么，团队的工作就很难顺利进行。

高素质的员工特点是：

（1）成员具有不同的专业知识、技能和经验。而且成员在性格、气质上互补。

（2）团队成员代表着不同单位的利益和立场，熟悉不同的领域，来自不同的背景。

（3）成员不仅有很强的专业技术能力，而且有很好的人际关系能力。在这种氛围里工作，成员既相互竞争、相互激荡、相互促进，又相互合作、相互帮助、相互学习。

（4）积极的工作态度。团队成员除了尽量具有丰富的知识、较高的智力、很好的素质、较强的能力外，更需要积极的工作态度，济公而忘私、认真负责、一丝不苟、不断进取。

三、共同的远景目标与具体目标

1. 共同的远景目标

共同的远景目标最简单的说法是："我们想要创造什么？"如果没有共同的远景目标，人们将无法想象福特、苹果电脑等公司是如何建立起他们的惊人成就的。这些公司的领导人所制定的远景目标分别是：亨利·福特想要使一般人能拥有自己的汽车，而不仅仅是有钱人；苹果电脑的创业者们，想使人们通过个人电脑来加速学习。这些公司的成功，最重要的原因就是共同的远景目标所发挥的功能。

有效的团队必须具有一个大家共同追求的、有意义的目标，由于它的存在，使员工认识到这是"我们的团队"，而不是"他们的团队"，从而能够为团队成员指引方向、提供推动力，让团队成员愿意为它贡献力量。

一个高效的团队要大量的时间在努力探寻一个共同的目标，这个目的既属于他们这个集体，也属于每个个人。例如苹果电脑公司中设计开麦金塔计算机的团队成员几乎都承诺开发一种用户适用、方便可靠的机型，这种机型将给人们使用计算机的方式带来一场革命。

团队有一个共同的目标，也说明了团队之所以存在的客观原因，共同目标刚开始时可能只是被一个想法所激发，然而一旦发展成能够感召一群人并得到大多数人的支持和认同时，它就不再是抽象的东西，人们开始把它看成是实实在在的东西。

2. 具体目标

把广泛的方向性团队目标转化为可以衡量的、具体的、现实可行的具体目标，是团队要使共同目标对其成员产生意义的最重要的一步。

具体目标会使个体提高绩效水平，也能使团队充满活力，具体目标可以促进团队的沟通，还有助于团队把自己的精力放在有效的成果上。

（1）具体目标有助于团队内明确的交流和建设性的冲突。如在 24 小时内回答所有客户的问题。这个目标的明确性迫使团队不得不集中全力，要么想办法实现这个目标；要么换个角度，认真考虑是否改变这个目标。如果这样的目标是明确的，团队的讨论就可以集中在怎样努力实现这些目标上。

（2）具体目标可使团队知道自己的工作态度。由于这些目标都是可实现的，也是可以测量的，所以团队的工作进程完全可以估算出了。

（3）具体目标具有强烈的吸引力。它们要求团队成员全身心投入，一门心思创造出非凡的业绩来。假如我们的具体目标是：在半年时间内，把产品的生产周期缩短 50%，那么每个人各自拥有的头衔、特权和其他的"特点"全都无足轻重了，有的只是他为团队所做的贡献。

3. 如何确定具体目标

每一个具体目标的确定，都必须符合 SMART 要求，S 即 specific，具体的，M 即 measurable，可测量的，A 即 achievement，可实现的，R 即 realistic，现实的，T 即 time-bound，时间限制性。

四、团队精神

1. 员工对团队高度忠诚

团队成员对团队有强烈的归属感，强烈地感受到自己是团队的一员，决不允许有损害团队的利益和事情发生，极具团队荣誉感。并且衷心地把自己的前途与团队的命运牢牢地系在一起，愿意为团队的利益与目标尽心尽力。反对个人主义、本位主义及"山头主义"，在个人利益与团队利益相冲突时，个人利益服从团队利益。

2. 员工之间以及员工与领导之间的相互信任

（1）信任的重要性。高绩效的团队的一个特点是团队成员之间相互高度信任。美国管理学家罗宾斯在他的《管理学》一书中，将信任这个概念划分为五个方面：正直，即诚实、可依赖。能力，具有技术技能和处理人际关系的知识。一贯性，可靠，不是变色龙，朝三暮四，行为可以测量。忠实，维护和保全别人的面子。开放，敞开心扉，与他人倾心交流，共享信息。研究发现，这五个维度的重要程度是相对稳定的，一般来说，其顺序是：正直＞能力＞忠实＞一贯性＞开放。

（2）信任感的培养。在团队中，首先要建立的是团队领导和团队成员之间的相互信任关系，然后才是团队成员之间的相互信任关系。

3. 尊重

尊重包括两方面的意思：一是特定团队内部的每名成员能够相互尊重、彼此理解，否则，一个团队无法运行或走向解散；二是组织的领袖或团队的管理者能够为团队创造一种相互尊重的基调，确保团队成员有一种完成工作的自信心。一个团队工作的全部要点在于，它允许组织依靠员工的思想观点和智慧，而且，如果组织不尊重那些人的意见，团队工作就不可能成功。授予团队权力，为团队提供制定决策的自主权，创造进行培训的机会，为团队提供适当的资源以及组织对团队工作提供所有方面的支持，所有这些都是尊重员工的表现。如果有人试图实现成功的团队管理，却不想尊重组成团队的人员，那么这无异于痴心妄想。人们只有相互尊重，尊重彼此的技术和能力，尊重彼此的意见和观点，尊重彼此对组织的全部贡献，团队共同的工作才能比这些人单独工作更有效率。

4. 充满活力与热忱

一个积极向上的团队必然充满活力与热忱，具体表现在以下三个方面：

（1）主动精神。团队是否有创造性的想法？是否积极思考，寻求问题的解决方案？能否发现机会，敢冒风险？团队是否能提供团队成员挑战自我、个人发展的机会？

（2）热情。大家对共同工作满意吗，是否受工作的鼓舞，想干出成就吗？成功对大家有无激励？团队内部是否士气高昂？团队成员是否不畏艰难，不畏挫折，时刻保持旺盛的斗志？

（3）关系。团队成员能愉悦相处并享受着作为团队一员的乐趣吗？团队内有幽默的氛围吗？成员之间是否能共担风险？

如果这些活力得以顺利发挥，这个团队确实是个上乘团队，如果一个团队缺乏主动精神、热情和关系等品质，它必定萎靡不振，内讧不断及至混乱一团。

5. 不断进取

团队精神还要不断进取，包括学习、迎接挑战和对外开放。

（1）团队学习。团队成员不断地提高自己的能力、素质与觉悟，团队也舍得在教育和培训方面进行大量持续的投入。整个团队弥漫着"活到老、学到老"的气氛。

（2）迎接挑战。整个团队能勇敢地迎接一个又一个挑战，在失败中崛起，从挫折中学习，胜不骄，败不馁，团队不断在进步。

（3）对外开放。团队充满开放的气氛，鼓励不断吸收，新鲜事物，有着很好的对变化实行监测的预警系统与习惯，能对技术的变迁作出迅速反应，对价值观的变化作出调整，并经常能创造性地解决问题。团队成员不墨守成规，不抗拒变迁或变革，愿意开放胸襟接受外界的批评，有倾听外部意见的习惯。

五、高绩效团队的特征及类型

1. 高绩效团队的五大表征

高绩效团队表象特征具体体现为目标明确一致、共享和有效授权、团队角色有效配置、良好沟通和归属感、沟通价值观和行为规范。

2. 高绩效团队的类型

一般情况下，高绩效团队可以分为四大类型，即搭档型团队、教练型团队、顾问型团队和虚拟型团队。

（1）搭档型团队。

搭档型团队，是指能够执行良好协作，相互之间共同学习、奉献与进步的伙伴团队形式。搭档型团队，应把握以下四方面内容。

团队利益大于个人利益。团队不仅强调个人的工作成果，更强调团队的整体业绩。团队所依赖的不仅是集体讨论和决策，同时也强调搭档成员之间的共同奉献。但是，团队利益应该大于每名搭档成员利益的总和。

搭档型团队协作的本质是共同奉献。共同奉献要切实可行、具有挑战意义，激发搭档成员的工作动力和奉献精神。不断分享自己的长处优点，遇到问题及时交流，能够使搭档型团队的力量得到充分发挥。

团队合作与个人潜力相结合。搭档型团队协作能够激发出搭档成员的潜力，让每名成员都能发挥出最强的力量。同时，搭档成员之间相互借鉴和学习对方的优点，并灵活运用，能够使个人的潜力和团队的得到一定提升。

搭档型团队精神的核心是协同合作。协同合作是任何一个团队不可或缺的精髓，是建立以相互信任基础上的无私奉献，搭档成员之间可以配合工作、相互提升、互帮互助。

（2）教练型团队。

一般来讲，一个高绩效团队的核心能力，在于领导者的能力，也就是教练的能力。因此，教练型团队的核心，就是团队重视培养领导者，再通过领导者去培养更多的员工成为未来的领导者。

打造教练型团队的方法是提炼团队核心价值，解决培养何种领导者的问题；建立领导者职业化、专业化的素质标准；建立领导者职业化、专业化培训体系；教练型团队与学习型组织同步建设。

（3）顾问型团队。

顾问是围绕服务进行设计的，顾问型团队可以服务于企业的生产、经营与管理等。顾问型团队是根据其专业特性和团队设置要求进行工作，通常情况下，销售顾问型团队或技术顾问型团队的代表性更强一些。

打造销售顾问型团队，要维系好客户关系，得到客户的充分信任；要增强学习能力和专业服务能力；要把团队成员融入到客户中去；需要着眼于客户的成长；是一个长期的过程，团队成员要不断总结经验和吸取教训。

（4）虚拟型团队。

虚拟型团队是随着现代信息技术的发展和网络服务的完善逐渐兴起的，它是数字化时代下的一种新的团队形式。虚拟团队包含多重文化，需要团队成员之间相互信任才能形成一个成功的团队。

在虚拟团队中，团队中成员很少见面或从不见面，通过使用各种信息技术进行沟通。通常，在虚拟团队中，工作人员的组织模式都是虚拟化的。

3. 高绩效团队的8种角色

团队是由不同的角色组成的。高绩效团队中一般包括8种不同的角色，即实干家、协调者、推进者、创新者、信息者、监督者、凝聚者和完善者。高绩效团队8种角色的特点分析，具体如表13-5所示。

表13-5　　　　　　　　　　高绩效团队的8种角色特点分析

8种角色	优点分析	缺点分析
实干家	1. 工作中组织能力较强，实践经验丰富 2. 对工作总是勤劳刻苦，较为执着 3. 对工作有严格要求，自我约束力很强	1. 对工作中的问题缺少灵活性 2. 对没有把握的意见和建议没有太大兴趣 3. 缺少激情和想象力
协调者	1. 虚心听取他人有价值的意见和建议 2. 对待事物、看问题都能站在比较公正的立场上，保持客观、公正的态度	1. 一般情况下，智力水平上表现一般，不具备非凡的创造力和想象力 2. 注重人际关系，容易忽略组织目标
推进者	1. 在工作中表现得充满活力 2. 勇于向落后、保守的传统势力发出挑战 3. 不满足所处的环境，勇于向低效率挑战	1. 在团队中有些好激起争端，遇到事情表现得比较冲动，容易产生急躁情绪 2. 容易看低别人，瞧不起别人
创新者	1. 具有非凡的想象力 2. 头脑中充满了聪明和智慧 3. 具有丰富而渊博的知识	1. 往往给人一种高高在上，一个求世主的印象 2. 不太注重一些细节问题上的处理方式
信息者	1. 具有广泛与人联系沟通的能力 2. 对新生事物比其他人显得敏感许多 3. 求知欲很强，很愿意去不断探索新的事物 4. 勇于去迎接各种新的挑战	1. 常常给人留下一种事过境迁，兴趣马上转移的现象 2. 说话不太讲究艺术，喜欢直来直去，直言不讳

8种角色	优点分析	缺点分析
监督者	1. 在工作中表现出极强的判断能力 2. 对事物具有极强的分辨力 3. 对待工作抱着实事求是的态度	1. 比较缺乏对团队其他成员的鼓动力、煽动力 2. 缺乏激发团队中其他成员活力的能力
凝聚者	1. 喜欢社交活动，具有极快的适应能力 2. 言行具有以团队为导向的倾向，能够促进团队成员之间的相互合作	常常在危机时刻表现得优柔寡断，而不能当机立断，在团队中不能起到决定性的作用
完善者	1. 做事情持之以恒，绝不会半途而废 2. 在工作中表现得很勤劳 3. 对工作一丝不苟，追求尽善尽美	在工作中处理问题时过于注重细节问题，为人处世不够洒脱，没有风度

习　　题

一、复习思考题

1. 什么是团队？

2. 高绩效团队有哪些类型？

3. 什么是团队凝聚力？

4. 团队冲突的处理策略有哪些？

5. 塑造高绩效团队应从哪些方面进行？

二、案例分析题

📖 **案例分析1**

杰森为什么能成为公司的副总裁？

在洛杉矶，有一家有名的文化公司，公司里有一名叫杰森的年轻人。公司总裁年纪比杰森稍微大几岁，管理精明，为人亲和。杰森的工作就是帮总经理进行谈判。谈判过程中，杰森沉稳的谈吐让许多客户都非常欣赏。

在杰森刚进入公司的时候，公司运转非常正常，杰森工作得也非常舒服。当年公司承担了一个大项目的建设，正在大做广告，投入不菲。到了发工资的时候，总裁对员工们说："由于公司承担的这个项目很大，光准备工作就耗资几百万，公司资金暂时比较紧张，所以，这个月的工资就放到下月一起发，请大家谅解。工资早晚都是你们的，只要我们的项目做得好，大家就能共享利润。"员工们对总裁的话深表赞同，杰森也是这样想的。

但是意想不到的事情在半年后发生了：经过公司上下全体员工的辛苦奔波，项目的全套审批手续批了下来，公司却因资金缺乏，完全陷入了停滞状态，连日常的开销也只有向银行伸出求救之手，更别说给员工发工资了。由于公司前景堪忧，而且贷款数目巨大，银行也不给他们答复。

就在这个困难的时候，杰森把自己的心里话告诉了总裁："我们公司的全体员工集资吧。"总裁只是笑了笑，无奈地拍拍他的肩膀："能集多少钱？公司又不是几十万就能脱离困境，集资只是杯水车薪，连一个缺口都堵不住。"

总裁把全体员工召集起来，把公司的现状说了一下，人心一下子就变得涣散了，没有拿到工资的员工将总裁办公室围得水泄不通。见总裁实在无钱支付工资，他们就"各取所需"，将公司的东西分得一干二净。杰森并没有放弃，这么好的公司，难道就这样放弃了吗？不到一个星期，公司只剩下了屈指可数的几个人，有人来高薪聘请杰森，但他只说："公司景气的时候，给了我许多，在公司有困难的时候，我得和公司共渡难关。只要总裁没有宣布公司倒闭，还留在这里，我就不会离开公司，哪怕只剩下我一个人。"

不久公司里就只剩下他一个人陪着总裁了，总裁歉疚地问他为什么要留下来，杰森微笑地说了一句话：既然上了同一艘船，就应该同舟共济。在杰森的建议下，总裁下定决心将来之不易的项目转给了另一家大公司。但是在签订合同的时候，总裁提出了一个附加条件：杰森必须出任项目开发经理。总裁握着杰森的手向那家公司的总裁推荐："这是一个难得的人才，只要他上了你的船，就一定会和你风雨同舟。像杰森这样的员工，才是一个公司真正需要而且能够为公司作出贡献的员工，公司中的每一名员工都应该像杰森那样。"

加盟新公司以后，杰森出任了项目开发部经理，新公司也把原公司拖欠的工资补发给了他，总裁握着他的手微笑着说："这个世界，能与公司共命运的人才非常难得。或许以后我的公司也会遇到种种困难，我希望有人能与我同舟共济。"

在全公司的努力下，项目做得非常成功，公司也得到了快速的发展。杰森在后来几十年的时间里一直没能离开过这家公司，如今他已经成为了这家公司的副总裁。杰森现在能够有这样的成就，正是因为他有与公司同舟共济的精神。

讨论：你认为杰森在自己的团队中表现出了一种什么精神？

📑 案例分析2

希丁克的团队沟通

在2006年世界杯赛上，巴西队虽然三战全胜小组出线，但存在着团队沟通不畅的问题。这些问题被带到了与法国队的四分之一比赛中来。由于主教练与队员之间、队员与队员之间没有及时有效地沟通，无法了解彼此的意图和想法，没能办法达成共识、协调一致，从而就无法发挥出团队的整体优势，结果无缘大力神杯。而希丁克在2002年世界杯赛上之所以能够带领韩国队取得空前的好成绩，一个重要的原因就在于他打破了韩国队年轻队员不敢和资深队员辩解、遇到问题不敢越级沟通的规矩，创造了一种年轻队员与老队员之间、队员与教练之间能够顺畅沟通的环境和气氛。

上任初期，希丁克发现韩国队球员速度快，组织力不错，训练也积极认真，态度诚实，但缺乏沟通，队员无论做什么事情都按年龄排出序列，相互之间不习惯主动沟通，甚至人与人之间有长幼级别的沟通障碍。

"有一天早上训练结束后，他们按年龄顺序分坐了三个桌子，年龄小的球员和年长的球员之间不说一句话！"希丁克认为，像这样没有一点沟通的球员，是不能在一个队参加比赛的！

这种"年龄排序法"也同样反映在比赛场上，球员在比赛场上几乎没有什么沟通。他们从来不在场上交流"往哪儿传球"，"盯住对手的哪个人"，"谁负责哪个位置"……

　　希丁克认为长幼秩序是影响沟通、发挥团队威力的绊脚石。为了解决队员沟通不足的状况，希丁克提出了一系列要求：不许球员间再使用"大哥"这样的称呼，也不许使用任何尊称；年轻球员不论在战术训练还是在比赛中，都要经常开口和老队员说话；吃饭时，要新老队员穿插坐在一起，随意地交谈；按摩时也不要老队员先做按摩，而谁先到房间谁先做按摩；安排宿舍时他故意把新老队员安排在一个房间，让他们互相了解。

　　训练时，希丁克经常会故意错判比分，如果此时球员没有任何反抗地接受了，他就会大喊："明明我判错了，你们为什么不反对？我让你这么跑你为什么不反抗一下，为什么要这样跑？"比赛中，如果球员半句话不说只是奔跑，他就会发火……

　　通过一系列的"沟通训练"，希丁克顺利把球员与球员之间、球员与教练组之间原有的自上而下的"垂直式沟通""金字塔式沟通"转化为双向的"水平式沟通"与"矩阵式沟通"。

　　当顺畅的双向沟通成为一种习惯后，训练场上的气氛马上活跃起来，韩国队的成绩也取得了大幅度的提高，并于2002年世界杯赛上取得了进入四强的好成绩。

　　讨论：你认为希丁克的成功主要体现在团队管理的哪个方面？

第十四章　员 工 关 系 管 理

学习重点和要点

(1) 掌握员工关系管理的概念及基本内容。
(2) 掌握员工沟通的技巧及冲突管理的方法。
(3) 了解员工异动、离职与裁员的管理。
(4) 了解员工劳动争议的处理方式。

导入案例

员工关系管理的演变史

　　虽然现代完善的员工关系管理理论主要是建立在西方人力资源管理体系之上，但是从中国历史上看早期的儒家、法家、墨家、道家的思想中就已经渗透着不同的员工关系的萌芽。胡君通过对相关文献总结归纳出：儒家是以孔子、孟子为代表人物，其哲学核心是施行德政、争取民心，有一定的民主意识，人道主义精神。这实际上是后来"以人为本"的员工关系的一种转变。法家则是以韩非子为代表人物，认为人性恶，所有人都是为私利结合在一起。认为人生来就与社会道德规范不协调，主张加强后天修养。要用"礼法"约束，主张集权，用制度推动、制约组织的运作。这种实际上是一种主要以集权为主的员工管理方式。墨家则是以墨子为代表人物，主张君臣上下高度一致，启用贤才，节约开支，在物资功利的基础上建立彼此相爱的人际关系。这种是集权与分权相融合的一种民主模式。道家则是以老子、庄子为代表人物，把"无为"作为管理国家和自我管理的经营哲学，强调依顺自然。这种理念可以说是一种放任式的员工管理模式。

　　从西方的管理哲学看员工关系管理的产生和发展，最早期的员工关系管理是产生于以泰罗为代表的科学管理理论，他首创了一种科学的工作方法和管理体制来约束员工行为，建立了一种制度化、规范化的科学管理体制。在这种管理体制下的员工关系应该是一种制度化的模式，死板而严谨，一切员工之间的关系都是凭制度来说话。

　　随之而来的是古典组织理论，是以法约尔为代表的，以组织结构设计、组织运动原则、组织管理职责为研究重点、强调管理职能的计划、组织、指挥、协调和控制。这种理论的员工管理方式强调发挥组织的有效职能，实现有序的操作。

　　（资料来源：王凯，马山水。员工关系管理理论，改革与战略，2008 年第 12 期）

　　员工关系管理的思想由来已久，也一直在组织发展的过程中扮演着重要的角色。组织必须学会正确处理员工关系，满足员工需求，这是组织长盛不衰的基础。

第一节　员工关系管理概述

一、员工关系管理含义

员工作为企业的核心生产力，越来越受到企业管理者的重视，企业与员工的关系是否和谐，直接决定着企业的经营水平、产出水平和发展前景。为了处理好企业与员工二者之间的关系，越来越多的企业将员工关系管理放在了人力资源管理的重要任务中。

从广义上讲，员工关系管理是指企业各级管理人员和人力资源职能管理人员，通过拟定和实施各项人力资源政策和管理行为，调节企业与员工、员工与员工之间的相互联系和影响，以实现组织目标的过程。

从狭义上讲，员工关系管理主要指企业与员工之间的沟通管理过程。这种沟通多采用柔性的、激励性的、非强制性的手段，以提高员工满意度，支持企业目标的实现。

在本书中，我们采取广义上的员工关系管理。

二、员工关系管理基本内容

员工关系管理是一件非常复杂的任务，随着员工在企业中经历的阶段的变化，员工关系管理的内容也不断更新，具体可以归为六大类，如图 14-1 所示。其中，劳动关系管理主要体现在劳动合同的管理上，而该部分内容在本书第三章中已经有所阐述，故此处不再赘余，剩余五类员工关系管理内容将在本章中依次详细阐述。

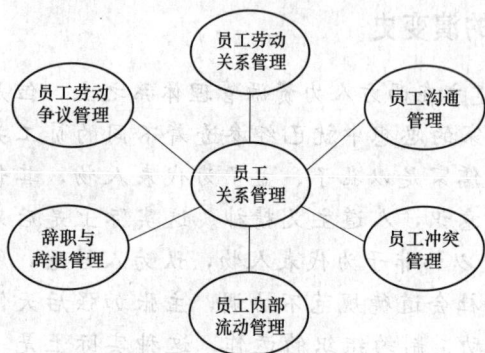

图 14-1　员工关系管理基本内容

第二节　员工沟通与冲突管理

一、员工沟通管理

著名组织管理学家巴纳德认为"沟通是把一个组织中的成员联系在一起，以实现共同目标的手段"，没有了沟通，企业也就缺失了成长的生命力。因此，良好的沟通是保证企业持续发展的基础。

对企业来说，最重要的沟通就是企业的内部沟通，即员工沟通。员工沟通管理是指通过一定的沟通手段和形式，实现企业与员工之间有关企业的工作制度、员工普遍关心的重要问题、员工个人工作、思想上的变化等方面沟通的管理过程。目标是准确把握员工对企业的看法、员工本人的需求等。

（一）员工沟通的类型

1. 根据员工沟通的目的划分

（1）新员工入职沟通。新员工入职沟通是一个非常重要的环节，它往往发生在员工刚加入企业的时期，目的是促使新员工尽快融入现实工作中。

新员工入职沟通多由用人部门上级和人力资源部操作。但是，企业高层领导的作用也是不容忽视的，他们的出现往往会让员工感受到自身的价值，从而起到意想不到的激励效果。

新员工入职沟通的方式多种多样，如欢迎大会、素质拓展、岗前培训、员工手册、内部刊物，甚至是一对一的面谈，不同方式往往传递不同的内容。

新员工入职沟通的内容较多，主要包括两部分。一是企业的基本情况，如企业文化、组织架构、相关政策、薪酬福利、部门关系等；二是岗位的基本情况，如工作职责、任职资格、绩效考核、晋升空间及可能遇到的困难等。

（2）试用期间沟通。根据劳动法规定，员工进入企业后都会进行为期1～6个月的试用，在这个阶段中，企业需要跟新员工进行持续的沟通，客观地了解其工作胜任能力与适应企业的能力，作为决定其试用期表现的考核依据，同时帮助新员工顺利度过磨合期。

试用期间的沟通者往往由三部分人组成，分别是新人指导者、部门领导和人力资源部专员，不论是哪一类沟通者，在试用期间都不应给新员工过多阻力，应尽量为其创造一个适宜的工作环境，帮助其适应企业和发挥能力。

试用期间沟通的方式往往以面谈为主，通过面谈，一方面帮助新员工解答疑问，另一方面也可以深入地了解员工的心态、工作情况等。

（3）转正沟通。转正沟通往往发生在转正前的一个星期内，如果沟通顺利，意味着员工即将成为企业的一名正式员工。

转正沟通通常由用人部门领导和人力资源部共同完成，沟通方式以面谈为主。在这个过程中将针对员工在试用期间的表现进行理性的评判，指出工作中的优点和需要保持的地方。同时也指出不足和需要改进的地方，为其在今后工作中的发展提出意见和建议。同时，企业也应借机听取新员工的想法，采纳新员工的合理建议。

（4）日常沟通。员工转正后并不意味着沟通活动的结束，企业还需要通过日常沟通随时了解员工的想法。

日常沟通往往是由用人部门领导直接对部门内员工进行，可以采用面谈、集体会议，甚至文字沟通等。除此之外，在极端情况下，员工也可"越级"向公司领导及人力资源部进行"申诉"，以捍卫自身的权益。

日常沟通内容的范围较广，可以与员工工作有关，或者与企业发展有关，或者与上级领导方式有关，也可与员工个人问题有关。企业希望通过日常沟通可以更多地了解员工，而不是不拘泥于某一点。

（5）工作异动沟通。工作异动沟通发生在员工岗位出现向上、向下或评级调整之前与之后，往往包括两个环节的沟通，第一环节是为了让员工了解到即将发生的异动，并做好相应的准备，第二环节是为了了解员工异动后的状况。

工作异动的沟通往往也是由用人部门领导和人力资源部双方共同完成，通常以一对一的面谈为主。

异动前的沟通内容为异动的原因、目的、新岗位的情况、企业对员工的要求及希望等，异动后的沟通内容为工作适应情况、工作要求等。

（6）绩效管理沟通。绩效管理沟通贯穿于绩效管理的整个过程中，通过绩效管理沟通，不仅能够指导员工有效地开展工作，同时也能让员工了解自身的成绩和不足，以及改进的措施。

绩效管理沟通分为三个阶段，首先是绩效计划阶段的沟通，这个发生在绩效管理的初期，主要是用人部门领导与员工通过文字报告或面对面的沟通形式来进行，通过沟通确定整个绩效管理的计划，如考核目标、考核标准、考核时间等；其次是绩效实施阶段的沟通，在这个阶段中，用人部门领导会持续不断地与员工进行沟通，方式较为多样，如报告、观察和面谈等，沟通内容包括两方面，一方面是指导员工，给予必要的帮助并防止失误的出现；另一方面是信息的搜集，通过沟通了解员工的工作状况，用做后续绩效成绩的分析依据。最后是绩效反馈阶段的沟通，用人部门领导通过面谈的方式与员工进行一对一的沟通，将整个绩效考核的结果与其进行讨论，赞赏优点、指出不足，同时，共同讨论解决的对策及今后发展的目标。

（7）离职沟通。员工离职存在两种情况，一是主动离职，即辞职，二是被动离职，即辞退。企业应该在员工提出辞职或出现辞职意愿时以及企业进行员工辞退前，进行一次离职沟通。

离职沟通往往由用人部门领导和人力资源部共同完成，沟通方式以一对一的面试为佳。

对于主动辞职的员工，面谈时应该注意区分，如果是对企业有益的骨干员工，应该通过面谈找到辞职的原因，并尽量挽回，防止人才流失；即使无法挽回，也应传达正面的信息，与员工保持良好的关系，以备日后再度合作。如果是其他类型的员工，则以发掘问题和树立正面形象为主，通过与辞职员工的沟通，发掘企业存在的问题，以期实现更好的发展。

2. 根据员工沟通的媒介划分

（1）言语沟通。言语沟通是指借助正式语言符号所进行的沟通，主要分为口头沟通与书面沟通。

口头沟通形式较多，如会议、讲座、面谈、电话等，口头沟通作为员工沟通管理最常采用的方式，有诸多优点，如传播速度快、信息反馈及时、具有丰富的表现手法和辅助手段等。随着科技手段的发展，也逐渐摆脱了受时空限制等传统不足，但是在一定程度上，还是存在信息不易保存的缺点，同时传递中经过层次越多信息失真越严重、核实越困难。

书面沟通的形式有报告、日志、工作手册、企业内部刊物等，具有易保存、易核实、正规性较强等优点，但同时也存在传播速度和反馈速度较慢的问题。

（2）非言语沟通。非言语沟通是指借助非正式语言符号所进行的沟通，如眼神、肢体、面部表情等。非言语沟通的功能主要是弥补言语沟通的不足，以更加丰富的形式进行有效沟通，但是由于其形式的有限性及各国的差异性，使得非言语沟通很难完全独立进行。

3. 根据员工沟通的性质划分

（1）正式沟通。正式沟通是指沟通信息按照明确的规章制度所规定的方式进行的传播过程。正式沟通在企业员工沟通中的运用较广，形式包括例会、培训、报告、规章制度等，这种沟通方式严格按照企业规定的形式进行，保证了企业中最基本的沟通需要，但是灵活性较差。

（2）非正式沟通。非正式沟通是指通过非正式渠道进行的信息传递过程，它相对于正式沟通来说较为随意，不拘泥于某种形式。可以是午间休息时，也可以是下午茶会上，可以是员工的生日 PARTY，也可以是公司纪念日，只要员工愿意，非正式沟通随时都可以发生。

员工沟通的类型除了按照上述三种方式进行划分外，还可以根据其他标准进行分类，如按照信息流动的方向可以分为上行沟通、下行沟通和平行沟通三种；按照沟通的互动性可以分为单向沟通和双向沟通等。无论按照哪种方式进行划分，都是为了更好地分解员工沟通的形式，只有充分了解员工沟通的类型，才能有针对性地使用和修正。

（二）员工沟通的技巧

1. 选择恰当的沟通形式

从员工沟通的分类中我们可以了解到，员工沟通的形式很多，没有哪一种形式是绝对完美的，不同形式在不同场合下往往发挥不同的作用。因此，在员工沟通中，双方要学会选择合适的方式来进行，以保证沟通的有效性。

沟通方式的选择要注意两点，一是沟通信息的形式，二是沟通的类型。

如在新员工入职时，热烈的欢迎仪式、有效的培训讲座都将激起他们的斗志；在问题反馈时，诚挚的一对一面谈、详细的问题记录都将让员工感受到问题的重要性……

2. 选择恰当的沟通时机和地点

沟通时机的选择要取决于沟通双方，为了保证沟通能够顺畅地进行，最好选择双方都闲暇的时候，如果沟通的内容较重要，也应考虑沟通对象的身心状况。

沟通地点的选择往往取决于沟通的内容，如果是闲聊，可以找一些非正式的、轻松的环境，如茶水间、聚会 PARTY 等；如果是重要事宜，则应该找一些较正式、严肃的环境，如办公间、会议室等。

3. 善于倾听

善于倾听是员工沟通中非常重要的技巧，它不仅能够保证沟通的信息被接收，同时也能够促使另一方畅所欲言。

善于倾听指要学会非言语性沟通，通过目光注视、点头致意和适宜的面部表情、身体姿势让对方了解到你正在认真倾听他所讲述的每一句话。

倾听时要学会语言的运用，适时地重复和提问，如："你刚才的意思是……""那在这种情况下，你是怎么处理的呢"，一方面能够确认自己理解的信息是否正确，另一方面也能够促使对方继续阐述。

4. 问题的解决与反馈

有效的员工沟通需要很多沟通过程中的技巧，但是，仅仅在过程中注意是远远不够的。员工沟通不是一锤子买卖，企业必须让员工沟通有切实的效果，尤其是当员工反映出企业存在的一些问题时，企业应该给予相应的改变和反馈，否则员工就会将员工沟通当成是一种"摆设"，久而久之也就不再愿意参与了。

二、员工冲突管理

冲突是当事人由于互不相容的目标、认识或情感而引起的相互作用的一种心理紧张状态和行为现象。员工冲突会给企业带来困扰，但是，企业在一定程度上也可以通过冲突来协调不同个体之间的责任、技术和见解。应该说，员工冲突是每一个企业中非常普遍又必不可少的现象。

（一）员工冲突的类型

1. 根据员工冲突的人员类型划分

（1）员工之间的冲突。企业内的员工朝夕相处，很容易出现摩擦，形成冲突，这种冲突是员工冲突中层次最低的，但是影响却是最直接的。

（2）上下级之间的冲突。领导与员工是一种管理与被管理的关系，但是这并不意味着二者之间也必须是顺从的关系，为了实现有效的管理，偶尔的冲突也是必然的。

（3）部门间的冲突。企业内部各部门分工不同，但是大都是直接关联的，时刻存在着工作往来，因此，以部门为单位的冲突也是员工冲突的一种重要形式。

2. 根据员工冲突的原因划分

（1）目标冲突。目标是员工或部门进行工作活动的导向依据，每个主体都会为了自身的目标而努力。但是在某些情况下，不同行为主体之间的目标常常是矛盾的，如销售部可能以实现较快的补货速度为目标，而仓储部则以减少仓储租赁费用为目标。为了实现快速补货，企业必须存储大量现货，而大量现货的存储又会增加仓储面积，带来高额的租赁费用，因此，二者的目标出现了冲突，在这种情况下，双方为了实现各自的目标，很容易发生冲突。

（2）利益冲突。利益是每位员工都切实关注的问题，但是，在现实工作中，持续的双赢几乎是不可能的，员工之间或部门之间必然会为了切身利益而发生冲突，具体表现在三种利益纠纷上。首先是资源的争夺，无论企业发展得多么蓬勃，资源总量总是有限的，而资源又是企业活动的基础，因此，每个主体为了自身的利益都会想方设法掌握更多的资源；其次是权力的争夺，权力与资源类似，也是实现自身利益的一个重要手段，权力越大，可以操控的范围就越广，工作进展可能就越顺利。权利的争夺在同水平的员工或部门之间表现最为明显，如市场部、财务部、研发部等部门之间的权力争夺。最后是报酬的争夺，员工进行各种活动，甚至发生各种冲突，归根结底是为了自身报酬的获取，无论是晋升空间、表彰荣誉等无形奖励，还是奖金、奖品等物质奖励，都可能会引起激烈的员工冲突。

（3）个体差异冲突。世界上没有完全相同的两片叶子，正如没有两个完全相同的人，每个个体都有自己的特点，同时也会形成差异，如文化差异、性格差异、认识差异、价值观差异等，这些都会促使冲突产生。例如同样是面对新设备的采购，有的人认为可以提高企业的竞争力，很有必要购买，而有的人则认为更新设备会给企业带来过高的成本，是浪费之举，由于认识的差异，便会产生冲突。

（4）领导风格冲突。员工与领导之间的冲突往往是由于领导风格造成的。根据不同的划分标准，领导风格可以细分为很多类，总体来说，大都以"以人为中心"和"以事为中心"为区分依据。领导风格本无好坏之别，只是在不同情境下适合不同的类型。但是再优秀的领导者也无法时刻满足所有员工的要求，因此往往会出现员工对领导不满意的状况，发生上下级冲突。除此之外，领导者自身的素质和管理水平也很重要，如果领导出现厚此薄彼或管理失误等问题也必然引起员工的反抗。

（二）员工冲突的影响

员工冲突像员工沟通一样，是不可避免的，也是经常发生的，一个企业不应惧怕员工冲突的出现，而应学会正确处理和引导。研究表明，如果冲突能够得到有效的解决，将会给企业带来建设性的帮助。

1. 积极影响

（1）暴露企业中存在的问题，促进企业发展。员工冲突的产生，可能是因为企业中存在的某些制度或政策不合理，如薪酬分配不均、岗位职责不清等。很多情况下，员工面对这些问题都选择了沉默，只有在冲突发生时才敢大声说出自己的想法，因此，冲突反而是一个反映存在问题的好渠道。通过员工间的冲突，发掘企业存在的问题，然后加以改正，促进企业的长足发展。

（2）了解员工问题，促进员工成长。员工冲突的产生，有时也可能是因为员工自身的问题,通过员工冲突,领导者与员工进行深入的交谈,让员工了解到其实际状况与企业期望状况之间的差距,从而激起员工的危机感,提升自身水平。

(3)激发创新思想的产生。平静的员工关系能够保证企业平稳的发展,但是很可能像一潭死水,激不起半点涟漪。员工冲突的产生带来的不仅是问题,还有可能是思想的碰撞,这往往会给企业带来意想不到的效果。

(4)转移内部矛盾。当员工冲突发生在部门之间时,员工们反而会暂时放下内部的矛盾,团结起来,一致对外,如此一来,内部的凝聚力在无形之中就被增强了。

2. 消极影响

(1)产生消极情绪,影响内部团结。员工冲突产生时,每个参与者必然会出现激烈的情绪波动,有时还会给双方带来较大的精神压力,甚至出现波及其他员工情绪的现象。一旦发生这种状况,企业内部的团队气氛将被破坏,可能需要很久才能化解,有时即使解决了,双方之间还会留有阴影,无法再回到最初的关系。

(2)给企业带来无形和有形损失。员工冲突若处理不当,员工有可能出现极端行径,如工作效率低下、破坏企业物品、散布有损企业形象的信息等,这些都将直接或间接地影响企业的发展。

员工冲突若达到一个无法挽回的境况,员工可能会选择离职。任何一名员工对企业来说都是一种资源,一旦流失将需要重新培养,一方面需要重新花费培训费用,另一方面可能由于岗位的空缺而带来业务的影响,给企业带来直接经济损失。

(三)员工冲突的管理方法

1. 讨论协商法

冲突发生之后,最好的方法就是积极面对,让当事人各方坐在一起,面对面地讨论,阐明各方的观点,找出解决矛盾的方法。

讨论协商法是应用最广的解决冲突的方法,但是它也有自己的应用条件。首先,各方主体最好是势均力敌或级别相当,这样才能防止一方利用权势压迫对方,保证各方在公平的前提下进行有效的沟通;其次,冲突的原因最好是个体差异、领导风格等,这样一来,各方可以通过开诚布公的交流,了解彼此想法,消除存在的误会,但如果是由于目标和利益而发生的冲突,各方一般很难通过协商达到和解。

2. 妥协法

妥协法指的是冲突各方都能做出相应的妥协,通过彼此的妥协而解决矛盾和分歧。

妥协法对由于目标和利益而引起的冲突较为有效,由于在这些冲突类型中,二者之间的关系是针锋相对的,必然无法共存,因此,只能通过双方的退让来实现。妥协法的运用有三个前提,一是双方不存在悬殊的实力差别,二是各方竞争的目标或资源可以通过某种方式进行分割从而实现部分的妥协,三是该冲突是一次性的,不会长期重复出现。

3. 上级调解法

上级领导作为员工的直接负责人,对他们的情况是最为了解的,因此,当问题发生并且不可协商时,可以由领导出面进行调解。

当员工冲突的发生是由于双方目标存在冲突时,员工之间很难彻底解决,即使通过妥协达成一次统一,难保下次不会再出现冲突。因此,面对该类冲突,最好由上级领导出面,站在公司发展的高度上,重新合理制定各部门或员工个人的目标,彻底解决冲突。

当员工冲突的发生是由于双方利益存在冲突时，可由领导出面，在现有资源的基础上进行公平的分配，一旦确定结果，各方必须严格执行。该方法往往是强制性的，如果领导的公平性处理不好，很容易引起某方的不满，增加冲突的程度。除此之外，上级领导也可以通过增加"利益蛋糕"的大小，同时满足各方当事人的要求，实现冲突的解决。但是该方法也会带来两个问题，一是企业必须存在足够的资源，二是日后再发生类似冲突时，各方当事人有可能放弃协商，直接要求领导进行利益给予，给企业增加额外负担。

4. 冲突转移法

相对于上述三种直接面对的方法，还存在一种间接的处理方法，即实现冲突的转移。冲突转移法的策略很多，具体包括转移当事人、转移问题环境等。

转移当事人是指将冲突的一方从冲突环境中转移出来，调派到其他地方，冲突当事人一离开，问题也就不存在了。但是该方法是较消极的，有可能引起被调离方的不满，且恶化各方之间的关系。

转移问题环境是指改变现有问题存在的条件，如引入新的问题，让现有问题搁置或变淡，从而最终实现问题的解决。如两名员工之间出现了认识冲突，企业可以先搁置现有问题，为二人布置新的任务，通过新任务的合作，一方面让彼此加深了解，改变之前敌对的态度，另一方面让问题搁置，新任务完成后再来面对旧问题，心态可能会淡然很多。

第三节　员工流动管理

随着社会经济的发展，企业对人才的竞争日趋强烈，随之而来的就是员工的流动。员工流动是指员工从一种工作状态到另一种工作状态的变化，具体可分为内部流动、员工流入和员工流出。处理好员工流动是员工关系管理的重要环节，更是企业发展的坚实后盾，本节将对内部流动和员工流出做详细阐述。

一、员工内部流动

员工内部流动，即员工异动，主要表现在员工职位与岗位的变动上，具体包括晋升、降职和平级流动三种形式。

（一）晋升

晋升的本质是在对员工的能力与态度认可的前提下做出的职位上升调整。作为员工内部流动的一种重要形式，晋升一方面可以帮助企业选择合适的人在合适的岗位上，保证企业的正常运转；另一方面可以对员工起到激励作用，这是企业对员工的工作业绩的肯定与赏识，是其职业生涯成功的重要标志。

1. 员工晋升通道设计

"自古华山一条路"，传统的员工晋升通道大都是单一的，仅有"管理"一条路。如今，随着各行各业的快速发展，不仅是管理人才，技术人才也备受瞩目，为了能够激发技术人才在专业能力上的造诣，需要为这类员工打造与管理岗同等发展机会的职业通道。

目前较著名的是双晋升通道模式，如图 14-2 所示。其中，管理类人才可以通过管理通道实现自己的职业生涯，技术类人才可以通过技术通道实现自己的职业生涯，两类通道平行发展，不仅满足了不同员工的职业需求，同时也提供了更多的发展机会。

2. 员工晋升流程

员工晋升的流程通常包括七个环节，分别是职位空缺出现、任职资格分析、提出申请、人力资源部审核、评审团评审、确定晋升人员和办理相关手续，具体如图 14-3 所示。

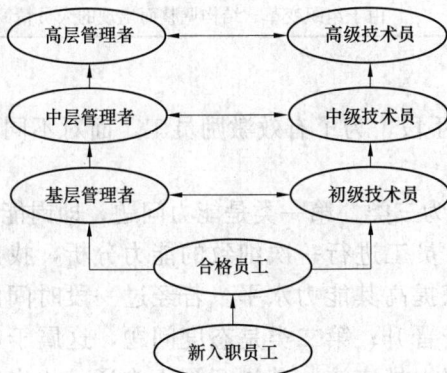

图 14-2　双晋升通道模式　　　　　　图 14-3　员工晋升流程

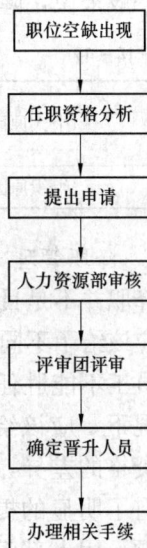

职位空缺的出现是员工晋升的前提，只有出现了职位的空缺，企业才有机会给优秀员工提供晋升。职位空缺的申请可以由用人部门根据业务发展的需要提出，也可以由人力资源部根据组织机构的发展、人员的变动提出。职位申请提出后需要由人力资源部上报有关负责领导，批准后方可进行内部人员的选拔，即晋升。职位的空缺会直接影响企业的业绩发展，因此，无论是何缘由出现空缺，都应提早做好应对准备。

任职资格分析由人力资源部负责，这是企业公平地进行人员选择的保障，只有确定了岗位需要的胜任素质情况，才能选拔出适合的员工。

提出申请属于自主环节，员工们都可以根据自己的实际情况进行抉择，具体来说，来源有三个：员工自主申请、用人部门推荐和人力资源部根据人力资源规划和业绩考核结果进行提名。

人力资源部审核属于审核的初级环节，需要结合岗位的任职资格要求与候选人的表现情况进行分析，淘汰不合格的候选人。

评审团的评审为审核的决策环节，人员组成往往较复杂，一般由人力资源部、用人部门领导、企业管理层领导组成，有时还会动用外脑。评审团根据任职资格要求，按照公正、公平、岗能匹配的原则进行抉择。

评审团根据评审结果确定晋升人员，一般来说，以用人单位的领导的意见为主，但是要重视人力资源部的意见，因为他们以第三方的视角来评判，较为独立、公正。

最后，晋升之后的员工需要到人力资源部进行相关手续的办理，如任命文件、岗位说明书、档案修改等。

(二) 降职

降职与晋升相对，是指员工由原来较高的职位降到较低的职位。

1. 降职原因

降职对员工来说是一件非常重大的事件，因此，降职原因必须充足，否则会影响员工的状态，给企业带来不必要的麻烦。

一般来说，降职的原因包括三种，具体见表 14-1。

表 14-1　　　　　　　　　　　　　　　降 职 原 因

个人原因	员工不能胜任现有职位的工作
	员工出现个人过失，根据奖惩条例而进行的降职
组织原因	由于组织变革、结构调整而出现的人员精简

2. 降职管理

降职并不是目的，而是激励员工的手段，为了有效激励员工，面对不同原因产生的降职，应该给予不同的降职管理策略。

员工不能胜任现有职位的原因可分为三类，第一类是能力问题，即岗能不匹配，在这种情况下，应该给予积极的鼓励，并对员工进行一次细致的能力分析，找出与目标职位任职资格的差异，提供相应的培训，以提高其能力水平。若经过一段时间的锻炼，绩效水平有了明显的提升，可考虑再次给予晋升；第二类是态度问题，这属于员工的个人认识问题，用人部门领导或人力资源部门人员应该与其进行深入沟通，找出态度不佳的深层原因，鼓励与惩罚并用，促使其改正态度；第三类是私人问题，如家庭内部原因、身体健康原因等，面对这类原因，企业应该给予充分的员工援助，帮助其早日渡过难关，重新回到应有的岗位上。

员工在绩效考核中屡次不佳或者做出有损企业形象与利益的事情的情况下，也会受到降职的惩罚。在这种情况下，深入的沟通是首要的，要让员工清楚的明白自己的何种行为造成了降职的结果，帮助其认识到自己的问题，并指明解决的路径。如果员工能够反思自己的行为，并积极的改正，可以根据实际表现进行奖励。反之，对顽固不改，不思进取的员工，可以考虑解除聘用。

由于组织变革、结构调整而出现的人员精简需要谨慎对待，防止打击员工的积极性。企业应该给予员工更多的关心与沟通，让其明白该现状出现的原因，并与其积极探讨职业生涯路径，让其看到在企业中的前景。

（三）平级调动

平级调动是指员工在同级水平的职务之间的调动。

平级调动是较常见的一种内部人员配置方式，组织架构通常是金字塔形的，职位越高，数量也就越少，为了能够激励更多的员工，企业可以通过平级调动，把员工调到相对重要的职位上，从而提高员工内心的满足感，反之亦可。

（四）工作轮换

工作轮换是一种短期的工作调动，是指在组织的几种不同职能领域中为员工做出一系列的工作任务安排，或者在某个单一的职能领域或部门中为员工提供在各种不同工作岗位之间流动的机会。

工作轮换的出现一方面可以增加员工工作的丰富性，反映了企业对员工人性的关怀，另一方面也可以培养全面发展的人才，为选拔管理型人才创建人才库。

二、员工流出

员工流出是指员工与企业脱离劳动雇用关系的行为，具体分为员工自愿流出与员工非自愿流出两类。

（一）辞职管理

1. 辞职申请

辞职属于员工自愿流出员工辞职之前往往要提交辞职申请表（见表 14 - 2），以征得企业的同意。

表 14 - 2　　　　　　　　　　　　　　**离 职 申 请 表**

申请日期：

姓名		所属部门		岗位	
入职日期		离职日期		电话	
提出辞职时间			正式离职日期确认		
离职原因：					
工作交接内容：（明细可另附页） 接手人签字：　　　　　年　　月　　日					
部门意见： 部门负责人签字：　　　　　年　　月　　日					
人力资源部意见： 部门负责人签字：　　　　　年　　月　　日					
公司领导意见： 总经理签字：　　　　　年　　月　　日					
离职员工： 本人确认上述手续已全部完成，从即日起解除与×××公司的劳动关系。 离职申请人签字：　　　　　年　　月　　日					

2. 辞职面谈

用人部门领导接到员工的辞职申请表后，应该第一时间与其进行辞职面谈，了解员工离职的原因，如有必要，想方设法打消其辞职的念头。用人部门领导的简单辞职面谈后，往往还需要人力资源部进行更为深入的辞职面谈，因为员工即将离职，芥蒂心较弱，有可能获得更多有价值的信息。

辞职面谈一般包括以下几方面的内容：

（1）辞职人员的真实离职原因；

（2）辞职人员对所负责工作的评价；

（3）辞职人员对部门的相关评价；

（4）辞职人员对企业的相关评价；

（5）辞职人员离职后的个人职业生涯规划。

3. 离职交接

辞职申请批准后，辞职员工要利用离职之前的时间进行一系列的离职交接，具体内容如下：

（1）工作内容交接；

（2）工作财、物交接；

（3）离职档案及手续交接；

（4）劳动报酬结算。

（二）辞退管理

1. 辞退条件

企业辞退员工必须符合《劳动合同法》的规定，具体内容见第三章第一节。

2. 辞退面谈

员工在被辞退的过程中往往都是非自愿的，企业需要通过辞退面谈缓解尴尬的局势，因为，员工一旦离开，就有可能成为竞争对手的员工，会给企业带来危机。同时，也许在未来，企业会与辞退的员工再度合作，总之，无论在何种情况下，企业应尽量缓解辞退给员工带来的负面影响，为将来做准备。

第四节　员工劳动争议管理

一、劳动争议含义

劳动争议，又称劳动纠纷，是指劳动关系双方当事人之间因劳动权利与义务发生的争执。从广义上来说，劳动关系双方当事人包括劳动者与用人单位之间、劳动者之间和用人单位之间，范围较广。从狭义上来说，劳动关系双方当事人仅指劳动者与用人单位之间。一般来说，在劳动关系研究中通常取其狭义的概念。具体来讲，劳动争议是指劳动者与用人单位之间，在劳动法调节范围内，因使用国家法律、法规和制定、履行、变更、终止和解除劳动合同以及其他与劳动关系直接相联系的问题而引起的纠纷。

二、劳动争议处理方式

20世纪80年代初，我国在劳动争议处理上已经形成了"一调一裁二审"的处理体制，并随着《劳动法》的颁布以及相关的行政法规和司法解释的出现而定型。这种处理模式曾经在一段时期发挥过积极作用，但其弊端也一直为学者所诟病。2008年5月1日《劳动争议调解仲裁法》正式实施。该法虽然对于我国的劳动争议处理体制进行了诸多方面的变革，但其基本模式依然未变。

（一）协商解决

劳动争议发生后，双方当事人可在自愿、平等、合法的基础上进行协商解决，并达成劳动争议的协议。若双方中有一方对协议结果不满，可以申请企业调解或劳动仲裁。

（二）争议调解

争议调解是指在争议发生后或协商解决无果的情况下，由第三方主持，通过说服、疏导，促使劳动争议双方当事人达成一致意见，解决劳动争议。

传统的争议调解组织为企业内部设立的劳动争议调解委员会，该方法简单有效，气氛较和谐。为了将其功能更好地发挥，《劳动争议调解仲裁法》将调解组织的形式进行了扩充，除了企业劳动争议调解委员会以外，新增了依法设立的基层人民调解组织和在乡镇、街道设立的具有劳动争议调解职能的组织，劳动争议双方可以根据需要自行选择调解机构。

（三）劳动仲裁

依据《劳动法》和《企业劳动争议处理条例》的规定，劳动争议双方未能和解，并且当事人不愿申请企业调解或调解不成的，须先经劳动仲裁机构仲裁，才能向法院提起诉讼；仲裁无须当事人事先达成仲裁协议，一方申请即可启动仲裁程序，另一方则被动强制参加仲裁。

根据《中华人民共和国劳动法》及其他有关规定，劳动法律关系的当事人发生劳动争议，应当自知道或应当知道之日起 60 日内向劳动争议仲裁机构申请仲裁，案情复杂需延期的，应经仲裁委员会批准，延长不得超过 30 日。当事人因不可抗力或者有其他正当理由超过申请仲裁时效的，仲裁委员会应当受理，除此之外，仲裁委员会将不予受理。

劳动仲裁为劳动争议解决机制的必经过程，但是，双方当事人只要有一方对仲裁结果不满意的，即可诉诸法院审判使其失效。因此，为了保证劳动仲裁的有效性，《劳动争议调解仲裁法》将部分劳动争议案件改为了"一裁终局制"，具体如涉及金额不大的追索劳动报酬、经济补偿、养老金或者赔偿金的争议，以及因执行国家的劳动标准在工作时间、休息休假、社会保险等方面发生的争议。这类案件较为清晰，实行"一裁终局制"有利于缩短劳动争议处理周期，更有效地保障劳动者的利益。

（四）法院审判

劳动仲裁结束后，当事人一方或双方不服裁决可在收到裁决书之日起十五日内向法院起诉；一审法院适用民事程序审理劳动争议案件，一般在立案之日起六个月内结案；若当事人不服一审判决可在收到判决书之日起十五日内上诉，上诉法院审理期限一般为三个月，以上期限遇有特殊情况均可延长。

习　　　题

一、复习思考题

1. 员工关系包括哪些基本内容？
2. 员工沟通的技巧有哪些？
3. 员工冲突的影响有哪些？
4. 辞职面谈的内容有哪些？

5. 劳动争议处理方式有哪些？

二、案例分析题

案例分析 1

棘 手 的 员 工 冲 突

华美酒店是一家新成立的酒店，虽然经过一段时间的发展，酒店日渐进入正轨，但是酒店内部还是存在不少职位空缺，其中有一个职位是客房领班。王经理是该客房部的总经理，他手下有两名优秀员工——小张和小陈，王经理一直想从二者中选拔一名员工晋升为客房领班，但是却始终未做决定，这也就造成了小张和小陈之间的竞争气氛。

最近王经理想要鼓励员工提出建议来改善酒店会所的失物招领程序。小张和小陈都提出了自己的建议，两种建议虽然都各有所长，但是却存在本质的差异，双方都认为自己的方法是最好的。为此，他们总是争吵不休，双方甚至都明确表态拒绝遵守对方的失物招领程序。他们的冲突最后扰乱了部门的工作。

讨论：王经理应该如何解决该问题？

案例分析 2

一份特别的员工离职申请

最近，我收到了一份很特别的离职申请书，说它特别，就是不像别人那样表达对公司无限感激、无限热爱而不得不无奈的离去，这个人明确地说明了自己的真实离职原因，而诚恳地向公司领导者提出了改进建议。详见下文：

尊敬的各位领导：

本人于××年××月××日有幸到公司任职至今，感谢公司给我发展的平台，感谢各位领导对我的支持与帮助，尤其是分公司经理对我工作的认可与支持，更要感谢广大客户对我的认可，但由于以下原因，本人申请辞去在管理岗位上的一切职务：

1. 从进入公司至今，本人工资变动三次，每次都与公司承诺不一致；

2. 由于本人从分公司岗转岗为城市经理就没有了十三薪；

3. 在××城市任经理六个月，一直没有转正，发试用期工资，理由就是领导忙，没有时间安排转正答辩；

4. 到省级公司任××工资下调。

所有这一切我觉得是对本人付出的不认可，不能体现出本人价值，故申请辞去一切职务！

另有两点个人意见如下：

一、公司制度要明确，加强岗前培训。从进入公司没有接收过一次任何岗前培训，包括对公司文化、制度的培训。

二、制度的制定不要压制人性。制度要有公司的特色、风格、性格，要体现出公司的"魂"！

申请人：×××

时间：××年××月××日

这份离职申请有很多值得玩味的地方。

首先，可以说，这个人有点不幸。

不幸之一：入司时为外派员工，与公司签订劳动合同派往分公司，后来又转岗为城市经理，由于公司对分公司员工当地化的政策，就需要在总部办理离职，与分公司签订劳动合同。导致年底时发放"十三薪"，只能在分公司取得分公司的部分。即：在公司的工龄不能延续计算。其当年总部外派出勤近一年，偏赶上发放"十三薪"前申请转岗（晋升），造成损失。

但实际上，该员工对此有意见也说明公司的制度的疏漏，不能明确指明"十三薪"是否属于工资范畴，对在职员工必须发放。在随后的时间里，公司就对此进行了完善和解释：将"十三薪"改为"忠诚服务奖"。即明确定义，忠诚服务奖：属于奖金范畴，公司管理人员参照上一年度考勤及绩效考核成绩计算并发放该项奖金。

不幸之二：成为城市经理之后，按照这一级别的管理人员的转正审批流程，一直需要总部的答辩委员会面试通过才可以。但是偏偏赶上公司业务模式进行调整期，领导都忙得不得了，后来还发生了高层离职的震动。导致其一直没有转正。可是他等不了了，又申请转岗转回了省级分公司做一个小主管。按照薪资标准当然会有所下调。但是就在其转回省级不久，公司即组织了答辩转正，同期的六位经理均获得了转正面试，并补发转正工资。

不幸之三：公司实行的是薪资保密制，也许在转岗之前，这个人并不了解公司的薪资体系。也没有人在其申请转岗的环节中为其指导薪资随着岗位的变化。还单纯地认为：薪资是和部分领导谈出来的。但其实这些环节上的很多人都没有权利去对工资结构进行界定和施加影响。这个人的第一次晋升，薪水是有比较大的上涨，但是由于试用期80%工资比较原岗位而言并未提高太多。而第二次的转岗，岗位就相对下调了，工资必然下降。

不幸之四：他来的这段时间公司的培训经理还没到位，现在几乎每个月都会有分公司的人被组织回总部参加三天的培训。但是这个人在的期间也组织过一次大型的，他也作为二级分公司的经理从大西北赶来了，印象深刻的是这一个近四十岁的男人，住宿等很多事情却需要他的省级经理出面与接待人员协调、交涉，自己躲在老领导的身后。说到底，还是性格太面了。有了问题不及时跟公司反应、沟通，只自己憋着。

其实，从辞职申请中可以看出来，他对公司还是很有感情的，如果进行离职面谈的深度沟通，相信是可以挽留的。但是，在这个申请书上签字的两个领导地位的管理者均写着"尊重本人选择、同意离职"的批复。最后按照业务汇报线签批完，再到我这时，只能是遗憾和同情地看着他的离职申请和交接单。从这里也能看出来，HR工作中的离职管理还是空白。一方面，离职流程需要优化，一个人决定离开了，难道还有谁不同意就能强迫别人不走的吗？这种离职申请的签批最多是在离职时间上能有所控制，而签字的人几乎都是同意。成了一项告知程序（告知一些业务负责人，我要走了）。另一方面，员工沟通的信息通道没有打开，离职面谈工作没有专门负责的人做，而现有人员的力量也不足以延伸过去。

讨论：从该员工离职申请中，你能发现什么问题？

参 考 文 献

[1]　董克用. 人力资源管理概论. 北京：中国人民大学出版社，2007.

[2]　胡八一. 三三制薪酬设计案例精选. 北京：北京大学出版社，2007.

[3]　林新奇. 国际人力资源管理. 上海：复旦大学出版社，2007.

[4]　廖泉文. 人力资源管理. 北京：高等教育出版社，2003.

[5]　林泽炎，李春苗. 员工职业生涯设计与管理. 广州：广东经济出版社，2003.

[6]　米尔科维奇，等. 薪酬管理. 9 版. 董克用，等译. 北京：中国人民大学出版社，2008.

[7]　王璞. 新编人力资源管理咨询实务. 北京：中信出版社，2005.

[8]　伊万切维奇，赵曙明. 人力资源管理. 北京：机械工业出版社，2005.

[9]　颜士梅. 战略人力资源管理. 北京：经济管理出版社，2003.

[10]　杨清，刘再恒. 人力资源战略. 北京：对外经济贸易大学出版社，2003.

[11]　于显洋. 组织社会学. 北京：中国人民大学出版社，2006.

[12]　于俊秋. 克服跨国公司中的管理障碍，做好跨文化管理. 中央财经大学学报，2004 (1).

[13]　杨晓玲. 21 世纪企业管理的创新——跨文化管理. 企业经济，2004 (9).

[14]　彭剑锋. 人力资源管理概论. 2 版. 上海：复旦大学出版社，2011.

[15]　张德. 人力资源开发与管理. 3 版. 北京：清华大学出版社，2007.

[16]　周文霞. 职业生涯管理. 上海：复旦大学出版社，2006.

[17]　周明星，咸桂彩. 现代职业生涯设计. 北京：清华大学出版社，2007.

[18]　郑晓明. 人力资源管理导论. 3 版. 北京：机械工业出版社，2011.

[19]　赵应文. 人力资源管理概论. 北京：清华大学出版社，2009.

[20]　贺秋硕，喻靖文. 人力资源管理案例引导教程. 北京：人民邮电出版社，2010.

[21]　李长江. 人力资源管理：理论、实务与艺术. 北京：中国农业大学出版社. 2011.

[22]　张呈琮. 人力资源管理概论. 杭州：浙江大学出版社，2010.

[23]　严新明. 人力资源管理. 武汉：武汉大学出版社，2011.

[24]　贺秋硕，喻靖文. 人力资源管理案例引导教程. 北京：人民邮电出版社，2012.

[25]　李锡元. 管理沟通. 武汉：武汉大学出版社，2006.

[26]　郭文臣. 管理沟通. 北京：清华大学出版社，2010.

[27]　池仁勇. 项目管理. 北京：清华大学出版社，2009.

[28]　李慧波，冯国忠. 团队力量. 北京：清华大学出版社，2010.

[29]　王胜会. 高绩效团队管理实务全案. 北京：化学工业出版社，2014.

[30]　尚水利. 团队精神. 北京：时事出版社，2001.

[31]　黄钰茗，石强. 团队管理的关键细节. 北京：中国电力出版社，2011.

[32]　白山. 优秀员工必修的 25 堂团队课. 北京：北京工业大学出版社，2012.